2022 | 11

WISSEN SCHAFFT DEMOKRATIE

SCHRIFTENREIHE DES INSTITUTS FÜR DEMOKRATIE UND ZIVILGESELLSCHAFT

ZUM EINSTIEG

6 Bernhard Klingen
Grußwort für das Bundesministerium für Bildung und Forschung (BMBF)

8 Institut für Demokratie und Zivilgesellschaft
Einleitung

ERÖFFNUNG

14 Manuela Bojadžijev
Interview – Rassismusforschung in Deutschland: Prekäre Geschichte, strukturelle Probleme, neue Herausforderungen

SESSION I — TEIL HABEN – TEIL SEIN?!

26 Linda Kelmendi, Kathrin Leipold & Stefan Schlagowsky-Molkenthin
Teil-Habe – Teil-Sein?! – Perspektiven auf Machtverhältnisse, Bündnisse und Partizipation in der Verwaltung im Bereich Integration

SESSION II — WER SPRICHT? PARTIZIPATION IM KONTEXT VON DIVERSITÄT UND MIGRANTISIERUNG

40 Yonca Dege & Sascha Nicke
Wer kann mitmachen? Ein Forschungsprojekt zu Hürden von politischer Beteiligung für Menschen mit Migrationsgeschichten

56 Amani Ashour
Diversität im Kontext von gesellschaftlichem Zusammenhalt in deutschen Zeitungsartikeln – ein quasi-migrantisierter Diskurs?

SESSION III — NEBEN UNS DIE SINTFLUT? KLIMAKRISE, ETHNOZENTRISMUS & EXKLUSIVISTISCHER ZUSAMMENHALT

70 Dennis Eversberg
Klimarassismus – neue Polarisierung oder ‚innerimperiale Kämpfe reloaded'?

80 Christoph Richter, Fabian Klinker & Axel Salheiser
Klimadiktatur? Rechte Ideologie und Verschwörungsnarrative zur Klimapolitik in den sozialen Netzwerken

SESSION IV — GESCHICHTE UND THEORIE DES RASSISMUS

96 Maria Alexopoulou
Rassismus als Praxis der langen Dauer: Welche Rassismusforschung braucht Deutschland – und wozu?

106 Felix Axster
Rassismuskritik und Antisemitismuskritik – Geschichte einer Entfremdung

118 Ines Grau
„Aber das war eigentlich nach der Wende …" – von Brüchen und Kontinuitäten rassistischer Erfahrungen mosambikanischer Arbeitsmigrant:innen in der DDR bis in die Gegenwart

KEYNOTE

130   Brian N. Williams
Die globale Gesellschaft am Scheideweg zwischen Vergangenheit und Gegenwart – wie geht es weiter?

GESPRÄCH

140   Aladin El-Mafaalani im Gespräch mit Amani Ashour
Wozu Rassismus?

PODIUMSDISKUSSION

152   Katharina König-Preuss, Tahera Ameer, Martin Thüne & Cornelius Helmert
Wissenschaftsbasierte Antirassismusarbeit – Handlungspotenziale für Politik, Institutionen und Zivilgesellschaft

SESSION V   RASSISMUS IN INSTITUTIONEN

164   Gert Pickel & Matthias Middell
Rassismus in Institutionen – Gründe und Grundgedanken der Erforschung

176   Merih Ates, Sué Gonzalez Hauck, Felicia Lazaridou & Jill Pöggel
Vorstellung des Nationalen Diskriminierungs- und Rassismusmonitors

188   Isabelle Stephanblome & Stefan Kroll
Zusammenhalt, Rassismus und Recht – Erwartungen an das Recht als Instrument zur Bekämpfung von Extremismus und Rassismus

ABSCHLUSSDISKUSSION

202   Yasemin Shooman, Taylan Yildiz & Matthias Quent
Kontingenz von Zusammenhalt und Rassismus: Herausforderungen für Forschung und Gesellschaft

213   Aktuelles aus der Forschung: Bereich Rechtsextremismusforschung

224   Aktuelles aus der Forschung: Bereich Vielfalt, Engagement und Diskriminierung

236   Aktuelle Publikationen der Amadeu Antonio Stiftung

ZUM EINSTIEG

Grußwort
für das Bundesministerium für Bildung und Forschung (BMBF)

Dr. Bernhard Klingen

Sehr geehrte Damen, sehr geehrte Herren, liebes Team des FGZ-Standortes Jena,

es freut mich sehr, zu Beginn der Tagung „Gesellschaftlicher Zusammenhalt & Rassismus" ein paar Worte für das Bundesministerium für Bildung und Forschung übermitteln zu dürfen. Für uns als Fördermittelgeber ist es eine große Freude zu beobachten, wie das Forschungsinstitut Gesellschaftlicher Zusammenhalt, kurz FGZ, an seinen insgesamt elf Standorten die Arbeit aufnimmt. Jeder Standort bringt dabei ein eigenes Profil, eigene Akzente ein. Über Disziplinen-, Themen- und Regionengrenzen hinweg entsteht so innerhalb des dezentralen Instituts ein Dialog. Ein Dialog, was gesellschaftlicher Zusammenhalt eigentlich ist, was er sein kann und sein soll, worauf er fußt und wie er sich stärken lässt.

Das Institut für Demokratie und Zivilgesellschaft als Jenaer Standort des FGZ präsentiert sich mit seinem Profil im Rahmen der Online-Tagung – ganz ohne Schnörkel – unter dem schlichten Titel „Gesellschaftlicher Zusammenhalt & Rassismus". Angelehnt an Horkheimer könnte man vielleicht auch sagen: Wer vom gesellschaftlichen Zusammenhalt spricht, soll vom Rassismus nicht schweigen. Genau das will die Online-Tagung einlösen. Und so lässt sich vielleicht auch ein wenig die Rolle des Jenaer Standorts im FGZ beschreiben.

Dass wir über Rassismus reden müssen, ist offensichtlich. Als Gesellschaft insgesamt, mit der Wissenschaft als ganz wichtige Stimme. Wir stehen dabei noch am Anfang. Viele lange Zeit marginalisierte Gruppen beginnen gerade erst Gehör zu finden. Viele Strukturen, Ursachen und Auswirkungen von Rassismus müssen wir überhaupt erst noch verstehen. Deshalb sind Veranstaltungen wie diese so wichtig – für die Weiterentwicklung des wissenschaftlichen wie auch des gesellschaftlichen Diskurses.

Im Tagungstitel ist zwischen „gesellschaftlicher Zusammenhalt" und „Rassismus" ganz neutral ein kaufmännisches „&" eingefügt. Das öffnet Raum für sehr unterschiedliche Fragen: Ist Rassismus die Folge fehlenden Zusammenhalts? Oder verhindert Rassismus umgekehrt gesellschaftlichen Zusammenhalt, weil er nämlich immer auch Machtstrukturen zu zementieren und Durchlässigkeiten zu verhindern versucht? Und kann ein ab- und ausgrenzendes Verständnis von Zusammenhalt Rassismus vielleicht sogar befördern?

So unstrittig es ist, dass wir auch über Rassismus reden müssen, wenn wir von Zusammenhalt sprechen wollen – zumindest im demokratischen Spektrum –, so unklar ist auf der anderen Seite, wie wir es tun sollten. Wem schenken wir im über Rassismus Sprechen wieviel Gehör? Welche Worte und welche Sprache wollen wir verwenden? Und wie definieren wir Rassismus dabei überhaupt? Wo verläuft die Grenze zwischen legitimen Meinungsäußerungen und fragwürdigen Verharmlosungen oder gar Herabwürdigungen? Vor allem aber: Wer soll und darf diese Regeln des Diskurses letztlich bestimmen?

Sie merken: Hier kommen wir noch einmal zu ganz anderen Berührungspunkten zwischen gesellschaftlichem Zusammenhalt und Rassismus. Soll nicht nur *dass* wir über Rassismus sprechen, sondern auch *wie* wir über Rassismus sprechen zum gesellschaftlichen Zusammenhalt beitragen? Und was folgt dann daraus? Möglichst viele, vor allem bislang marginalisierte Stimmen in den Diskurs zu integrieren? Oder umgekehrt möglichst alles zu vermeiden, was gesellschaftliche Konflikte provozieren und emotionalisieren könnte?

Ich bin gespannt, ob wir im Rahmen der Tagung auch zu dieser Beziehungsebene zwischen gesellschaftlichem Zusammenhalt und Rassismus kommen werden. Denn auch hier kann die Wissenschaft eine ganz wichtige ordnende und versachlichende Rolle spielen. Vielleicht muss sie es sogar. Vor diesem Hintergrund freue ich mich auf die Vorträge, auf die Gespräche und Diskussionen. Und auf die verschiedenen wissenschaftlichen Perspektiven, die Sie auf das Verhältnis von Zusammenhalt und Rassismus richten werden. Ich freue mich also auf das Sprechen über Rassismus – und auf das gemeinsame Nachdenken, wie dieses Sprechen aussehen sollte.

Dr. Bernhard Klingen
Bundesministerium für Bildung und Forschung, Referat 426 – Sozial- und Geisteswissenschaften

„DAS FORSCHUNGSINSTITUT GESELLSCHAFTLICHER ZUSAMMENHALT, DESSEN JENAER TEILINSTITUT DAS IDZ IST, HAT SICH DIE AUFGABE GESTELLT, NACH WISSENSCHAFTLICH FUNDIERTEN ANTWORTEN ZU SUCHEN UND DABEI EINE BRÜCKE ZWISCHEN ZUSAMMENHALTS- UND RASSISMUSFORSCHUNG ZU SCHLAGEN."

IDZ JENA

Einleitung

Die zivilgesellschaftliche, politische, wissenschaftliche und mediale Auseinandersetzung mit Rassismus in Deutschland hat ihr jahrzehntelanges Nischendasein hinter sich gelassen. Dies ist vor allem den emanzipatorischen Kämpfen und dem zivilgesellschaftlichen Engagement der Menschen zu verdanken, die selbst von Rassismus betroffen sind. Beharrlich haben sie eingefordert, dass die Gesellschaft (selbst-)kritisch die facettenreichen Problemlagen des Rassismus wahrnimmt und erkennt, sich mit den Ursachen und Folgen von Rassismus beschäftigt. Dies reicht von systematischen Defiziten des Staates, Schutz vor rassistischen Hassverbrechen und deren angemessene Ahndung zu gewährleisten über alltägliche rassistische Diskriminierung sowie institutionalisierte und strukturelle Formen der Benachteiligung. Auch die beständige Aufklärungsarbeit gegen die Verbreitung von Rassismus als gesellschaftliche Ungleichwertigkeitsideologie, über ihre historischen Ursprünge und ihren Zusammenhang mit dem Erstarken politischer Kräfte, in deren Programmatik die Exklusion von Teilen der Bevölkerung nach ethnokulturellen oder gar biologistischen Identitätsdefinitionen zentralen Stellenwert besitzt, gehört zu den zivilgesellschaftlichen Verdiensten. All die genannten Aspekte werfen die Frage nach dem Verhältnis zwischen gesellschaftlichem Zusammenhalt und Rassismus auf, nach den zugrunde liegenden normativen Postulaten – und nicht zuletzt nach den Herausforderungen, die sich aus rassismuskritischen Diskursen ergeben. Das Forschungsinstitut Gesellschaftlicher Zusammenhalt (FGZ), dessen Jenaer Teilinstitut das IDZ ist, hat sich die Aufgabe gestellt, nach wissenschaftlich fundierten Antworten zu suchen und dabei eine Brücke zwischen Zusammenhalts- und Rassismusforschung zu schlagen.

Auch in der Rassismusforschung ist das Verständnis von Rassismus nicht ausschließlich enggeführt auf vorurteilsgeleitetes individuelles Handeln und Denken, sondern wird als systemimmanent und gesellschaftlich prägende Ungleichwertigkeitsideologie verstanden, die wiederum Einfluss auf das Handeln und Denken der Menschen hat. Im wissenschaftlichen Fokus stehen dabei Diskurse, Phänomene und Erfahrungen des individuellen, institutionellen bzw. strukturellen Rassismus sowie seine Auswirkungen auf gesellschaftliche Teilhabe und soziale Ungleichheit, aber auch seine historischen Kontinuitäten und deren Aufarbeitung. Um diese Forschung stärker mit einer interdisziplinären Zusammenhaltsforschung zu verknüpfen, sind theoretische, empirische und (ideen-)geschichtliche Zugänge ebenso hilfreich wie die Untersuchung konkurrierender normativer Orientierungen, Konzepte sozialer Identitäten sowie emanzipatorischer Bewegungen und Praktiken. Rassismussensible Forschung braucht dabei den Dialog mit jenen innerhalb und außerhalb der Forschungslandschaft, deren Lebensrealitäten durch Rassismus beeinflusst ist.

Ziel der IDZ-Fachtagung „Gesellschaftlicher Zusammenhalt & Rassismus" vom 9. bis 10. Dezember 2021 war es, die Verknüpfung zwischen unterschiedlichen wissenschaftlichen Forschungsansätzen, Fragestellungen und interdisziplinären Forschungstraditionen voranzutreiben. Im vorliegenden Tagungsband, der als 11. Band der IDZ-Schriftenreihe „Wissen schafft Demokratie" erscheint, sind die einzelnen Vorträge und Formate als schriftliche Beiträge zusammengefasst: Zur *Eröffnung* des Tagungsbandes leitet ein Interview mit **Manuela Bojadžijev** in die Geschichte der Rassismusforschung in Deutschland ein und macht u. a. auf ihre Prekarität, strukturellen Probleme und neuen Herausforderungen aufmerksam.

Session I der Tagung widmete sich der Frage „Teil haben – Teil sein?! Oder: Kann Verwaltung machtkritisch sein?" **Linda Kelmendis, Kathrin Leipolds & Stefan Schlagowsky-Molkenthins** Beitrag ergründet, inwiefern Konzepte der Rassismus- und Machtkritik die Ausrichtung der Integrationsarbeit auf Partizipation flankierend unterstützen können. Anhand von Fallbeispielen aus der integrationspolitischen Verwaltung werden rassistisch diskriminierende Situationen beschrieben, aus denen Potenziale der Konzepte „Empowerment" und „Powersharing" für die Verwaltungspraxis abgeleitet werden.

Session II stand unter der Frage „Wer spricht? Partizipation im Kontext von Diversität und Migrantisierung". **Yonca Dege & Sascha Nicke** stellen in ihrem Beitrag das Forschungsprojekt „Wer kann mitmachen?" vor, in dem mithilfe einer mehrsprachigen, repräsentativen Befragung von Menschen mit und ohne Migrationsgeschichte die Hürden zur politischen Beteiligung für Menschen mit Migrationsgeschichte in Deutschland untersucht wurden. Die Ergebnisse zeigen u. a., dass Menschen mit Migrationsgeschichte häufiger strukturelle Barrieren in der politischen Beteiligung erfahren. **Amani Ashour** präsentiert in ihrem Beitrag Ergebnisse einer Medienanalyse und zeigt auf, dass innerhalb des Diskurses über gesellschaftlichen Zusammenhalt in deutschen Zeitungsartikeln vor allem die Vielfaltsdimension der geografischen Herkunft im Zentrum des Verständnisses von Diversität steht.

Session III widmete sich der Frage: „Neben uns die Sintflut? Klimakrise, Ethnozentrismus und exklusivistischer Zusammenhalt". **Dennis Eversberg** schlägt in seinem Beitrag vor, den Begriff des Klimarassismus systematischer zu nutzen, um die Verknüpfung von Klimawandel und -politik mit rassistischen Ideologien und Herrschaftsverhältnissen genauer zu verstehen. Dabei unterscheidet er drei Ebenen: „Klimarassismus" kann sich beziehen auf a) eine offen vertretene Ideologie, b) auf sozial geteilte Grundhaltungen oder Mentalitäten oder c) auf ein strukturelles Herrschaftsverhältnis. **Christoph Richter, Fabian Klinker & Axel Salheiser** beleuchten, dass seit Jahrzehnten eine Allianz aus rechtskonservativen, rechtslibertären bis hin zu radikal rechten und verschwörungsideologischen Gruppen die Befunde zum menschengemachten Klimawandel attackiert, und diskutieren die rechte Ideologieproduktion im Kontext der globalen Klimakrise.

Session IV setzte sich mit der „Geschichte und Theorie des Rassismus" auseinander. **Maria Alexopoulou** plädiert in ihrem Beitrag für eine breit aufgestellte Rassismusforschung in Deutschland. Rassismus solle dabei nicht mehr primär als Ideologie betrachtet und untersucht werden, sondern als eine mit weiteren historischen Phänomenen verflochtene Praxis, die vielfache Ausprägungen annimmt und sich als Form der Vergesellschaftung historisch verändert und adaptiert. **Felix Axster** betrachtet in seinem Beitrag das bisweilen schwierige Verhältnis zwischen Rassismus- und Antisemitismuskritik. Ausgehend von einem Text des Soziologen und Antisemitismusforschers Detlev Claussen aus dem Jahr 1994 zeichnet er zentrale Konfliktlinien zwischen den jeweiligen Disziplinen bzw. aktivistischen Milieus nach. **Ines Grau** rekonstruiert in ihrem Beitrag auf Grundlage biografisch-narrativer Interviews Rassismuserfahrungen in den Lebensgeschichten ehemaliger Vertragsarbeiter*innen aus Mosambik, die bis heute in Deutschland leben. Damit macht sie den subjektiven Erfahrungshorizont der Rassismusbetroffenen auf die letzten vier Jahrzehnte deutscher Gesellschaftsgeschichte sicht- und hörbar.

In seiner *Keynote* betrachtet **Brian N. Williams** am Beispiel der US-amerikanischen Polizeiarbeit den sozialen Zusammenhalt in der US-amerikanischen Gesellschaft und fragt, wie es möglich ist, eine sozial kohäsive Gesellschaft innerhalb der USA hervorzubringen. Auch in der deutschen Öffentlichkeit wird seit geraumer Zeit kontrovers über Rassismus debattiert. Im *Gespräch* mit **Amani Ashour** über sein neues Buch „Wozu Rassismus?" geht **Aladin El-Mafaalani** u. a. den Fragen nach, was „strukturelle" und „institutionelle" rassistische Diskriminierung bedeuten, wie sie definiert werden, was Rassismus mit gesellschaftlichem Zusammenhalt zu tun hat und welche Rolle Konflikte und Konfliktfähigkeit dabei spielen. Die *Podiumsdiskussion* „Wissenschaftsbasierte Antirassismusarbeit – Handlungspotenziale für Politik, Institutionen und Zivilgesellschaft" mit **Katharina König-Preuss, Tahera Ameer, Martin Thüne & Cornelius Helmert** widmete sich der Frage, wie Rassismusforschung in die Bereiche Politik, Institutionen und Zivilgesellschaft hineinwirken kann und nahm die Zusammenarbeit und mögliche offene Potenziale in den Blick.

Session V beschäftigte sich mit „Rassismus in Institutionen". **Gert Pickel & Matthias Middell** präsentieren in ihrem Beitrag das FGZ-Verbundprojekt „Rassismus als Gefährdung des gesellschaftlichen Zusammenhalts im Kontext ausgewählter gesellschaftlich-institutioneller Bereiche" und legen dar: Neben der Erhebung, was als Rassismus angesehen wird, widmen sich verschiedene Fallstudien erstmals in der Breite unterschiedlichen Behörden, um verlässliche Studienergebnisse zum Rassismus in Institutionen vorzulegen. **Merih Ates, Sué Gonzalez Hauck, Felicia Lazaridou & Jill Pöggel** stellen in ihrem Beitrag den Nationalen Diskriminierungs- und Rassismusmonitor (NaDiRa) des DEZIM vor. Im NaDiRa stehen die strukturelle und institutionelle Ebene von Rassismus im Mittelpunkt der Betrachtung und werden aus Gesamtbevölkerungs- und Betroffenenperspektive untersucht. **Isabelle Stephanblome & Stefan Kroll** nehmen die Einrichtung des Kabinettsausschusses zur Bekämpfung von Rechtsextremismus und Rassismus zum Ausgangspunkt und zeigen, dass zahlreiche Maßnahmen die Schaffung bzw. Erneuerung rechtlicher Instrumente vorsehen. Im Beitrag analysieren sie die Bezugnahmen auf Recht im Maßnahmenpaket als Ausdruck der politischen Erwartungen an das Recht.

Der Schwerpunkt der *Abschlussdiskussion* lag auf der Bedeutung von Rassismusforschung für den gesellschaftlichen Zusammenhalt. **Yasemin Shooman, Taylan Yildiz & Matthias Quent** diskutierten u. a. die Frage, ob Rassismus eine Gefahr für den Zusammenhalt der Gesellschaft ist, weil er die Menschenwürde des Einzelnen infrage stellt, oder ob Rassismus nicht sogar die Gesellschaft zusammenhält, zum Beispiel, indem er von massiver nationaler, globaler und sozialer Ungleichheit ablenkt und diese rechtfertigt.

Der Tagungsband schließt mit der Rubrik *Aktuelles aus der Forschung*, in der Zusammenfassungen ausgewählter wissenschaftlicher Publikationen internationaler Autor*innen präsentiert werden – aus den Arbeits- und Forschungsfeldern des IDZ: der Rechtsextremismus- und Demokratieforschung sowie aus der Forschung zu Diversität, Engagement und Diskriminierung.

ERÖFFNUNG

RASSISMUSFORSCHUNG IN DEUTSCHLAND: PREKÄRE GESCHICHTE, STRUKTURELLE PROBLEME, NEUE HERAUSFORDERUNGEN

„EINE RASSISMUSANALYSE UNTERSUCHT RASSISMUS NICHT ALS PATHOLOGISCHEN TEILBEREICH VON GESELLSCHAFT, SONDERN NIMMT IN DEN BLICK, WIE GESELLSCHAFT DURCH RASSISMUS MIT KONSTITUIERT WIRD."

MANUELA BOJADŽIJEV

Rassismusforschung in Deutschland: Prekäre Geschichte, strukturelle Probleme, neue Herausforderungen

Interview mit Manuela Bojadžijev (Humboldt-Universität zu Berlin) zur Eröffnung des Tagungsbandes

Zur Eröffnung des Tagungsbandes leitet ein Interview mit Manuela Bojadžijev, Professorin für „Kultur und Lebensstile in der Einwanderungsgesellschaft" am Institut für Europäische Ethnologie an der Humboldt-Universität zu Berlin, in die Geschichte der Rassismusforschung in Deutschland ein und macht u. a. auf ihre Prekarität, strukturellen Probleme und neuen Herausforderungen aufmerksam.

Empfohlene Zitierung:

Bojadžijev, Manuela (2022). Rassismusforschung in Deutschland: Prekäre Geschichte, strukturelle Probleme, neue Herausforderungen. Interview zur Eröffnung des Tagungsbandes. In: Institut für Demokratie und Zivilgesellschaft (Hg.). Wissen schafft Demokratie. Tagungsband zur Online-Fachtagung „Gesellschaftlicher Zusammenhalt & Rassismus", Band 11. Jena, 14–23.

Schlagwörter:

Rassismus, Rassismusforschung, Humandifferenzierung, genealogische Narrative, Antisemitismusforschung, gesellschaftlicher Zusammenhalt

Wie würden Sie zunächst erst einmal generell das Rassismusverständnis in der heutigen Diskussion in Deutschland beschreiben?

Zunächst fällt auf, dass ein vereinfachendes Verständnis von Rassismus stark dominiert. Laut dieser Vergröberung geht es bei Rassismus um eine bereits bestimmte soziale Gruppe, die aufgrund äußerer zugeschriebener Merkmale anders und tendenziell schlechter behandelt wird – wobei die Schlechterbehandlung wiederum durch den Rassismus legitimiert werde. Man erkennt gleich die tautologische Struktur des Arguments. Bei einer Reduktion von Rassismus auf Vorurteile ist das zum Beispiel so. Es geht dabei um die Erklärung eines individuellen oder auch kollektiv getragenen Vorurteils gegenüber einer Minderheit aufgrund als voreilig kritisierter Verallgemeinerungen. Vorurteilsforschung kann dann anknüpfend an vorab definierte kulturelle Primärmerkmale eines Samples, zum Beispiel auf der Grundlage einer Hautfarbe, einer Haarfarbe, eines Kleidungsstücks, eines sprachlichen Ausdrucks, eines Namens, einer kulturellen Praxis beschreiben wie jene, die solche Merkmale nicht aufweisen, auf jene mit diesen Merkmalen oftmals gewaltvoll reagieren. Sie kann auch erfassen, wie diejenigen mit diesen oder diejenigen ohne diese Merkmale Ausgestatteten diese Reaktionen und dieses Verhalten interpretieren. Wenn jene mit diesen Merkmalen zum Beispiel aussagen, dass sie das Verhalten als rassistisch empfinden, dann wird ihnen eine gewisse Interpretationshoheit über ihre Erfahrungen eingeräumt oder diese gerade aufgrund ihrer „rein subjektiven" Wahrnehmung aus wissenschaftlicher Sicht und der Neutralitätsmaßgabe abgestritten. Dagegen ist zu erwarten, dass diejenigen ohne diese Merkmale ihr Verhalten eher als nicht rassistisch auslegen und tendenziell zu verallgemeinernden Ausführungen über den imaginären kollektiven und sozialen Zusammenhang der Gruppe mit den Merkmalen neigen werden. Vorurteilsforschung in diesem vereinfachten Sinne ist wie eine Ärztin, die herbeieilt, um Fieber zu messen, nicht aber um zu heilen. Im besten Fall wird die Patientin trotzdem gesund und sobald die Symptome wiederkehren, wird sie erneut gerufen – eher ein Geschäftsmodell denn eine Heilung.

> **Vorurteilsforschung ist, in einem vereinfachten Sinne ausgedrückt, wie eine Ärztin, die herbeieilt, um Fieber zu messen, nicht aber um zu heilen.**

Wie lässt sich Rassismus stattdessen als komplexes Phänomen beschreiben?

Ich möchte, hier den Überlegungen Étienne Balibars folgend, den Begriff des totalen sozialen Phänomens einbringen, mit dem der Anthropologe Marcel Mauss Anfang des 20. Jahrhunderts den Gabentausch bezeichnet hat. Nach Mauss handelt es sich beim Gabentausch um eine Vielzahl von Praxisformen sowie Diskursen und Vorstellungen, aus denen heraus die Form der sozialen Beziehungen, ihre spezifische „Logik" erklärt werden können. Rassismus scheint mir die tückische Form davon zu sein. Ähnliches wie für den Gabentausch gilt auch für Rassismus: Dieser stellt gleichzeitig eine juristische, wirtschaftliche, religiöse, soziale, politische, ästhetische und morphologische Tatsache dar. Rassismus ist so gesehen ein äußerst komplex verankertes Phänomen, das nie isoliert auftritt. Rassismus ist nicht auf individuelle Absichten oder Einstellungen zu reduzieren, sondern ein soziales Phänomen, mit subjektivierenden wie unterwerfenden Modi. Er ist darum auch nur in seiner sozialen Funktionsweise zu verstehen. Es geht um soziales Wissen und Handeln. Es geht unter anderem darum, dass, so hat es Étienne Balibar einmal gesagt, Rassismus Wissen über unsere Gesellschaft schafft. Menschen erklären sich und ihre Position in der Welt über Rassismus, wie und warum wir auf diese Weise zusammenleben. Rassismus wirkt darüber hinaus handlungsleitend. Er basiert auf der Vorstellung, dass Menschen in distinkte biologisch genetische Einheiten (Rassen genannt) unterteilt werden könnten. Dabei wurden und werden seit Anbeginn des Rassendenkens sowohl biologische als auch kulturelle Kriterien zugrunde

> **Es handelt sich bei Unterteilungen von Menschen anhand biologischer oder kultureller Kriterien um eine anthropologische Differenzierung, die gleichzeitig in Genealogien vorgestellt wird – wir vererben demzufolge die rassistisch gedachten Differenzierungen.**

gelegt. Um die Vorstellung, es gäbe Rassen, spinnen sich Narrative, in denen ein angeblicher Zusammenhang von Rasse zum Beispiel mit kulturellen Merkmalen der Persönlichkeit, des Intellekts, der Moral konstruiert wird. Diese reproduzierten sich, so das rassistische Narrativ, genealogisch. Es handelt sich um eine anthropologische Differenzierung oder, wie Stefan Hirschhauer sagt, um eine Humandifferenzierung, die gleichzeitig, so muss man eben hinzufügen, in Genealogien vorgestellt wird – wir vererben demzufolge diese rassistisch gedachten Differenzierungen.

Inwieweit ist Rassismus auch heute noch an diesen Glauben oder das Denken von genetisch differenzierbaren Rassen gebunden?

Ich gehe nicht davon aus, dass Rassismus immer auf ein Verständnis biologisch-genetischer Rassendefinition rekurriert. Rasse ist ein Begriff, historisch in einem Feld von anderen Begriffen positioniert, die manchmal metonymisch eingesetzt werden: wie etwa Volk oder Nation und im Rahmen der Neuformierung eines kulturalistisch argumentierenden Rassismus, um zum Beispiel die angebliche Bedrohung Europas durch den Islam zu behaupten. Hier treten religiöse Narrative hinzu. Klassifizierungs- und Wertungssysteme, in denen bestimmte Rassen anderen per se überlegen sind, liefern zugleich soziale Anordnungen: Rassevorstellungen plausibilisieren historisch tief verankerte, ebenso wie relativ neue Ungleichheiten in Bezug auf Reichtum, Bildung, Gesundheits- und Wohnungsversorgung, in Bezug auf Bürgerrechte, aber auch im Alltag und im Verhältnis zu Institutionen, zum Beispiel als Racial Profiling, sowie in fehlenden und verzerrten Repräsentationen in den Medien bis hin zu einer biopolitischen Unterscheidung danach, wessen Leben höheren Wert besitzt. Wenn wir davon ausgehen, dass es sich einerseits um Humandifferenzierungen handelt und andererseits um genealogische Narrative, dann ist wichtig zu beachten, dass sie in eine gesellschaftliche Anordnung gebracht werden, die in Diskursen, alltäglichen Praktiken, sozialen Institutionen und Infrastrukturen ausgearbeitet und zum Teil gewaltvoll umgesetzt werden. In verschiedenen Traditionen der Rassismustheorie wird deswegen von strukturellem oder systemischem Rassismus gesprochen. Daher reicht es nicht, um gegen Rassismus zu sein oder routinemäßig zur Verteidigung von Demokratie gegen die rechtsextreme Gefahr aufzurufen. Kulturen und Strukturen des Rassismus zu unterlaufen und zu delegitimieren, ist eine schwierige und große gesellschaftliche Aufgabe.

Die Ermordung von George Floyd im Jahr 2020 durch einen weißen Polizeibeamten in den USA löste auch in Deutschland enorme Proteste und Debatten um Rassismus aus. Gab es in der Bundesrepublik bereits davor einen ernsthaften Diskurs über Rassismus?

Schon seit Jahrzehnten. Die Verknappung des Diskurses über Rassismus in vielen wissenschaftlichen Feldern war in Deutschland lange Zeit eklatant. Schon der Begriff Rassismus wurde meist gemieden, galt er doch vielen als unsachlich und unwissenschaftlich. Eine Aufweichung dieser ablehnenden Haltung in der Öffentlichkeit ebenso wie in den Wissenschaften folgte sukzessiv und erst nach der im Jahr 2011 aufgedeckten Mordserie des Nationalsozialistischen Untergrunds bzw. des Komplexes, der die Aktivität dieses Terrornetzwerkes getragen hatte. Bei der Gedenkfeier, die von Angehörigen der Mordopfer gefordert worden war und im Februar 2013 in Berlin stattfand, sprach die ehemalige Bundeskanzlerin Angela Merkel als eine der ersten Politikerinnen in einem hohen Amt explizit von Rassismus. Nach den antisemitischen und rassistischen Anschlägen in Halle im Oktober 2019 und Hanau im Februar 2020 wurde dann von der deutschen Bundesregierung ein Kabinettsausschuss gebildet und schließlich sind wir jetzt in einer neuen Situation, in der es zu einer etablierten und hoffentlich sich etablierenden neuen und kritischen Rassismusforschung kommt. Die historische Entwicklung der Rassismustheorien in der Bundesrepublik habe ich 2016 in einem kleinen Projekt mit meinen Kollegen Benjamin Opratko und Manuel Liebig, beide inzwischen an der Universität Wien, untersucht. Wir haben dabei die Geschichte der Rassismusforschung in Deutschland als Desiderat festgehalten und geprüft, ob es Bezüge zwischen der Antisemitismus- und der Rassismusforschung gibt. Wir fanden damals schon, dass diese Forschungen gegeneinander ausgespielt werden. In manchen Diskursen wurde suggeriert: Weil es so viel Antisemitismusforschung gegeben habe, sei zu wenig über Rassismus geforscht worden. Ich halte das für falsch und denke, dass es gerade in den Zusammenhängen der Antisemitismusforschung zu den ersten wirklich guten und kritischen Forschungen zu Rassismus gekommen ist, u. a. am Hamburger Institut für Sozialforschung und am Frankfurter Institut für Sozialforschung.

Und wie würden Sie mit Blick auf Ihre Projektergebnisse die spezifische Entwicklung der Rassismusforschung in Deutschland beschreiben?

Alle Forschenden, mit denen wir Interviews geführt haben und die zum Teil bereits seit Jahrzehnten Rassismusforschung betrieben haben, gaben als Motivation an, dass ihr Leben und ihre Erfahrung in Deutschland sehr stark geprägt sind von der Geschichte und der Haltung gegen den Nationalsozialismus, gegen den Holocaust, gegen den Antisemitismus und dass das eine ihrer zentralen, auch biografischen Motivation darstellte, die Rassismusforschung voranzutreiben. Die Rassismusforschung war zu jenem Zeitpunkt schwach institutionalisiert und fand sehr wenig Resonanz im wissenschaftlichen Feld sowie in den gesellschaftlichen und politischen Sphären. Nach dem sogenannten „Sommer der Migration" 2015 kam es zu einer Kultur des Willkommenheißens gegenüber Geflüchteten, zeitgleich nahmen aber auch rassistisch motivierte Gewalttaten wieder zu: Hate Speech, ein Rechtsruck politischer Diskurse, Straftaten gegen Flüchtlingsunterkünfte und Geflüchtete usw. Eine erstarkende Ablehnungskultur,

> **Eine erstarkende Ablehnungskultur manifestierte sich spätestens nach 2016 und die Abwehrhaltung wurde nicht nur gegenüber Geflüchteten und Migrant*innen deutlich, sondern auch in rassistischen Übergriffen und Anschlägen sowie in der Unterstützung rechter Bewegungen und Parteien.**

so nennen wir das in einem transnationale Forschungsprojekt[1] manifestierte sich spätestens nach 2016 und die Abwehrhaltung wurde nicht nur gegenüber Geflüchteten und Migrant*innen deutlich, sondern auch in rassistischen Übergriffen und Anschlägen sowie in der Unterstützung rechter Bewegungen und Parteien. Bundesweiten politischen Ausdruck erfuhren diese in der kontinuierlichen Demonstration von Pegida und ihren lokalen Ablegern, in der um sich greifenden Präsenz neuer rechter Argumentationen in den sozialen Medien sowie in politischen Diskursen, schließlich sich institutionalisierend durch den Einzug der AfD in den Bundestag im September 2017 und dann während der Corona-Proteste. Die schwache gesellschaftliche Verankerung von fundiertem Wissen über Rassismus, ebenso wie die Weise, wie rechtsextreme Parteien und Bewegungen öffentlich kommentiert wurden, hat dazu geführt, dass Menschen sehr häufig rassistischen Ideologien und Diskursformen aufgesessen sind. Doch die kritische Rassismusforschung geht davon aus, dass Rassismus nicht hinreichend ausschließlich als Rechtsextremismus, als individuelle Eigenschaft oder subjektives Reaktionsmuster verstanden werden kann. Es handelt sich um ein dynamisches Feld, in dem politische Ideologien, Staatshandeln, institutionelle Regeln, kulturelle Codes, ökonomische Strategien, sozialpsychologische Einstellungen und verkörperte Routinen unter den Bedingungen sozialer Ungleichheit auf lokaler, nationaler und transnationaler Ebene zusammenfinden und sich historisch veränderbar rekonfigurieren. Das Wissenschaftsfeld der Rassismusforschung ist in dieser Gemengelage von großer Bedeutung. Es ist darauf ausgelegt, die Zusammenhänge dieser Facetten, ihre Widersprüche und Transformationen zu analysieren. Doch die durchaus vorhandenen Wissensbestände, Forschungstraditionen und begrifflichen Definitionen sind weithin unbekannt, und zwar sowohl in der öffentlichen Wahrnehmung wie auch in der wissenschaftlichen Rezeption. Denn der Rassismusforschung in Deutschland fehlt es an Orten der Institutionalisierung und Kanälen der Überlieferung, jedenfalls bis vor Kurzem.

> **Der Rassismusforschung in Deutschland fehlt es an Orten der Institutionalisierung und Kanälen der Überlieferung, jedenfalls bis vor Kurzem.**

Wie lässt sich die historische Entstehung der Rassismusforschung in Deutschland skizzieren?

Für die öffentliche Behandlung des Themas Rassismus war in Deutschland lange Zeit eine zeitliche, soziale und räumliche Verschiebung charakteristisch. Rassismus wurde zeitlich verschoben, indem Rassismus an die historischen Erscheinungsformen der nationalsozialistischen Rassenpolitik gebunden wurde. Dadurch wurde Rassismus zu einem Problem der Vergangenheit erklärt. Damit verbunden fand häufig eine soziale Verschiebung des Rassismus in den Rechtsextremismus statt, Rassismus wurde als Problem sozialer Ränder definiert. Die räumliche Verschiebung meint, dass Rassismus als Problem ehemaliger großer Kolonialmächte wie Großbritannien und Frankreich behandelt wurde, unbenommen der deutschen Beteiligung an diesen kolonialen Projekten, oder als Problem der USA oder Südafrikas als rassistische Länder. Eine Rassismusanalyse mit kritischem Blick auf die eigene gegenwärtige Einwanderungsgesellschaft in ihrer Gesamtheit hat, von einzelnen historischen Ausnahmen abgesehen, eine kurze Geschichte in Deutschland. Die fast vier Jahrzehnte der Rassismusforschung in Deutschland waren geprägt von hoher Prekarität, es handelte sich um

---

[1] www.culturesofrejection.net.

stark fragmentierte und kaum organisierte Zusammenhänge. Die sich seit den 1970er-Jahren konsolidierende kritische Rassismusforschung in Deutschland lässt sich auf eine spezifische historische Konstellation in den 1980er-Jahren zurückführen, in der gesellschaftspolitische Impulse mit einer punktuellen wissenschaftlichen Internationalisierung zusammengetroffen sind. Dies betrifft vor allem die Folge der Selbstorganisierung

> **Eine Rassismusanalyse mit kritischem Blick auf die eigene gegenwärtige Einwanderungsgesellschaft in ihrer Gesamtheit hat, von einzelnen historischen Ausnahmen abgesehen, eine kurze Geschichte in Deutschland.**

ehemaliger Gastarbeitender und Geflüchteter sowie Diskussionen in feministischen, migrantischen und Schwarzen Bewegungen. In diesem Zusammenhang gab es einen inhaltlichen Austausch sowie Übersetzungsarbeit, insbesondere aus der britischen und französischen Rassismus-Diskussion. Vorläufiger Höhepunkt dieser Entwicklung bildete der von Annita Kalpaka und Nora Räthzel organisierte Kongress „Rassismus und Migration in Europa", der 1990 in Hamburg mit über 1.000 Teilnehmenden und Beiträgen internationaler Rassismusforscher*innen stattfand und mehrfach in den Interviews, die wir geführt haben, als Initialzündung für die Rassismus-Diskussion in Deutschland genannt wurden. Als die rassistischen Pogrome sowie der mediale und politische Umgang das Thema zu Beginn der 1990er-Jahre auf die politische Tagesordnung setzten, existierten bereits Ansätze einer international vernetzten Rassismusforschung. Die Explosion rassistischer Gewalt diente gleichsam als Forschungsfeld und führte zur Ausweitung und Ausdifferenzierung der Rassismusanalyse. Doch die Rassismusforschung in Deutschland blieb in den folgenden Jahren weitgehend ereignisgetrieben: Zu nennen sind die Anschläge und Pogrome Anfang der 1990er-Jahre sowie die damit verknüpfte Asylrechtsdebatte, die Terroranschläge vom 11. September 2001 und der folgende globale „Krieg gegen den Terror". Die Narrative eines Kampfs der Kulturen waren auch in Deutschland wirkmächtig. 2010 hielten mit der Debatte um Sarrazins Veröffentlichung von "Deutschland schafft sich ab" neue Verknüpfungen von sozial-kulturalistischen und biologistischen Begründungsmustern Einzug in den gesellschaftlichen Mainstream; schließlich folgte die bereits erwähnte Selbstenttarnung des NSU und die damit zusammenhängende Kritik an strukturellem und institutionalisiertem Rassismus. Das sind aber jetzt wirklich nur die großen Instanzen.

Wie kann man dann das Feld der Rassismusforschung gut abstecken oder definieren, vor allem auch im Vergleich zur Rechtsextremismusforschung?

Rassismus muss als gesellschaftliches Phänomen insgesamt untersucht werden, das in allen gesellschaftlichen Spektren und Selbstzuordnungen artikuliert werden kann. Rassismus versteht sich nicht als konfliktives Verhältnis zwischen Zugewanderten und Einheimischen und rahmt ihn auch nicht als Problem der mangelhaften Einpassung von „Fremden" in einer Aufnahmegesellschaft. Darum ist auch jede Forschung vergeblich, die allein auf eine umgekehrte Promotion der »Fremden« setzt. Rassismusforschung verweist auf die alltäglichen und institutionellen Dimensionen des Rassismus, lenkt den Blick auf Ein- und Ausschließungspraktiken, auch innerhalb einer pluralen und liberalen Gesellschaft, und fragt danach, wer oder was unter welchen Bedingungen als fremd und anders definiert wird. Rassismusanalyse untersucht also nicht Rassismus als pathologischen Teilbereich von Gesellschaft, sondern nimmt in den Blick, wie Gesellschaft durch Rassismus mit konstituiert wird. Rassismusforschung geht es nicht um Fremdenfeindlichkeit, wenn damit unterstellt ist, dass evident sei, wer wo wann und wie als fremd gilt. Rassismusforschung ergründet vielmehr, wie das Fremdsein hergestellt wird und welche Essentialisierung, also positive oder negative kollektiv wesenhafte Zuschreibung, den fremden Figuren aufgeherrscht und in Genealogien gepresst wird. Die Ausgestaltung der Figuren ist dabei historisch und gegenwärtig höchst variabel, ohne sich

Der übergeordnete Begriff Rassismus erlaubt eine systematische und vergleichende Perspektive auf unterschiedliche Rassismen und ermöglicht die Übertragung theoretischer Erkenntnisse, zum Beispiel aus der Antisemitismusforschung oder der Erforschung des Kolonialrassismus.

von der Geschichte ihrer Unterdrückung jemals zu weit zu entfernen. Insofern nimmt Rassismusforschung für sich in Anspruch, jeweils spezifische Rassismen in jeweils historisch zu bestimmenden Situationen und Konstellationen als Teil ihres Gegenstandbereiches zu verstehen. Dies auch, wenn wissenschaftshistorische oder strategische Gründe für separate Bezeichnungen sprechen, zum Beispiel Antiziganismus, Islamophobie oder Antisemitismus. Der übergeordnete Begriff Rassismus erlaubt eine systematische und vergleichende Perspektive auf unterschiedliche Rassismen, ermöglicht die Übertragung theoretischer Erkenntnisse, zum Beispiel aus der Antisemitismusforschung oder der Erforschung des Kolonialrassismus, öffnet den Blick auf strukturelle Zusammenhänge verschiedener Rassismen und kann den notwendigen Austausch über wissenschaftliche Disziplinen und Theorieschulen hinweg antreiben. Rassismus als gesellschaftliches Verhältnis zu verstehen bedeutet auch, jene in diese Analyse einzubeziehen, die sich in diese Verhältnisse zumeist als unmarkierte Norm rechnen können. In sich unter dem Druck der Globalisierung veränderter Arbeits- und Lebensverhältnisse, die andere Angebote symbolischer und materieller Vergemeinschaftung prekär werden lassen, kann ein Investment in, ich zitiere, die „rassistische Gemeinschaft" besondere Attraktivität entfalten. Rassistische Ideologie bietet Zusammenhalt und sozial kulturellen Kitt. Auch damit muss man sich auseinandersetzen, wenn man über sozialen Zusammenhalt forschen will – besonders da, wo gesellschaftliche Verteilungskämpfe schärfer werden und sich wandelnde Migrationsgesellschaften dynamisch das bestehende rassistische Zugehörigkeitsmanagement unter Druck setzen oder auch bestimmte Gruppen zu integrieren bereit sind, weil sie sich als verdient erweisen oder als nützlich gelten. Da Rassismen Konjunkturen unterliegen, müssen ihre Funktionsweisen und Dynamiken stets aufs Neue bestimmt werden.

Welche gegenwärtigen Konjunkturen von Rassismen und Dynamiken sehen Sie momentan als wichtige Fragen für die Rassismusforschung?

Die neuen autoritären rechten Bewegungen und Parteien und die zugehörigen Kulturen stellen zentrale Fragen an die Forschung. Dabei geht es darum, inwiefern diese rechtsextremen Bewegungen und Parteien über ihren unmittelbaren Wirkungskreis hinaus das Feld des Sagbaren insgesamt verschieben. Hier ließe sich aus rassismuskritischer Sicht an Ergebnissen der Forschung zur neuen Rechten anschließen, die seit den 1980er-Jahren existiert sowie an die kritische Diskursanalyse und natürlich an die Rechtsextremismusforschung, die zum Beispiel von einer „enthemmten Mitte" spricht. Zudem ist der Zusammenhang zwischen ökonomischen Krisenerfahrungen und rassistischer Mobilisierung aus meiner Sicht bisher noch nicht ausreichend verstanden. Der Zusammenhang, der oft als These von den „Globalisierungsverlierer*innen" formuliert wird, zuletzt auch der „Globalisierungsangst", wird angenommen, aber viel zu selten empirisch untersucht. Er ist damit unklar und die Analyse der Diskurstaktiken und Sprachpolitiken der neuen rechten Formation im Hinblick auf die aktuellen Metamorphosen des Rassismus müssen untersucht werden. Das

> **Wir brauchen eine intensive Arbeit an einer Vision einer antirassistischen und solidarischen Gesellschaft – einer Gesellschaft, deren Solidarbeziehungen gerade nicht auf der Spaltung der Menschheit durch Rassismus beruhen.**

betrifft das Auftreten in der Öffentlichkeit und insbesondere aus meiner Sicht in den Onlinemedien – und vermittels technologischer Infrastrukturen. Dabei geht es nicht nur darum, was in diesen Medien gesagt wird. Die computerisierten Infrastrukturen tragen selbst zu diesen Verschiebungen bei. Ein weiterer Punkt ist das Verhältnis von Geschlechterverhältnissen und Rassismus, die ihrer Untersuchungen ganz dringend harren, also die Weise, in der Rassismus auch durch bestimmte Geschlechtsnormierung reproduziert wird, etwa in der Ausländer- und Migrationsgesetzgebung. Eine andere Frage betrifft die historischen Voraussetzungen aktueller Rassismen. Hier ist der Zusammenhang von Antisemitismus- und Rassismusforschung besonders relevant. Wichtig ist auch der Alltagsrassismus, der weiter und besser verstanden werden muss, insbesondere sollten die Stimmen gehört werden, die von Rassismus in besonderen Weisen betroffen sind. Ein weiterer Punkt ist der institutionelle Rassismus. Und schließlich die Frage, ob und inwiefern sich Deutschland neu aufstellen wird in Bezug auf die Fragen von Migration und auf Asyl, denn es kam in den letzten Jahren zu Neudefinitionen des rechtlichen Status auf der Grundlage von Herkunftsländern, die in rassismustheoretischer Hinsicht problematisch sind. In Deutschland werden die globalen Zusammenhänge in Bezug auf Rassismus und überhaupt Deutschlands Rolle innerhalb Europas, aber auch der Welt unterschätzt. Hier liegt ein wichtiger Punkt, um über die Veränderungen von Rassismus und insbesondere, aber nicht nur, dem Klimawandel nachzudenken. Wir haben es nicht nur mit einem deutschen, sondern globalen Phänomen zu tun, das sich aber global neu zusammensetzt und wo sehr viel Übersetzungs- und Vermittlungsarbeit geleistet werden muss, um gemeinsame Denk- und Forschungsräume zu eröffnen; wenn wir an die Ablehnung von Migration denken, ist das nicht nur in Deutschland der Fall, sondern wir sehen das zum Beispiel auch an der polnisch-belarussischen Grenze. Wir müssen unbedingt zum Verhältnis Gesundheitspolitik und Rassismus arbeiten. Und zuletzt: Wir brauchen eine intensive Arbeit an einer Vision einer antirassistischen und solidarischen Gesellschaft – einer Gesellschaft, deren Solidarbeziehungen gerade nicht auf der Spaltung der Menschheit durch Rassismus beruhen. Damit hätten wir einen großen Beitrag gegenüber einer Forschung geleistet, die an komplexen Fragen des sozialen Zusammenhalts in einer globalen Welt interessiert ist.

Manuela Bojadžijev, Prof. Dr., ist Professorin für Kultur und Lebensstile in der Einwanderungsgesellschaft an der Humboldt-Universität zu Berlin; ihre Arbeits- ud Forschungsschwerpunkte liegen in den Bereichen Migration und Rassismus, Digitalität, Arbeit und urbane Räume.

„DIE KRITISCHE RASSISMUSFORSCHUNG GEHT DAVON AUS, DASS RASSISMUS NICHT HINREICHEND AUSSCHLIESSLICH ALS RECHTSEXTREMISMUS, ALS INDIVIDUELLE EIGENSCHAFT ODER SUBJEKTIVES REAKTIONSMUSTER VERSTANDEN WERDEN KANN."

MANUELA BOJADŽIJEV

SESSION I

TEIL HABEN — TEIL SEIN?! ODER: KANN VERWALTUNG MACHTKRITISCH SEIN?

„POWERSHARING UND EMPOWERMENT ZEIGEN AUF, WELCHE MÖGLICHKEITEN UND RESSOURCEN WIR FRUCHTBAR MACHEN KÖNNEN, WENN WIR UNS IN BEZUG ZU PERSONEN SETZEN UND STRUKTUREN REFLEKTIEREN."

LINDA KELMENDI, KATHRIN LEIPOLD &
STEFAN SCHLAGOWSKY-MOLKENTHIN

Teil-Habe – Teil-Sein?! – Perspektiven auf Machtverhältnisse, Bündnisse und Partizipation in der Verwaltung im Bereich Integration

Linda Kelmendi (Stabsstelle Kommunale Integration der Stadt Singen), Kathrin Leipold (Forschungsinstitut Gesellschaftlicher Zusammenhalt – Standort Konstanz) & Stefan Schlagowsky-Molkenthin (Stabsstelle Kommunale Integration der Stadt Singen)

Der Beitrag beleuchtet, inwiefern Konzepte der Rassismus- und Machtkritik die Ausrichtung der Integrationsarbeit auf Partizipation flankierend unterstützen können. Zunächst erläutern wir die Begriffe Kritik, Diskriminierung und Intersektionalität sowie die Konzepte Empowerment und Powersharing. Anhand von Fallbeispielen werden anschließend Situationen an der Schnittstelle von integrationspolitischer Verwaltung und Rassismus beschrieben, von denen aus Potenziale der Konzepte Empowerment und Powersharing für die Verwaltungspraxis abgeleitet werden. Der Beitrag schließt mit Vorschlägen, wie sich der Prozess von Teil-Habe zu Teil-Sein durch machtkritische Konzepte stützen und durch eine Kooperation zwischen Wissenschaft und Verwaltung stärken lässt.

Empfohlene Zitierung:

Kelmendi, Linda/Leipold, Kathrin/Schlagowsky-Molkenthin, Stefan (2022). Teil-Habe – Teil-Sein?! – Perspektiven auf Machtverhältnisse, Bündnisse und Partizipation in der Verwaltung im Bereich Integration. In: Institut für Demokratie und Zivilgesellschaft (Hg.). Wissen schafft Demokratie. Tagungsband zur Online-Fachtagung „Gesellschaftlicher Zusammenhalt & Rassismus", Band 11. Jena, 26–37.

Schlagwörter:

Integrationsarbeit, Partizipation, Empowerment, Powersharing, Rassismus

Einleitung

In Gesprächen und durch Beobachtungen im integrationspolitischen Feld[1] sowie in der Auseinandersetzung um die konzeptionelle Weiterentwicklung des Integrationsbegriffs zeigt sich, dass Integrationsarbeit eine hohe Dynamik aufweist und aktuell ein Perspektivwechsel von Integration hin zu Teilhabe stattfindet[2]. Diese (Neu-)Ausrichtung der Integrationsarbeit am Begriff Teilhabe verweist auf einen Diskurs um gesellschaftliche Partizipation. Partizipation bezieht sich im Folgenden auf die Fragen, wie es Personen individuell und strukturell ermöglicht wird, gesellschaftliche Entscheidungen mit zu gestalten (Teil-Habe) und inwiefern es ihnen ermöglicht wird, sich in der diskursiven Aushandlung von Bedeutungen gleichwertig einzubringen (Teil-Sein). Teil-Habe und Teil-Sein ergänzen sich gegenseitig. Dieses Verständnis von Partizipation im Integrationsfeld als Teil-Habe und Teil-Sein erfordert – so die Ausgangsthese des vorliegenden Beitrags– eine Auseinandersetzung mit Rassismus- und Machtkritik, eine Reflexion von strukturellen Rahmungen und Möglichkeiten, diese zu verändern. Die Konzepte Empowerment und Powersharing ermöglichen eine solche Auseinandersetzung mit Strukturen und Änderungsoptionen und gestatten daher eine kritische Perspektivierung der bestehenden Integrationspraktiken.

> **Partizipation bezieht sich auf die Fragen, wie es Personen individuell und strukturell ermöglicht wird, gesellschaftliche Entscheidungen mit zu gestalten (Teil-Habe) und inwiefern es ihnen ermöglicht wird, sich in der diskursiven Aushandlung von Bedeutungen gleichwertig einzubringen (Teil-Sein).**

Mit unserem Beitrag möchten wir daher ein Nachdenken über Eingebundenheiten und Bündnisse – ein Denken in Relationen – fördern und aufzeigen, wie eine macht- und rassismuskritische Integrationsarbeit gesellschaftliche Veränderungsprozesse anstößt und Zusammenhalt gestalten kann.

Zusammenhalt – Kritik – Macht

Dass Zusammenhalt der Gesellschaft als Ziel integrationspolitischer Bestrebungen gesehen werden kann, zeigt sich bereits in der Vielseitigkeit des Integrationsbegriffs selbst, der die „Integration jeder einzelnen Person und die Integration bzw. der Zusammenhalt der Gesellschaft als Ganzes"

---

[1] Grundlage für diesen Artikel ist die intensive Kooperationen zwischen der Universität Konstanz und der Stabsstelle Integration der Stadt Singen. Diese Zusammenarbeit besteht im Rahmen des durch das BMBF geförderten Transferprojekts „Bildungsprogramm für Integrationsbeauftragte" im seit 2020 bestehenden Forschungsinstitut Gesellschaftlicher Zusammenhalt. Das Projekt will die Veränderungen im Bereich Integrationspolitik flankierend unterstützen und ein entsprechendes Qualifizierungsprogramm entwerfen. Mehr Informationen zum Projekt finden sich auch unter: https://www.uni-konstanz.de/fgz/projekte/fortbildungsprogramm-fuer-integrationsbeauftragte/.

[2] Eine Untersuchung des Berlin-Instituts für Bevölkerung und Entwicklung aus dem Jahr 2021 zeigt diese Tendenz in der Integrationsdebatte deutlich auf: https://s3.eu-central-1.amazonaws.com/cdn.kommunal.de/public/2021-08/Allesollenteilhaben.pdf.

(Integrationsbericht des Landes Baden-Württemberg 2020, 14) umfasst.[3] Und auch im Nationalen Aktionsplan Integration heißt es, dass Zusammenhalt durch Zugehörigkeit[4] gelebt und gestaltet werden kann (Nationaler Aktionsplan, Bericht Phase V, 2021, 15). Vor diesem Hintergrund kann Integrationsarbeit in Städten, Landkreisen und Gemeinden selbst als Praktik des Zusammenhalts gelesen werden. Nun ist es nicht verwunderlich, dass sich Praktiken mit der Zeit immer weiter verfestigen oder gar erstarren. Es ist daher notwendig, den „Kurs" der Integrationsarbeit regelmäßig zu reflektieren, gegebenenfalls neu zu justieren und auch Kritik an bestehenden Praktiken zu üben.

Kritik kann sich dabei auf unterschiedliche Ebenen, auf Handlungen, Wissensbestände, gesellschaftliche Verhältnisse allgemein beziehen – und schließt auch Machtverhältnisse mit ein. Judith Butler geht es konkret um die „Art des Fragens, die sich als zentral für den Vollzug der Kritik selbst erweisen wird" (Butler 2002, 250). Eine so verstandene Kritik als die Art und Weise, wie etwas umgesetzt wird, fragt stets nach eigenen machtvollen oder machtlosen Praktiken. Hier wird deutlich, welche Rolle das Denken in Relationen für den Vollzug von Kritik hat: Erst durch die Reflexion und Offenlegung von Kontexten und Konsequenzen der eigenen Handlungen vor dem Hintergrund der jeweiligen Machtstrukturen kann Kritik gelingen.

Diskriminierungsrelevante Differenz- und Herrschaftsverhältnisse in Arbeitsprozessen der integrationspolitischen Verwaltung zeigen sich vor allem im spannungsreichen Arbeitsalltag: Zum einen sollen Integrationsakteur:innen in der Verwaltung Handlungsoptionen für marginalisierte Minderheiten und Zugewanderte fördern. Zum anderen ist auch Integrationsarbeit selbst eingebunden in gewachsene Hierarchien, in machtvolle oder machtlose Netzwerke. Integrationsarbeit kann sowohl als strukturierend und machtkritisch als auch als strukturiert, ohne Möglichkeit zur Änderung, beschrieben werden. In dieser Ambivalenz zeigt sich, dass die Perspektive auf Bündnisse und Beziehungen für die Gestaltung eines rassismuskritischen Professionalisierungsprozesses in der integrationspolitischen Verwaltung sehr geeignet ist. Denn Rassismuskritik greift Fragen nach Macht und Ohnmacht auf und stellt sie in den Vordergrund.

> **Diskriminierungsrelevante Differenz- und Herrschaftsverhältnisse in Arbeitsprozessen der integrationspolitischen Verwaltung zeigen sich vor allem im spannungsreichen Arbeitsalltag.**

Im Folgenden werden wir mit der Perspektive der Intersektionalität arbeiten, das heißt mit Fragen nach Macht und Ungleichheit, Differenz, Gleichheit sowie Emanzipation (vgl. Frühauf 2014, 18).

---

[3] Der intensive Bezug auf den Begriff des Zusammenhalts rekurriert auch aus einer auf politischer Ebene diagnostizierten Sorge um eine funktionierende Gesellschaft, die zusammenhält: „Wir erleben zurzeit einen raschen, umfassenden und fundamentalen gesellschaftlichen Wandel – einen Wandel, der in kurzer Zeit in allen Lebensbereichen zu grundsätzlichen Veränderungen führt. Ein Ende dieses Prozesses ist noch nicht abzusehen und hieraus resultiert im Augenblick eine allgemeine Stimmung der Verunsicherung und der Sorge um den gesellschaftlichen Zusammenhalt." (Studie „Gesellschaftlicher Zusammenhalt in Baden-Württemberg, Bertelsmann Stiftung 2020, 7).

[4] Zusammenhalt stellt die fünfte Phase des Nationalen Aktionsplans Integration dar. Die vorherigen vier Phasen sind: Integration vor der Zuwanderung, Erstintegration, Eingliederung sowie Zusammenwachsen, nachzulesen unter: https://www.nationaler-aktionsplan-integration.de/napi-de/aktionsplan.

Zudem verknüpfen wir Intersektionalität mit Empowerment und Powersharing: Nach Rosenstreich (2018) meint Empowerment die Selbststärkung und (Wieder-)Aneignung von Handlungsspielräumen von Menschen mit Diskriminierungserfahrungen. Powersharing kann als solidarische Handlung von Menschen mit Privilegien für die Öffnung und Umverteilung von Ressourcen, Zugängen und Diskursen eingesetzt werden.

Ausgehend von diesen Überlegungen werden wir nun Fallbeispiele und Probleme im integrationspolitischen Verwaltungsalltag skizzieren[5] und aufzeigen, inwiefern Powersharing oder Empowerment Lösungen für eine stärkere Hinwendung zu Partizipation als Teil-Habe und Teil-Sein anbieten.

Themen- und Problemfelder

„Es gibt keine Stelle, an der das Schweigen auf der anderen Seite so intensiv ist" – Macht und politische Partizipation

Das erste Beispiel aus der Verwaltungspraxis zeigt die Auswirkungen, die eine jahrelange und jahrzehntelange Ausrichtung der Integrationsarbeit auf Austausch, Sprache und Verständigung *zwischen* Kulturen auf die (post-)migrantischen Communitys und Personen hat:

> *Wir haben heute auch noch italienische Frauen, die sind über 80, die sagen immer noch, sie gehen zurück nach Bella Italia. Das sind alles Narrative des Zusammenhalts in diesen Communitys. […] Auch wenn ich sage, auch zu jüngeren Vertreterinnen aus den Communitys, dass wir wollen, dass sie dann irgendwann im Gemeinderat sitzen – es ist gibt keine Stelle, an der das Schweigen auf der anderen Seite so intensiv ist! […] Sie sagen: ‚Das glauben wir euch nicht! Wir glauben euch nicht, dass ihr das wollt! Also, dass wir was zu essen machen, wenn die interkulturelle Woche da ist, klar, das schon. […] Aber dass ihr wirklich wollt, dass wir die Geschicke der Stadt mitgestalten, nein!' (Beitrag von Linda Kelmendi und Stefan Schlagowsky-Molkenthin 2021 vom 9. Dezember 2021)*

Angesprochen ist die Ausrichtung der interkulturellen Wochen an einer „Politik der Geselligkeit" (Ezli 2020), die v. a. durch die interkulturellen Wochen transportiert wurde. Denn obwohl der Schwerpunkt der interkulturellen Wochen seit 1998 selten auf rein kulturellen oder folkloristischen Schwerpunkten lag (Ezli 2020, 66) und das demokratische Element von Dialog und Austausch einer „Kultur der Zugehörigkeit" im Vordergrund stand, werden durch den Fokus auf das friedliche und gesellige Miteinander „harte" Themen wie die Gestaltung von Politik und Mitsprachemöglichkeiten wenig thematisiert.

---

[5] Die für die Fallbeispiele verwendeten Zitate stammen aus dem bisher unveröffentlichten Beitrag von Linda Kelmendi, Kathrin Leipold und Stefan Schlagowsky-Molkenthin am 9. Dezember 2021, der Online-Tagung „Rassismus und Zusammenhalt" des Instituts für Demokratie und Zivilgesellschaft Jena. Wir haben uns dazu entschlossen, die Zitate zu verwenden, da die Doppelrolle von Linda Kelmendi und Stefan Schlagowsky-Molkenthin als Teil der Beschreibungen und als Teil der Deutungen zeigt, welche Potenziale in reflexivem Arbeiten liegen.

Dies spiegelt sich auch in einem gesellschaftlichen Diskurs der bis in die 1990er-Jahre hineinragenden Ablehnung von Deutschland als Einwanderungsland. Diese Mentalität des Vorübergehenden wird auch vonseiten der Integrationsarbeit nur teilweise durchbrochen. Hier wird deutlich, dass das Element der „Politik der Geselligkeit" (Ezli 2020) durch die Stärkung politischer Handlungsfähigkeit(en) begleitet werden muss und welche

Empowerment ist nicht defizitär zu verstehen, sondern bedeutet, Machtstrukturen und Barrieren offen zu legen und ihnen in Bündnissen zu begegnen.

Rolle Empowerment hier spielt: Empowerment ist nicht defizitär zu verstehen, sondern bedeutet vielmehr, Machtstrukturen und Barrieren offen zu legen und ihnen in Bündnissen zu begegnen, indem man das Schweigen – vor allem über Vertrauensverhältnisse – bricht.[6]

Empowerment wird so zu einer *Praktik des Thematisierens* von Herrschafts- und Machtstrukturen, in denen auch eine *Mentalität des Vorübergehenden* in ihren lähmenden Auswirkungen besprochen werden kann. Ein so verstandenes Empowerment nimmt dann das Schweigen als auch das Sprechen von migrantischen Organisationen und Personen in Integrationsprozessen ernst. Empowerment erweitert damit Teil-Habe zu Teil-Sein, indem alle Personen gehört werden und auch ein Sprechen über rassistische Strukturen ermöglicht wird.

„Angebote sind doch für alle offen" – Macht und Öffnung in der Verwaltung

Das folgende kurze Beispiel aus der Verwaltungspraxis beschäftigt sich mit dem Mangel an Repräsentationsmöglichkeiten von Personen mit Migrationsgeschichte in der Verwaltung und beschreibt Probleme, die sich bei der interkulturellen Öffnung, erkennen lassen:

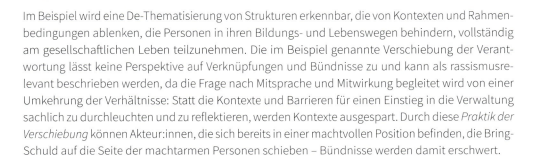

> *[...] und die Stadtgesellschaft [...], die steht auf dem Standpunkt, und auch die Verwaltung, was jetzt diese Sachen des Mitmachens angeht: ‚Wieso, brauchen wir doch nicht! Die Angebote sind doch für alle offen.'* (Beitrag von Linda Kelmendi und Stefan Schlagowsky-Molkenthin 2021 vom 9. Dezember 2021)

Im Beispiel wird eine De-Thematisierung von Strukturen erkennbar, die von Kontexten und Rahmenbedingungen ablenken, die Personen in ihren Bildungs- und Lebenswegen behindern, vollständig am gesellschaftlichen Leben teilzunehmen. Die im Beispiel genannte Verschiebung der Verantwortung lässt keine Perspektive auf Verknüpfungen und Bündnisse zu und kann als rassismusrelevant beschrieben werden, da die Frage nach Mitsprache und Mitwirkung begleitet wird von einer Umkehrung der Verhältnisse: Statt die Kontexte und Barrieren für einen Einstieg in die Verwaltung sachlich zu durchleuchten und zu reflektieren, werden Kontexte ausgespart. Durch diese *Praktik der Verschiebung* können Akteur:innen, die sich bereits in einer machtvollen Position befinden, die Bring-Schuld auf die Seite der machtarmen Personen schieben – Bündnisse werden damit erschwert.

---

[6] Mit dem Thema Schweigen ist eine kulturwissenschaftliche Perspektive angesprochen, die vor allem aus den postcolonial studies und gender studies kommt: Sprecher:innenpositionen, Macht und die Frage, was passiert, wenn die Subalternen anfangen zu sprechen, dies alles hat Gayatri Chakravorty Spivak bereits in ihrem Aufsatz „Can the Subaltern Speak?" beschrieben.

Der Abbau dieser Verschiebung und die Unsichtbarmachung der eigenen Verantwortung gelingt über die Reflexion der eigenen Privilegien. Das Konzept des Powersharing bietet hierzu die passende Perspektive, um Privilegien, die oft nicht bewusst wahrgenommen werden, zu erkennen (Liebscher et al. 2010, 52). Powersharing wird damit als *Praktik der Kontextualisierung* der eigenen Position beschrieben, die auch die Offenlegung von rassistischen Strukturen ermöglicht und damit die Aufgaben auf dem Weg zu einer Gesellschaft benennt, in der alle Teil-Sein können.

„Diese ‚Kultur des Helfens' ist noch nicht zum Konzept des Empowerments übergegangen" – Macht und Ehrenamt

In der Integrationsarbeit nimmt Kooperation mit dem Ehrenamt eine wichtige Rolle ein. Obwohl ehrenamtliche Strukturen ganz unterschiedlich gestaltet sind, zeigt sich im folgenden Fallbeispiel ein Problem, das als strukturübergreifend beschrieben werden kann: eine „Kultur des Helfens" ist oft verstrickt in Diskurse von Dankbarkeit und Abhängigkeit. Das folgende Beispiel verdeutlicht das Dilemma:

> *Dort [im Ehrenamt, Anm. d. A.] ist es so, dass die Bereitschaft zur Hilfe sehr groß ist und wir ohne das Ehrenamt ganz sicher nicht da wären, wo wir sind, und die Bemühungen des Ehrenamts auch sehr wertvoll sind. Es ist aber auch so, dass diese ‚Kultur des Helfens' noch nicht so wirklich zu diesem Konzept Empowerment übergegangen ist. (Beitrag von Linda Kelmendi und Stefan Schlagowsky-Molkenthin 2021 vom 9. Dezember 2021)*

Das Beispiel zeigt, wie aus einem ehrenamtlichen Handeln, das Macht- und Abhängigkeitsverhältnisse nicht bewusst behandelt, kaum Hilfe zur Selbsthilfe entstehen wird. Die Potenziale zum Empowerment werden hier nicht genutzt, da eigene Vorstellungen einer „Kultur des Helfens" nicht hinterfragt werden. Eine Bezugnahme oder ein In-Beziehung-Setzen zu Ideen, Konzepten und Diskursen gegenseitiger Unterstützung findet nur bedingt statt.

Abhilfe schafft auch hier der Einsatz des Konzeptes Powersharing. Denn durch Powersharing lassen sich Räume einrichten, in denen rassistisch konnotierte Abhängigkeitsmuster infrage gestellt werden. Im Mittelpunkt steht dann, den eigenen Standpunkt zum Ehrenamt kritisch zu hinterfragen und zu überlegen,

> **Powersharing kann als Praktik des Verlernens gelesen werden, die Platz schafft für Neues.**

welche historisch gewachsenen Haltungen in der ehrenamtlichen Arbeit zum Ausdruck kommen und wie diese verlernt werden können. Powersharing kann damit auch als *Praktik des Verlernens* gelesen werden, die Platz schafft für Neues. Über solche Neuerungen können Bündnisse und Beziehungen neu definiert werden. Auch auf diese Weise unterstützt Powersharing das Teil-Sein in einer Gesellschaft.

„Integration als Chefsache" – Macht und Systeme der Integration

Die letzte Schilderung zeigt, wie sich Empowerment auch im Inneren der Verwaltung aufbauen lässt und welche Strukturänderungen dies mit sich bringen muss:

> *Die Frage war immer, wenn ich mich irgendwo vorstellte, wenn ich andere Integrationsbeauftragte kennenlernte: ‚Wo bist du angedockt?'. Und am Anfang habe ich das gar nicht verstanden und ich war total stolz, dass ich beim Fachbereichsleiter Jugend, Soziales, Ordnung angedockt war, [...] aber man hat eben keine Macht in diesem Mittelbau, das begriff ich dann zunehmend, worum es dann eigentlich ging, bei dieser Frage. (Beitrag von Linda Kelmendi und Stefan Schlagowsky-Molkenthin 2021 vom 9. Dezember 2021)*

Das hier angesprochene Problem ist die Wirksamkeit des Integrationsdiskurses. Hierzu finden sich integrationspolitische Akteur:innen in einer ambivalenten Situation wieder: Als Verantwortliche für den Bereich Integration werden sie durch ihre Arbeit zum einen als Garant für den gesellschaftlichen Zusammenhalt angesprochen. Der Slogan „Integration ist Chefsache"[7] zeigt an, welche Dringlichkeit auch die Kommunen der Thematik geben. Dennoch sind integrationspolitische Aufgaben häufig nicht sehr hoch in den jeweiligen Strukturen angesiedelt, um ihren Auftrag verwaltungsintern wirksam gestalten zu können. Auch die verwaltungsinterne Forderung „Integration als Querschnittsaufgabe", die das Denken in Relationen sehr gut beschreibt, wird damit in ihrer Wirksamkeit eingeschränkt. Eine Verständigung über das interne Verständnis des jeweiligen Integrationsauftrags sowie eine gemeinsame Erarbeitung der Bedeutung von Integration für den gesellschaftlichen Diskurs in einem empowernden Format kann hier helfen, die eigene (Ver-)Handlungsmacht zurückzugewinnen. Klassischerweise wird Empowerment hier verstanden als eine *Praktik des Stärkens* – vor allem von rassismuskritischen Positionen, die eine Gesellschaft der Vielen und Bündnisse auch in der Verwaltung erst zulässt.

> **Integrationspolitische Aufgaben sind häufig nicht sehr hoch in den jeweiligen Strukturen angesiedelt, um ihren Auftrag verwaltungsintern wirksam gestalten zu können.**

Ableitungen und Ausblick

Absicht unseres Beitrags ist es, ein Denken in Relationen zu fördern und darzulegen, wie eine macht- und rassismuskritische Perspektive in der Integrationsarbeit die Entwicklungen von Teil-Habe zu einem Teil-Sein unterstützt und so den gesellschaftlichen Zusammenhalt fördert: Empowernde Konzepte, die im Bereich der Zivilgesellschaft angewendet werden, ermöglichen, wie wir gezeigt haben, ein Sprechen über Macht und Ungleichheit. Ein gleichzeitig umgesetztes Powersharing

---

[7] Der Slogan „Integration als Chefsache" findet sich u. a. in dem vom Ministerium für Soziales und Integration Baden-Württemberg herausgegebenen Förderaufruf 2020 „Integration vor Ort – Stärkung kommunaler Strukturen".

nach außen in Bezug auf die Verhältnisse zwischen Ehrenamt, als integrationspolitischem Akteur, und neu zugezogenen Menschen, ermöglicht Alternativen zu paternalistischen Sichtweisen auf „Unterstützen und Helfen" und erweitert damit die Handlungsfähigkeiten des Ehrenamts. Powersharing und Empowerment zeigen auf, welche Möglichkeiten und Ressourcen wir fruchtbar machen können, wenn wir uns in Bezug zu Personen setzen und Strukturen reflektieren: Powersharing nach innen, bezogen auf die Verwaltung,

Powersharing als gemeinsame Grundlage für den Verwaltungsapparat zu setzen bedeutet, eine grundlegende Änderung und Weiterentwicklung hin zu einer offenen Verwaltung ernst zu nehmen.

kann das Konzept der interkulturellen Öffnung und Organisationsentwicklung in der Verwaltung unterstützen. Powersharing als gemeinsame Grundlage für den Verwaltungsapparat zu setzen bedeutet dann, eine grundlegende Änderung und Weiterentwicklung hin zu einer offenen Verwaltung ernst zu nehmen. Ein gleichzeitiges Stattfinden von empowernden Formaten nach innen setzt Empowerment als Ressource für ein (neues) Selbstbewusstsein integrationspolitischer Anliegen als Grundlage für gelingende Aufklärungsarbeit sowie Sensibilisierung für das Thema Integration im Verwaltungsapparat ein. Der Auftrag „Integration als Querschnittsaufgabe" kann über solche Beziehungsarbeiten gestärkt werden. Zur konkreten Entwicklung und Ausarbeitung von intersektionalen, machtsensiblen und relationalen Perspektiven in der Verwaltung schlagen wir folgendes vor:

- Integrationsbeauftragte als Transformationsakteur:innen ansprechen und Möglichkeiten zur Veränderung in der Verwaltung in Kooperation herausarbeiten,
- Reflexionsräume zur Frage nach der Reproduktion von Macht und Ungleichheit fördern,
- Macht- und rassismuskritische Inputs und Formate in (Weiter-)Qualifizierungsangeboten umsetzen,
- Prozesse für die Thematisierung, Kontextualisierung und für das Verlernen von Machtfragen institutionell verstetigen,
- machtsensible, partizipatorische Handlungsmöglichkeiten bewusst machen und Verständnisse des Politischen reflektieren.

Linda Kelmendi, Projektmanagerin in der Stabsstelle Kommunale Integration der Stadt Singen, entwickelt Projekte sowie Initiativen, die die strategische Ausrichtung der Integrationsarbeit durch konkrete Praxisangebote nachhaltig verankern. Sie ist außerdem Ansprech- sowie Projektpartnerin für interkulturelle Vereine und alle haupt- sowie ehrenamtlichen Akteure im Integrationsbereich.

Kathrin Leipold, Dr. phil, ist zur Zeit als Post-Doc verantwortlich für das Transferprojekt „Bildungsprogramm für Integrationsbeauftragte" des vom BMBF geförderten Forschungsinstituts Gesellschaftlicher Zusammenhalt (FGZ) in Konstanz. Ihre Schwerpunkte sind Antidiskriminierungspädagogik, Erwachsenenbildung sowie Entstehung und Legitimierung wissenschaftlichen Wissens.

Stefan Schlagowsky-Molkenthin, Kommunaler Integrationsbeauftragter in der Stabsstelle Kommunale Integration der Stadt Singen, ist für die strategische Weiterentwicklung sowie Umsetzung des Integrationskonzepts der Stadt Singen in den Bereichen Sprache, Arbeit, Bildung, Wohnen und Interkulturelles Miteinander zuständig. Er ist außerdem Ansprechpartner für interkulturelle Vereine und alle haupt- sowie ehrenamtlichen Akteure im Integrationsbereich.

Literatur

Butler, Judith (2002). Was ist Kritik? Ein Essay über Foucaults Tugend. Deutsche Zeitschrift für Philosophie, Berlin 50 (2), 249–265.

Büyükmavi, Meltem/Demirtaş, Birgül (2020). Perspektiven auf eine rassismuskritische Praxisentwicklung in Institutionen. Überblick. Zeitschrift des Informations- und Dokumentationszentrums für Antirassismusarbeit in Nordrhein-Westfalen 26 (4), 13–15.

Ezli, Özkan (2020). Die Politik der Geselligkeit. Gegenwart und Geschichte der „Interkulturellen Woche". Eine vergleichende kulturwissenschaftliche Untersuchung zu den Mittel- und Großstädten Gera, Jena, Konstanz und Offenbach. Expertise im Auftrag des Sachverständigenrats für Integration und Migration für das SVR-Jahresgutachten 2021. Online verfügbar unter https://www.interkulturellewoche.de/sites/default/files/inline-files/Ezli_Expertise-IKW_fuer-SVR-Jahresgutachten-2021.pdf (abgerufen am 09.06.2022).

Frühauf, Marie (2014). Intersektionalität für alle? Zur Verortung intersektionaler Perspektiven in der neuen Rede von Differenz und Ungleichheit. In: Langsdorff, Nicole von (Hg.). Jugendhilfe und Intersektionalität. Opladen, Budrich UniPress, 15–37.

Liebscher, Doris/Fritzsche, Heike/Pates, Rebecca/Schmidt, Daniel/Karawanskij, Susanna (2010). Antidiskriminierungspädagogik. Konzepte und Methoden für die Bildungsarbeit mit Jugendlichen. 1. Aufl. Wiesbaden, VS Verlag für Sozialwissenschaften.

Mecheril, Paul (2019). Migrationspädagogik. In: SchlaU-Werkstatt für Migrationspädagogik (Hg.). Heterogenität in der fluchtbezogenen Bildungsarbeit - Analytische und praktische Perspektiven. Jahrestagung 2018. München, SchlaU-Werkstatt für Migrationspädagogik, 8–18. Online verfügbar unter https://www.uni-bielefeld.de/fakultaeten/erziehungswissenschaft/arbeitsgruppen/ag10/Mecheril-2019_Migrationspadagogik.pdf (abgerufen am 09.06.2022).

Menhard, Ioanna (2020). Solidarität und Mündigkeit selbst-kritisch zusammengedacht. Pädagogische Überlegungen mit Interesse an Empowerment und Powersharing. In: Jagusch, Birgit/Chehata, Yasemine (Hg.). Empowerment und Powersharing. Ankerpunkte, Positionierungen, Arenen. Weinheim/Basel, Beltz Juventa, 72–83.

Rosenstreich, Gabi (2018). Empowerment und Powersharing – eine Einführung. Überblick. Zeitschrift des Informations- und Dokumentationszentrums für Antirassismusarbeit in Nordrhein-Westfalen 24 (2), 7–10. Online verfügbar unter https://www.ida-nrw.de/fileadmin/user_upload/ueberblick/Ueberblick_022018.pdf (abgerufen am 09.06.2022).

Spivak, Gayatri Chakravorty (2003). Can the Subaltern Speak?. Die Philosophin - Forum für Feministische Theorie und Philosophie 14 (27), 42–58. https://doi.org/10.5840/philosophin14274258.

Links

Bundesregierung (o.J.). Nationaler Aktionsplan Integration (NAP-I) Phase V „Zusammenhalt: Zusammenhalt stärken – Zukunft gestalten" Erklärung des Bundes. Online verfügbar unter http://www.integrationsbeauftragte.de/resource/blob/744170/1850580/c3e5a37c2527bb7c328a0d7512306974/erkaerung-des-bundes-phase-v-data.pdf (abgerufen am 09.06.2022).

Carrasco Heiermann, Adrián/Nice, Thomas/Hinz, Catherina (2021). Alle sollen teilhaben. Wie Kreise und kreisfreie Städte mit Integrationskonzepten ungleichwertige Lebensverhältnisse abbauen wollen. Online verfügbar unter https://s3.eu-central-1.amazonaws.com/cdn.kommunal.de/public/2021-08/Allesollenteilhaben.pdf (abgerufen am 09.06.2022).

Dragolov, Georgi/Arant, Regina/Boehnke, Klaus/Unzicker, Kai (2020). Gesellschaftlicher Zusammenhalt in Baden-Württemberg. Online verfügbar unter https://www.bertelsmann-stiftung.de/de/publikationen/publikation/did/gesellschaftlicher-zusammenhalt-in-baden-wuerttemberg/ (abgerufen am 09.06.2022).

Forschungsinstitut Gesellschaftlicher Zusammenhalt (o.J.). Fortbildungsprogramm für Integrationsbeauftragte. Online verfügbar unter https://www.uni-konstanz.de/fgz/projekte/fortbildungsprogramm-fuer-integrationsbeauftragte/ (abgerufen am 09.06.2022).

Gunda-Werner-Institut in der Heinrich-Böll-Stiftung/Center for Intersectional Justice (2019). „Reach Everyone on the Planet ..." Kimberlé Crenshaw und die Intersektionalität. Texte von und für Kimberlé Crenshaw. Online verfügbar unter https://www.boell.de/de/2019/04/16/reach-everyone-planet (abgerufen am 09.06.2022).

Ministerium für Soziales und Integration Baden-Württemberg (2020). Förderaufruf 2020 „Integration vor Ort – Stärkung kommunaler Strukturen". Online verfügbar unter https://sozialministerium.baden-wuerttemberg.de/fileadmin/redaktion/m-sm/intern/downloads/Foerderaufrufe/Integration_vor_Ort-Staerkung_komm_Strukt_Foerderaufruf_2020_.pdf (abgerufen am 09.06.2022).

Ministerium für Soziales und Integration Baden-Württemberg (2020). Integrationsbericht des Landes Baden-Württemberg. Bericht zum Stand der Integration und zur Anwendung des Partizipations- und Integrationsgesetzes für Baden-Württemberg (PartIntG BW). Online verfügbar unter https://www.baden-wuerttemberg.de/fileadmin/redaktion/m-sm/intern/downloads/Downloads_PIK/SIM_Landesintegrationsbericht_2020_P14_1.pdf (abgerufen am 09.06.2022).

„EMPOWERNDE KONZEPTE, DIE IM BEREICH DER ZIVILGESELLSCHAFT ANGEWENDET WERDEN, ERMÖGLICHEN EIN SPRECHEN ÜBER MACHT UND UNGLEICHHEIT."

LINDA KELMENDI, KATHRIN LEIPOLD & STEFAN SCHLAGOWSKY-MOLKENTHIN

SESSION II

WER SPRICHT? PARTIZIPATION IM KONTEXT VON DIVERSITÄT UND MIGRANTISIERUNG

„MENSCHEN MIT STATISTISCHEM MIGRATIONSHINTERGRUND ERFAHREN HÄUFIGER RASSISTISCHE DISKRIMINIERUNG — SOWOHL IN IHREM ENGAGEMENT, IM ALLTAG ALS AUCH DURCH STAATLICHE INSTITUTIONEN."

YONCA DEGE & SASCHA NICKE

Wer kann mitmachen? Ein Forschungsprojekt zu Hürden von politischer Beteiligung für Menschen mit Migrationsgeschichten

Yonca Dege & Sascha Nicke (d|part)

Das Forschungsprojekt „Wer kann mitmachen?" untersucht in einer mehrsprachigen, repräsentativen Umfrage mit Menschen mit und ohne Migrationsgeschichten die Hürden zur politischen Beteiligung von Menschen mit Migrationsgeschichten in Deutschland. Durch eine kritische Auseinandersetzung mit der Kategorie „Migrationshintergrund" wird analysiert, inwiefern die Faktoren Selbstidentifikation und Rassismuserfahrung eine Rolle bei der politischen Beteiligung spielen. Die Ergebnisse zeigen, dass Menschen mit Migrationsgeschichten häufiger strukturelle Barrieren bei der politischen Beteiligung erfahren. Sie engagieren sich gesellschaftlich ähnlich stark wie der Durchschnitt, beteiligen sich aber weniger an Wahlen. Menschen mit statistischem Migrationshintergrund wollen sich jedoch überdurchschnittlich mehr einbringen, vor allem, wenn sie selbst Rassismus erfahren haben. Um das bestehende Partizipationspotenzial stärker auszuschöpfen, ist der Abbau struktureller Barrieren zur Beteiligung von Menschen mit Migrationsgeschichten wichtig. Außerdem wird gezeigt, dass der statistische „Migrationshintergrund" als Kategorie allein unzureichend ist.

Empfohlene Zitierung:

Dege, Yonca/Nicke, Sascha (2022). Wer kann mitmachen? Ein Forschungsprojekt zu Hürden von politischer Beteiligung für Menschen mit Migrationsgeschichten. In: Institut für Demokratie und Zivilgesellschaft (Hg.). Wissen schafft Demokratie. Tagungsband zur Online-Fachtagung „Gesellschaftlicher Zusammenhalt & Rassismus", Band 11. Jena, 40–55.

Schlagwörter:

Migrationshintergrund, Selbstidentifikation, Rassismuserfahrung, Hürden zur politischen Beteiligung

Die Debatte um den „Migrationshintergrund"

In Deutschland gibt es viele Diskussionen über Menschen mit sogenanntem „Migrationshintergrund". Meistens sind diese jedoch in zweierlei Hinsicht unzureichend. Zum einen gehen sie oft davon aus, dass eine Migrationsgeschichte etwas Einheitliches ist und als allgemeine Kategorie zur Charakterisierung einer Bevölkerungsgruppe verwendet werden kann. Dabei gibt es diese eine Gruppe nicht, sondern Menschen mit Migrationsgeschichten sind sehr vielfältig: Sie sind vielleicht gar nicht selbst eingewandert, sondern Nachkommen von Eingewanderten, und haben unterschiedliche Herkunftsgeschichten und Erfahrungen hier in Deutschland (Ahyoud et al. 2018; Neue Deutsche Medienmacher*innen 2021). Zum anderen wird oft angenommen, dass für diese Menschen die „Migrationsgeschichten" der entscheidende Grund dafür sind, sich politisch zu beteiligen. Dabei können andere, sich überschneidende Faktoren wie Geschlecht, sozioökonomischer Status oder Diskriminierungserfahrung genauso wichtig sein (Müssig 2020; Spies et al. 2020; Forschungsbereich beim Sachverständigenrat deutscher Stiftungen für Integration und Migration 2020).

> **Menschen mit Migrationsgeschichten sind sehr vielfältig: Sie sind vielleicht gar nicht selbst eingewandert, sondern Nachkommen von Eingewanderten, und haben unterschiedliche Herkunftsgeschichten und Erfahrungen hier in Deutschland.**

Zahlreiche Studien untersuchten bereits die Teilhabe von Menschen mit statistischem Migrationshintergrund in Deutschland in Politik und Gesellschaft (Bausch et al. 2011; Müssig und Worbs 2012; Wilmes 2018; Sauer 2020). Diese zeigen oft, dass sich Menschen mit „Migrationshintergrund" sowohl weniger an Wahlen als auch an anderen Formen des gesellschaftlichen Engagements beteiligen (Müssig 2020; Forschungsbereich beim Sachverständigenrat deutscher Stiftungen für Integration und Migration 2020). Als Ursachen werden persönliche Beweggründe, aber auch strukturelle Barrieren wie etwa sozioökonomische Nachteile oder eingeschränkte politische Rechte angeführt. Daraus folgt, dass (Nicht-)Beteiligung nicht nur individuell in den Menschen begründet liegt (Müssig 2020).

„Zur Bevölkerung mit Migrationshintergrund zählen alle Personen, die die deutsche Staatsangehörigkeit nicht durch Geburt besitzen oder die mindestens ein Elternteil haben, auf das dies zutrifft" (Statistisches Bundesamt 2021). Dieser „statistische Migrationshintergrund", die Kategorie des Statistischen Bundesamts, wird in der gegenwärtigen gesellschaftlichen Debatte genauso wie der Begriff selbst zunehmend kritisch hinterfragt. Stimmen aus der Zivilgesellschaft, den Medien und der Wissenschaft werfen die Frage auf, inwieweit die Kategorie noch zeitgemäß und sinnvoll ist und fordern teils sogar das Ende ihrer Nutzung (Will 2016, 2018, 2019; Supik 2017; Ataman 2018; Fachkommission der Bundesregierung zu den Rahmenbedingungen der Integrationsfähigkeit 2020). Denn es gibt viele Menschen in Deutschland, die die statistische Definition des Migrationshintergrunds nicht erfüllen, weil ihre Familien seit mehreren Generationen in Deutschland leben, die aber trotzdem rassistische Diskriminierungen erfahren. Gleichzeitig grenzt der Begriff stets eine große Gruppe von Menschen, die sehr unterschiedlich sind, von der Mehrheitsgesellschaft ab. Außerdem gibt es Menschen, die laut Statistischem Bundesamt einen Migrationshintergrund haben, die sich selbst aber gar nicht mit dieser Kategorie identifizieren (Hübner et al. 2021). Der Begriff

„Migrationshintergrund" deckt also nicht alle Gruppen ab, die Migrationsgeschichten[1] haben, und vereinheitlicht ganz unterschiedliche Erfahrungen in einer Kategorie. Diese Unterscheidungen können jedoch enorm wichtig sein, wenn die politische Beteiligung von Menschen mit verschiedenen Migrationsgeschichten untersucht wird, wie wir es in unserem Projekt beabsichtigten. Deswegen setzen wir uns mit der Kategorie „Migrationshintergrund" kritisch auseinander, versuchen sie aufzubrechen und haben ein besonderes Interesse daran, herauszufinden, inwieweit die Faktoren „Selbstidentifikation" und „Rassismuserfahrung" eine Rolle spielen bei den Hürden zur politischen Beteiligung und bei den Wünschen von Menschen mit Migrationsgeschichten an die Politik.

> **Der Begriff „Migrationshintergrund" deckt nicht alle Gruppen ab, die Migrationsgeschichte haben, und vereinheitlicht ganz unterschiedliche Erfahrungen in einer Kategorie.**

Methodik

Unsere Ergebnisse basieren auf einer Befragung, an der 3.012 Menschen in Deutschland teilnahmen, von denen 1.003 Personen keinen Migrationshintergrund und 2.009 Personen einen statistischen Migrationshintergrund haben. Die Erhebung wurde online vom 7. bis 22. Mai 2021 durchgeführt und ist repräsentativ für die 16- bis 74-Jährigen in Deutschland. Dies wurde durch ein detailliertes Stichprobendesign erreicht, das die Teilnehmenden in ihrer Zusammensetzung der Bevölkerung nach Geschlecht, Alter, Bildung, Bundesland, Berufsgruppe sowie Migrationshintergrund angleicht. Der Fragebogen war auf Deutsch, Arabisch, Türkisch und Russisch verfügbar.[2]

„Migrationshintergrund", Rassismuserfahrungen und Selbstidentifikation

Zu Beginn stellten wir die Frage: „Mit welchen dieser Gruppen identifizieren Sie sich?" Man konnte hier mehrere Antworten geben:

- Jungen Menschen
- Arbeiterinnen und Arbeiter
- Menschen mit Migrationshintergrund
- People of colour
- Lesbische, schwule, bisexuelle, transsexuelle, transgender, intersexuelle und/oder queere Menschen
- Eltern
- Kindern

---

[1] Wir verwenden den Begriff „Migrationshintergrund" für diese Studie analytisch, wenn wir mit der Kategorie des Statischen Bundesamts und dessen Statistiken arbeiten. Gespräche mit Expert:innen aus Wissenschaft, Zivilgesellschaft, Politik und den Medien ergaben, dass alternative Begriffe bevorzugt werden. Wenn es inhaltlich über die statistische Kategorie hinausgeht, sprechen wir von „Menschen mit Migrationsgeschichten", um die Vielfältigkeit an verschiedenen Erfahrungen zu berücksichtigen.

[2] Details zur Methodik finden sich auf der Projektwebsite https://dpart.org/de/wkm-methodische-anmerkungen/.

- Ausländer
- Menschen mit Behinderung
- Frauen
- Rentnerinnen und Rentner
- Andere, nämlich (bitte angeben)
- Mit keiner dieser Gruppen

Die Antworten „Menschen mit Migrationshintergrund" sowie „Ausländer" haben wir genauer untersucht.[3] Wir nahmen die Bezeichnung „Ausländer", obwohl sie stigmatisierend sein kann, bewusst mit auf, da der Begriff innerhalb von migrantischen Gruppen als Selbst-Bezeichnung genutzt wird (O'Brien-Coker 2020). Das Ergebnis war, dass nur ein Drittel der Menschen mit Migrationshintergrund sich selbst als solche oder als Ausländer identifizieren; 15 % würden beide Begriffe für sich selbst verwenden; 11 % nur Migrationshintergrund und 8 % nur Ausländer (Abb. 1). Dass sich zwei Drittel der Menschen mit „Migrationshintergrund" selbst nicht als solche wahrnehmen, bedeutet: Die statistische Einordnung überschneidet sich nur begrenzt mit der Selbstwahrnehmung der Menschen.

Abb. 1: Selbstidentifikation von Menschen mit statistischem Migrationshintergrund (%)

Neben den Kategorien „statistischer Migrationshintergrund" und „Selbstidentifikation" ist der Faktor „rassistische Diskriminierungserfahrung" wichtig. In der Forschung wurde bereits gezeigt, dass auch Menschen ohne statistischen Migrationshintergrund rassistische Diskriminierung erfahren können (Abdul-Rahman et al. 2020). Daher haben auch wir die Frage untersucht und in den Zusammenhang mit der Selbstidentifikation gestellt. Bei den Befragten ohne statistischen Migrationshintergrund haben immerhin 12 % in irgendeiner Form rassistische Diskriminierung erfahren (Abb. 2). Bei Menschen mit statistischem Migrationshintergrund war der Anteil derer, die schon rassistische Diskriminierung erlebt haben, dreimal höher: 36 %. Dazu haben in dieser Gruppe mehr Menschen Rassismus erfahren, die sich selbst mit dem Migrationshintergrund identifizieren, als die Personen, die dies nicht tun.

---

[3] Wir haben hier bewusst nur die Antwortoptionen „Mensch mit Migrationshintergrund" und „Ausländer" (und z. B. nicht „People of Colour") ausgewertet, weil wir herausfinden wollten, inwiefern sich Menschen mit statistischem Migrationshintergrund auch selbst so bezeichnen. Die Antwort „Ausländer" wurde berücksichtigt, weil der Begriff oft als Selbstbezeichnung von Menschen mit Migrationshintergrund verwendet wird.

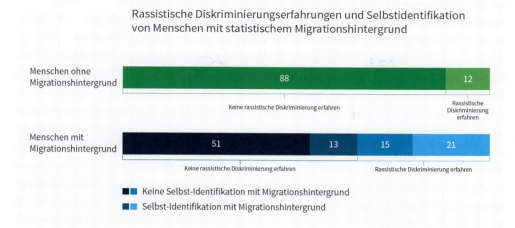

Abb. 2: Rassistische Diskriminierungserfahrungen und Selbstidentifikation von Menschen mit statistischem Migrationshintergrund (%, N=2.009) und ohne statistischen Migrationshintergrund (%, N=1.003)

Weil Diskriminierung aber auf mehreren Ebenen gleichzeitig stattfinden kann, untersuchten wir, wie oft die Befragten Diskriminierungen in Bezug auf Geschlecht, sozioökonomische Faktoren (Einkommen, Bildung) oder Rassismus (Hautfarbe, Sprache, Nationalität, Herkunft) erlebten (Abb. 3).

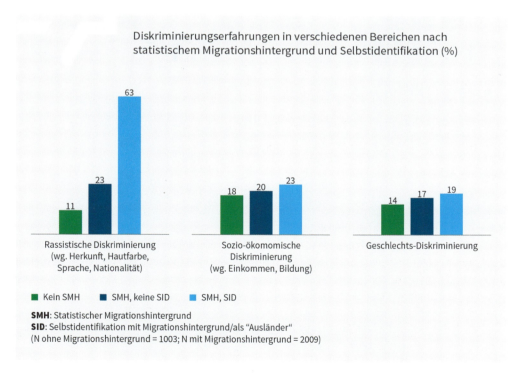

Abb. 3: Diskriminierungserfahrungen in verschiedenen Bereichen nach statistischem Migrationshintergrund und Selbstidentifikation (%)

Die Unterschiede zwischen den Menschen mit und ohne statistischen Migrationshintergrund und denen, die sich als solche wahrnehmen, fallen bei Geschlechter- und sozioökonomischen Diskriminierungen gering aus. Der Unterschied bei rassistischer Diskriminierung ist hingegen enorm stark. Menschen mit statistischem Migrationshintergrund haben eine deutliche höhere Wahrscheinlichkeit, rassistische Diskriminierung zu erleben. Denn bei denjenigen mit Migrationshintergrund, die sich aber nicht als solche identifizieren, haben mehr als doppelt so viele Rassismus erfahren als bei denen ohne Migrationshintergrund (23 % zu 11 %). Bei jenen mit Migrationshintergrund und Selbstidentifikation fällt der Anteil sogar sechsmal so hoch aus (63 % zu 11 %).

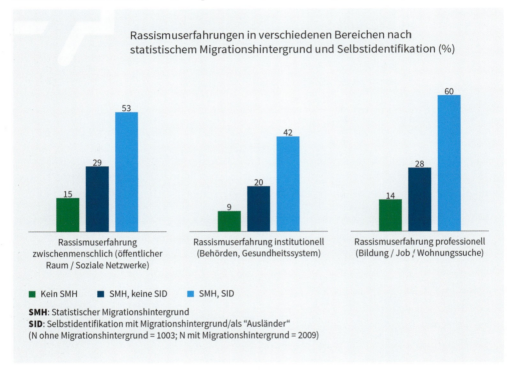

Abb. 4: Rassismuserfahrungen in verschiedenen Bereichen nach statistischem Migrationshintergrund und Selbstidentifikation (%)

Rassistische Diskriminierung ist also nicht nur auf klassische Faktoren wie die sozioökonomische Situation zurückzuführen, weil Menschen mit Migrationsgeschichten oft in weniger privilegierten Umständen leben. Stattdessen spielt rassistische Diskriminierung eine signifikante und zusätzliche Rolle. Die Bereiche, in denen rassistische Diskriminierungen erlebt werden, sind dabei verschieden: im öffentlichen Raum, in sozialen Netzwerken, in Behörden oder im Gesundheitssystem, in der Bildung, im Job oder bei der Wohnungssuche (Abb. 4).

Es gibt einen substanziellen Unterschied in der Rassismuserfahrung zwischen den Gruppen mit Migrationshintergrund und denjenigen ohne. Bei jenen, die einen Migrationshintergrund haben, sich aber nicht so identifizieren, erleben ungefähr doppelt so viele Rassismus in allen Bereichen; bei jenen mit Migrationshintergrund und Selbstidentifikation gar dreieinhalb bis viermal so viele

(Abb. 4). Identifikation und Migrationsstatus sind also nicht nur im Allgemeinen, sondern auch in vielen Alltagsbereichen mit Rassismuserfahrungen verbunden. Somit ist es wichtig, beide Kategorien mit zu untersuchen. In den folgenden Analysen zur politischen Beteiligung und Wünschen an die Politik unterscheiden wir daher durchgängig, ob Menschen Rassismus erfahren haben, ob sie einen statistischen Migrationshintergrund haben und falls ja, ob sie sich selbst damit identifizieren.

Vergleichsgruppen für die Analysen

Erklärung (für nachfolgende Grafiken)	Befragte Personen	Jeweiliger Anteil an den Gruppen ohne und mit statistischem Migrationshintergrund
Kein statistischer Migrationshintergrund, keine rassistische Diskriminierungserfahrung	1003	88 %
Kein statistischer Migrationshintergrund, aber rassistische Diskriminierungserfahrung		12 %
Statistischer Migrationshintergrund, keine Selbstidentifikation mit dem Migrationshintergrund, keine rassistische Diskriminierungserfahrung	2009	51 %
Statistischer Migrationshintergrund, Selbstidentifikation mit dem Migrationshintergrund, keine rassistische Diskriminierungserfahrung		13 %
Statistischer Migrationshintergrund, keine Selbstidentifikation mit dem Migrationshintergrund, rassistische Diskriminierungserfahrung		15 %
Statistischer Migrationshintergrund, Selbstidentifikation mit dem Migrationshintergrund, rassistische Diskriminierungserfahrung		21 %

Politische Beteiligung

Bei der Frage nach der politischen Beteiligung haben wir eine breite Auswahl an Formen der Partizipation abgefragt: formelle Formen, z. B. Mitarbeit in einem Verein oder einer Partei, und informelle Wege, z. B. Nachbarschaftshilfe, Teilnahme an Demonstrationen, Boykotts oder Petitionen. Unsere Befragung zeigt, dass Menschen mit Migrationsgeschichten sich ähnlich stark gesellschaftlich engagieren wie Menschen ohne Migrationsgeschichten. Abbildung 5 zeigt die Ergebnisse für das Engagement in einer Organisation auf. Ähnliche Verteilungen stellen sich aber auch bei der Unterstützung in der Nachbarschaft, Unterzeichnung von Petitionen und der Teilnahme an Demonstrationen heraus. Zusätzlich nutzen Menschen mit Migrationshintergrund teilweise sogar stärker als Menschen ohne Migrationshintergrund Online-Formate zur politischen Information oder zum Austausch (Dege et al. 2021). Zwischen den beiden Gruppen stellt sich jedoch ein Unterschied, wie bereits aus anderen Studien bekannt, in der Wahlbeteiligung heraus: Befragte mit statistischem Migrationshintergrund bekunden weniger oft die Absicht, wählen zu gehen (Abb. 6).

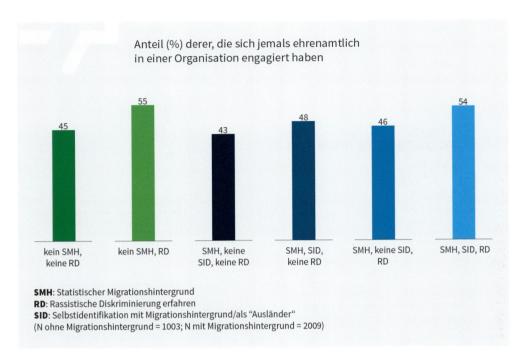

Abb. 5: Anteil (%) derer, die sich jemals ehrenamtlich in einer Organisation engagiert haben

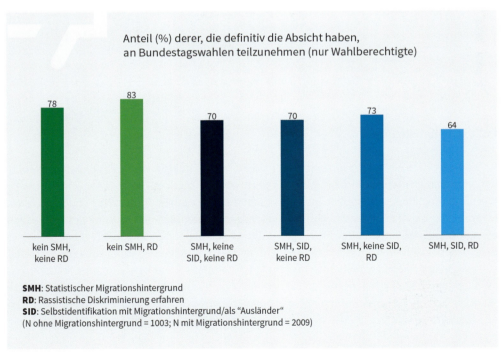

Abb. 6: Anteil (%) derer, die definitiv die Absicht haben, an Bundestagswahlen teilzunehmen (nur Wahlberechtigte)

Eine Schlussfolgerung wäre, anzunehmen, dass die geringere Wahlbeteiligung am politischen Desinteresse liege. Die Umfrage ergab jedoch das Gegenteil: Menschen mit Migrationshintergrund bekunden überdurchschnittlich oft, sich mehr politisch einbringen zu wollen. Dies gilt insbesondere für diejenigen, die selbst rassistische Diskriminierung erfahren haben (Abb. 7).

> **Menschen mit Migrationshintergrund bekunden überdurchschnittlich oft, sich mehr politisch einbringen zu wollen.**

Hier unterscheiden sie sich in ihren politischen Einstellungen und Beteiligungen von den Befragten, die zwar einen Migrationshintergrund, aber keinen Rassismus erfahren haben, sowie von denen, die sich nicht mit der Kategorie identifizieren.

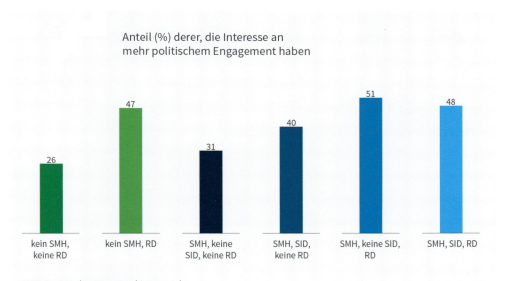

Abb. 7: Anteil (%) derer, die Interesse an mehr politischem Engagement haben

Menschen mit Migrationshintergrund (mit und ohne Selbstidentifikation) und Rassismuserfahrungen geben zudem viel häufiger als die Gesamtbevölkerung an, dass sie schon einmal versucht haben, sich politisch zu engagieren, jedoch Diskriminierung erfuhren und deswegen damit aufgehört haben (fünf- bis sechsmal so oft wie Menschen ohne Migrationshintergrund und Rassismuserfahrungen) (Abb. 8).

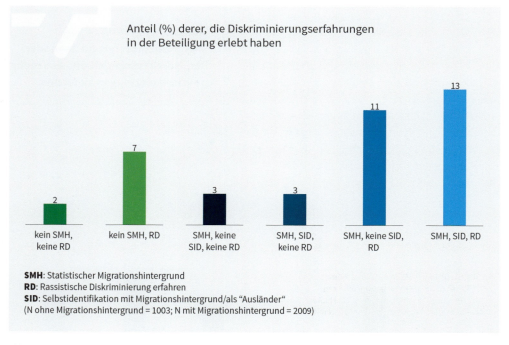

Abb. 8: Anteil (%) derer, die Diskriminierungserfahrungen in der Beteiligung erlebt haben

Unsere Ergebnisse zeigen: Menschen mit statistischem Migrationshintergrund erfahren häufiger rassistische Diskriminierung – sowohl in ihrem Engagement, im Alltag als auch durch staatliche Institutionen. Aufgrund der häufigeren Diskriminierungen sind diese Menschen also mit zusätzlichen Barrieren zur Partizipation konfrontiert. Diese strukturellen Hürden müssen unbedingt berücksichtigt werden, wenn wir über die politische Beteiligung von Menschen mit Migrationsgeschichten sprechen.

Wünsche an die Politik

Der bestehende Wunsch nach mehr Beteiligung spiegelt sich auch in der Befürwortung eines inklusiveren Wahlrechts wider. Insbesondere diejenigen mit statistischem Migrationshintergrund, die sich als solche identifizieren, sprechen sich am deutlichsten dafür aus, dass alle in Deutschland lebenden Erwachsenen das Wahlrecht erhalten sollten (Abb. 9).

> **Der Wunsch nach mehr Beteiligung spiegelt sich auch in der Befürwortung eines inklusiveren Wahlrechts wider.**

Die Unterstützung für mehr Zugänge zur Politik setzt sich zudem in dem Wunsch nach mehr politischer Repräsentation fort. Wieder gibt es eine klare Mehrheit bei den Befragten mit statistischem Migrationshintergrund, die sich selbst als solche wahrnehmen. Sie finden, dass Menschen mit Migrationshintergrund zu wenig in den Parlamenten vertreten sind. Am stärksten stimmen dieser Aussage diejenigen zu, die selbst rassistische Diskriminierung erlebt haben (56 %) (Abb. 10).

Abb. 9: Zustimmung zur Forderung nach inklusiverem Wahlrecht (%)

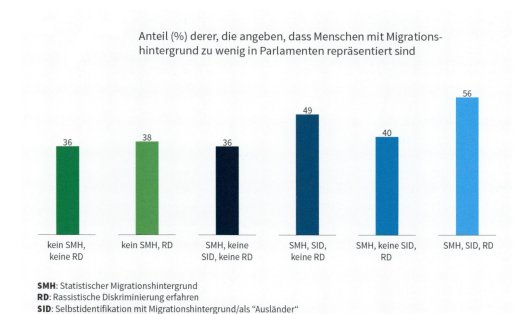

Abb. 10: Anteil (%) derer, die angeben, dass Menschen mit Migrationshintergrund zu wenig in Parlamenten repräsentiert sind

Dieser Wunsch ist jedoch nicht nur auf diese Gruppe beschränkt. Es waren mehrere Antworten möglich und die Befragten in allen Gruppen sprachen sich für mehr Repräsentation von anderen, oft marginalisierten Gruppen aus, z. B. Frauen, Arbeiter:innen und People of Colour (Dege et al. 2021). Eine ähnliche Verteilung sehen wir bei der Frage, welche Gruppen mehr Aufmerksamkeit von der Politik erhalten sollten. Auch hier möchten Menschen mit statistischem Migrationshintergrund, die sich selbst so identifizieren (und noch verstärkt, wenn sie Rassismus erfahren haben), dass die Politik mehr auf Menschen mit Migrationsgeschichten eingeht (Abb. 11).

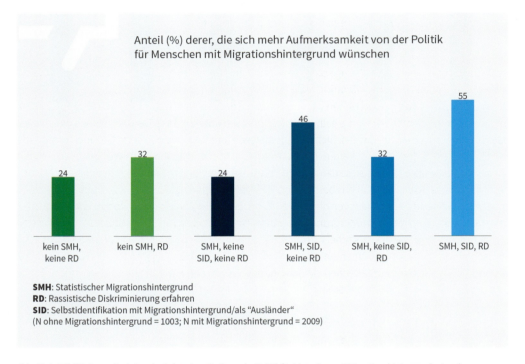

Abb. 11: Anteil (%) derer, die sich mehr Aufmerksamkeit von der Politik für Menschen mit Migrationshintergrund wünschen

Erneut wünschen sich die Befragten dieser Gruppe aber auch, dass andere Gruppen, wie Frauen, junge Menschen und People of Colour, politisch mehr Aufmerksamkeit erhalten (Dege et al. 2021). Das Bemerkenswerte hieran ist, dass der Wunsch nach mehr Aufmerksamkeit und Repräsentation für Menschen mit Migrationsgeschichten, vor allem unter jenen, die selbst Rassismuserfahrungen haben, also nicht auf Kosten anderer Gruppen geht. Der Wunsch nach mehr Diversität in und Aufmerksamkeit von der Politik ist insgesamt solidarisch ausgerichtet.

Schlussfolgerungen

Die kritische Auseinandersetzung mit der Kategorie „Migrationshintergrund" in unserem Forschungsprojekt „Wer kann mitmachen?" verdeutlicht, welche Rolle diese bei der Selbstidentifikation, Diskriminierungserfahrung, politischer Beteiligung und Wünschen an die Politik spielt. Die Ergebnisse bekräftigen, dass der statistische Migrationshintergrund als Kategorie allein keine differenzierte Betrachtung ermöglicht, die jedoch für derartige Untersuchungen notwendig ist. Deswegen muss die Kategorie gemeinsam mit der Selbstidentifikation und den Rassismuserfahrungen analysiert werden.

Die differenzierte Analyse offenbart, dass Menschen mit Migrationsgeschichten häufiger strukturelle Barrieren bei der politischen Beteiligung erfahren. Sie engagieren sich gesellschaftlich ähnlich stark wie der Durchschnitt, beteiligen sich aber weniger an Wahlen. Menschen mit statistischem Migrationshintergrund wollen sich jedoch überdurchschnittlich mehr einbringen, vor allem, wenn sie selbst Rassismus erfahren haben. Einige haben aufgrund von negativen Erfahrungen bei der Beteiligung jedoch ihr Engagement eingestellt.

Der Wunsch nach mehr Beteiligung spiegelt sich auch in der Befürwortung eines inklusiveren Wahlrechts wider. Menschen mit Migrationsgeschichten möchten mehrheitlich nicht nur, dass alle in Deutschland lebenden Erwachsenen wählen können, sondern vermissen auch ihre Repräsentation in der Politik durch Menschen, die selbst Migrationsgeschichten haben. Darüber hinaus wollen sie, dass Menschen mit Migrationsgeschichten genauso wie andere marginalisierte Gruppen mehr Aufmerksamkeit von der Politik erhalten. Das verdeutlicht, wie solidarisch diese Wünsche nach mehr Mitbestimmung sind. Der Abbau struktureller Barrieren zur Beteiligung von Menschen mit Migrationsgeschichten ist also wichtig, um das bestehende Partizipationspotenzial stärker auszuschöpfen. Dabei ist es entscheidend, die äußerst verschiedenen Erfahrungen innerhalb der Gruppen von Menschen mit statistischem Migrationshintergrund zu berücksichtigen. Ob sich jemand selbst so identifiziert, ist genauso wichtig wie die Tatsache, ob Menschen rassistische Diskriminierung erfahren haben. Da Menschen mit Migrationsgeschichten sich mehr beteiligen möchten, liegt es an den Parteien, Institutionen sowie zivilgesellschaftlichen Organisationen, diese motivierten Menschen zu mobilisieren und proaktiv ihr Engagement zu fördern.

Yonca Dege, Dr., ist Research Fellow beim d|part Thinktank für politische Partizipation in Berlin und leitet dort das Forschungsprojekt „Wer kann mitmachen?" über Hürden zur politischen Beteiligung von Menschen mit Migrationsgeschichten. In ihrer Arbeit und Forschung beschäftigt sie sich mit den Themen Flucht und Migration und promovierte in International Development an der SOAS, University of London, zu ökonomischen Aktivitäten von syrischen Geflüchteten in der Türkei.

Sascha Nicke, Dr., ist Research Fellow und Head of Impact and Engagement beim d|part Thinktank. In seiner Promotion am Lehrstuhl für Sozialgeschichte an der Universität Potsdam hat er sich mit theoretischen sowie historischen Identitätsvorstellungen befasst. Das Themenfeld Identität und die damit verbundenen Aspekte von Selbstwahrnehmungen, Fremdzuschreibungen und den Konstruktionen von Zugehörigkeiten und Gruppen im Bezug zum Themenbereich der politischen Partizipation bilden seine gegenwärtigen Forschungsinteressen.

Literatur

Abdul-Rahman, Laila/Espín Grau, Hannah/Klaus, Luise/Singelnstein, Tobias (2020). Rassismus und Diskriminierungserfahrungen im Kontext polizeilicher Gewaltausübung. Zweiter Zwischenbericht zum Forschungsprojekt „Körperverletzung im Amt durch Polizeibeamt*innen" (KviAPol). Online verfügbar unter https://kviapol.rub.de/images/pdf/KviAPol_Zweiter_Zwischenbericht.pdf (abgerufen am 08.06.2022).

Ahyoud, Nasiha/Aikins, Joshua Kwesi/Bartsch, Samera/Bechert, Naomi/Gyamerah, Daniel/Wagner, Lucienne (2018). Wer nicht gezählt wird, zählt nicht. Antidiskriminierungs- und Gleichstellungsdaten in der Einwanderungsgesellschaft – eine anwendungsorientierte Einführung. Online verfügbar unter https://www.kiwit.org/media/material-downloads/antidiskriminierungs_-_gleichstellungsdaten_-_einfuehrung.pdf (abgerufen am 08.06.2022).

Ataman, Ferda (2018). Schafft den Migrationshintergrund ab!. SPIEGEL ONLINE vom 02.06.2018. Online verfügbar unter https://www.spiegel.de/kultur/gesellschaft/schafft-den-migrationshintergrund-ab-kolumne-von-ferda-ataman-a-1210654.html (abgerufen am 08.06.2022).

Bausch, Christiane et al. (2011) Dossier Politische Partizipation & Repräsentation in der Einwanderungsgesellschaft. Online verfügbar unter https://heimatkunde.boell.de/index.php/de/dossier-politische-partizipation-repraesentation-der-einwanderungsgesellschaft (abgerufen am 02.06.2021).

Dege, Yonca/Eichhorn, Jan/Nicke, Sascha/Spöri, Tobias (2021). Wer kann mitmachen? #1 Politische Beteiligung, Selbstidentifikation und Rassismuserfahrungen von Menschen mit Migrationsgeschichten in Deutschland. Online verfügbar unter https://dpart.org/wp-content/uploads/2021/06/WKM_Launchbericht_Layout_finale_Version.pdf. (abgerufen am 08.06.2022).

Fachkommission der Bundesregierung zu den Rahmenbedingungen der Integrationsfähigkeit (2020). Gemeinsam die Einwanderungsgesellschaft gestalten. Online verfügbar unter https://www.bmi.bund.de/SharedDocs/downloads/DE/veroeffentlichungen/themen/heimat-integration/integration/bericht-fk-integrationsfaehigkeit.pdf;jsessionid=08D8F1C3B9A2AE3DF1FC84FF379051E3.2_cid295?__blob=publicationFile&v=2 (abgerufen am 08.06.2022).

Hübner, Christine/Nicke, Sascha/Eichhorn, Jan (2021). Wie schauen junge Menschen in Deutschland auf die Rolle des Staates? Online verfügbar unter https://dpart.org/wp-content/uploads/2021/04/FES_Blog-zur-Bundestagswahl-2021.pdf (abgerufen am 08.06.2022).

Müssig, Stephanie (2020). Politische Partizipation von Menschen mit Migrationshintergrund in Deutschland: Eine quantitativ-empirische Analyse. Wiesbaden, VS Verlag für Sozialwissenschaften. doi: 10.1007/978-3-658-30415-7.

Müssig, Stephanie/Worbs, Susanne (2012). Politische Einstellungen und politische Partizipation von Migranten in Deutschland. Working Paper 46 (aus der Reihe Integrationsreport, Teil 10) der Forschungsgruppe des Bundesamtes. Online verfügbar unter https://www.bamf.de/SharedDocs/Anlagen/DE/Forschung/WorkingPapers/wp46-politische-einstellungen-und-partizipation-migranten.pdf?__blob=publicationFile&v=11 (abgerufen am 08.06.2022).

Neue Deutsche Medienmacher*innen (2021). Wording. Online verfügbar unter: https://neuemedienmacher.de/wording (abgerufen am 02.06.2022).

O'Brien-Coker, Noelle (2020). Serie "Wortewandel" - Ausländer, Kanake, Kanak. Deutschlandfunk Kultur. Online verfügbar unter https://www.deutschlandfunkkultur.de/serie-wortewandel-auslaender-kanake-kanak.2165.de.html?dram:article_id=479810 (abgerufen am 08.06.2022).

Sauer, Martina (2020). Integration und Partizipation türkeistämmiger Zugewanderter in Nordrhein-Westfalen 1999 bis 2019. Online verfügbar unter https://cdn.website-editor.net/09fe2713f5da44ff99ead273b339f17d/files/uploaded/111720_ZFTI20_Bericht-Mehrthemenbefragung_web.pdf (abgerufen am 08.06.2022).

Spies, Dennis C./Mayer, Sabrina J./Goerres, Achim (2020). What are we missing? Explaining immigrant-origin voter turnout with standard and immigrant-specific theories. Electoral Studies 65, article 102103. https://doi.org/10.1016/j.electstud.2019.102103.

Statistisches Bundesamt (2021). Migrationshintergrund. Online verfügbar unter https://www.destatis.de/DE/Themen/Gesellschaft-Umwelt/Bevoelkerung/Migration-Integration/Glossar/migrationshintergrund.html (abgerufen am 08.06.2022).

Supik, Linda (2017). Wie erfassen andere europäische Staaten den „Migrationshintergrund"? Online verfügbar unter https://mediendienst-integration.de/fileadmin/Dateien/Expertise_Migrationshintergrund_andere_Laender.pdf (abgerufen am 08.06.2022).

Forschungsbereich beim Sachverständigenrat deutscher Stiftungen für Integration und Migration (2020). Mitten im Spiel – oder nur an der Seitenlinie? Politische Partizipation und zivilgesellschaftliches Engagement von Menschen mit Migrationshintergrund in Deutschland. Online verfügbar unter https://www.svr-migration.de/wp-content/uploads/2021/03/SVR-FB_Studie_Be-Part.pdf (abgerufen am 08.06.2022).

Will, Anne-Kathrin (2016). 10 Jahre Migrationshintergrund in der Repräsentativstatistik: ein Konzept auf dem Prüfstand. Leviathan 44 (1), 9–35. https://doi.org/10.5771/0340-0425-2016-1.

Will, Anne-Kathrin (2018). Migrationshintergrund im Mikrozensus. Wie werden Zuwanderer und ihre Nachkommen in der Statistik erfasst? Online verfügbar unter https://www.researchgate.net/publication/338825357_Migrationshintergrund_im_Mikrozensus_Wie_werden_Zuwanderer_und_ihre_Nachkommen_in_der_Statistik_erfasst (abgerufen am 08.06.2022).

Will, Anne-Kathrin (2019). The German statistical category "migration background": Historical roots, revisions and shortcomings. Ethnicities 19 (3), 535–557. https://doi.org/10.1177/1468796819833437.

Wilmes, Bernhard (2018). Politische Partizipation von Migrantinnen und Migranten. Online verfügbar unter https://www.bpb.de/gesellschaft/migration/dossier-migration/247685/politische-partizipation (abgerufen am 08.06.2022).

„DIE DOMINANTE BETONUNG DER DIMENSION DER (GEOGRAFISCHEN) HERKUNFT LÄSST VIELFALT ALS ETWAS ERSCHEINEN, DAS IN ERSTER LINIE NICHT ‚HEIMISCH' IN DEUTSCHLAND IST UND VON AUSSERHALB HIERHERKOMMT."

AMANI ASHOUR

Diversität im Kontext von gesellschaftlichem Zusammenhalt in deutschen Zeitungsartikeln – ein quasi-migrantisierter Diskurs?

Amani Ashour (Institut für Demokratie und Zivilgesellschaft)

Bisher fehlt es an Studien, die offen danach fragen, wer oder was unter gesellschaftlicher Diversität verstanden wird und welche Rolle Diversität im Diskurs über gesellschaftlichen Zusammenhalt spielt. Die im Beitrag vorgestellte Analyse deutscher Zeitungsartikel zeigt, dass innerhalb des Diskurses über gesellschaftlichen Zusammenhalt vor allem die Vielfaltsdimension der geografischen Herkunft im Zentrum des Verständnisses von Diversität steht. Abstrakt wird der Begriff „Diversität" im medialen Diskurs vor allem vage sowie reduktionistisch verwendet. Dadurch wird ein quasi-migrantisierender Sammeldiskurs über verschiedene Vielfaltsdimensionen hinweg ermöglicht. Im Kontext des gesellschaftlichen Zusammenhalts wird Diversität in erster Linie als ein Komplex aus Bedrohungen und Herausforderungen dargestellt.

Empfohlene Zitierung:

Ashour, Amani (2022). Diversität im Kontext von gesellschaftlichem Zusammenhalt in deutschen Zeitungsartikeln – ein quasi-migrantisierter Diskurs? In: Institut für Demokratie und Zivilgesellschaft (Hg.). Wissen schafft Demokratie. Tagungsband zur Online-Fachtagung „Gesellschaftlicher Zusammenhalt & Rassismus", Band 11. Jena, 56–67.

Schlagwörter:

Diversität, Vielfalt, gesellschaftlicher Zusammenhalt, (quasi-)Migrantisierung, Zeitungsartikelanalyse

Gesellschaftliche Diversität bzw. soziale Vielfalt sind Begriffe, die oft in aller Munde sind. Doch was genau ist damit gemeint? Obwohl sich das Thema „Diversität" in den Sozialwissenschaften zunächst auf kulturelle Vielfalt und ethnische Zugehörigkeit in unterschiedlichen Regionen der Welt konzentrierte, hat sich seit Ende des 20. Jahrhunderts zunehmend eine breitere Gesamtbetrachtung über verschiedene Ebenen und Merkmale hinweg durchgesetzt (Allemann-Ghionda 2011). Dieses Verständnis von gesellschaftlicher Diversität umfasst Dimensionen der Ethnizität und kulturellen, geschlechtlichen sowie sexuellen Vielfalt, Hautfarbe und andere körperlich sichtbare Merkmale, Nationalität bzw. Staatsangehörigkeit, Religion, Alter, Behinderung und chronische Krankheit sowie den sozioökonomischen Status.

Studien über die Berichterstattung in den (Schrift-)Medien im Kontext gesellschaftlicher Vielfalt nehmen für gewöhnlich nur einzelne und zuvor festgelegte Vielfaltsdimensionen in den Blick.[1] Dabei geht es in der Regel um die Frage, wie bestimmte Dimensionen von Vielfalt dargestellt werden. Bisher gibt es keine Studien, die offen danach fragen, welches Verständnis in der deutschen Nachrichtenberichterstattung vorherrscht – d. h. wer oder was unter dem Begriff der „Diversität" überhaupt thematisiert wird.

> **Bisher gibt es keine Studien, die offen danach fragen, welches Verständnis in der deutschen Nachrichtenberichterstattung vorherrscht – d. h. wer oder was unter dem Begriff der „Diversität" überhaupt thematisiert wird.**

Auch in der Analyse von Zeitungsartikeln zum Begriff des „gesellschaftlichen Zusammenhalts" (vgl. Quent et al. 2020) bleibt „Diversität" als Thema sowie ihr Verhältnis zu gesellschaftlichem Zusammenhalt abwesend.

Um diese beiden offenen Fragen zu beantworten – wer oder was mit dem Begriff der Diversität gemeint ist und welche Rolle Diversität im Diskurs über gesellschaftlichen Zusammenhalt zugeschrieben wird –, wurde eine Analyse von deutschen Zeitungsartikeln durchgeführt, deren Ergebnisse im Folgenden vorgestellt werden.

Methode

Über die Datenbank WISO Presse wurden sämtliche Zeitungsartikel, die sowohl den Begriff „(gesellschaftlicher) Zusammenhalt" als auch einen Begriff für „(gesellschaftliche) Vielfalt" (z. B. Pluralität, Heterogenität oder Diversität) verwendeten und bis einschließlich Februar 2021 in Deutschland erschienen sind, erhoben. Nachdem doppelte Artikel sowie alle Artikel, die sich auf denselben Anlass bezogen, und Artikel, die sich nicht auf menschliche Diversität in einer Gesellschaft bezogen (z. B. Biodiversität), aussortiert wurden, verblieben 119 Artikel in der Stichprobe (Zeitraum von 1995 bis Februar 2021, s. Abb. 1).

---

[1] Bspw. zu den Themen Migration und Behinderung: Fengler/Kreutler 2020, Hestermann 2020, Renggli 2004, Radtke 2006, Masuhr 2016. Eine ausnahmsweise breiter angelegte Studie zur audiovisuellen Darstellung von Vielfalt in Film und Fernsehen legten Prommer et al. (2021) vor.

Abb. 1: Anzahl von Zeitungsartikeln nach Erscheinungsjahr

Die Auswertung und Codierung der gesammelten Artikel erfolgte mithilfe des Programms MAXQDA. Dabei wurde ausgehend von dem oben beschriebenen weiten sozialwissenschaftlichen Verständnis von „Diversität" (Allemann-Ghionda 2011) zunächst mit einem deduktiven, d. h. zuvor festgelegten Kategoriensystem gearbeitet und dieses im Laufe der Analyse induktiv erweitert.

Vielfalt als Konzept und Begriff

Dimensionen der Vielfalt

Die Analyse der Artikel ergab, dass innerhalb der thematischen Klammer von „gesellschaftlichem Zusammenhalt" der Begriff in erster Linie – und mit Abstand am häufigsten – auf die geografische Herkunft bezogen wird (vgl. Abb. 2). Von 107 Artikeln, die mindestens eine Dimension von Vielfalt explizit nannten, erwähnten nur 37 Artikel nicht die Dimension der geografischen Herkunft. Das auf diese Weise gezeichnete Bild von Diversität fokussiert also vor allem auf Migrant:innen und Geflüchtete. Mit 34 Erwähnungen landete kulturelle bzw. ethnische Vielfalt als eine thematisch verwandte und sich oft überschneidende Dimension auf dem zweiten Platz. Weitere 33 Artikel nannten die sozioökonomische Diversität.

> **Die Analyse der Artikel ergab, dass innerhalb der thematischen Klammer von „gesellschaftlichem Zusammenhalt" der Begriff in erster Linie – und mit Abstand am häufigsten – auf die geografische Herkunft bezogen wird.**

Abb. 2: Vielfaltsdimensionen, in absoluten Zahlen der sie erwähnenden Artikel (Mehrfachzuordnungen möglich)

Vielfalt – „nicht von hier"?

Fasst man den Eindruck über die Gesamtheit der Artikel zusammen, entsteht das Bild von Diversität als abstraktes Merkmal der „Anderen von woanders". Die dominante Betonung der Dimension der (geografischen) Herkunft lässt Vielfalt als etwas erscheinen, das in erster Linie nicht ‚heimisch' in Deutschland ist und von außerhalb

> **Fasst man den Eindruck über die gesamten Artikel zusammen, entsteht das Bild von Diversität als abstraktes Merkmal der „Anderen von woanders".**

hierherkommt. Diesen Eindruck bestätigt, dass in den Zeitungsartikeln, die der Gesellschaft eine Zunahme gesellschaftlicher Vielfalt attestieren, mit Abstand am häufigsten „Migration" als Quelle dieser Zunahme ausgemacht wird. Von 28 Artikeln, die eine zunehmende Diversität ausmachten, nannten 18 Artikel zumindest auch Migration als Ursache. Darüber hinaus gilt es zu bedenken, dass abseits der Dimension der geografischen Herkunft selbst das Kriterium „Herkunft" durchaus in anderen Dimensionen wie der ethnischen und kulturellen Vielfalt sowie dem Islam und BIPoC[2] eine inhaltlich tragende Rolle spielt. Dies kommt etwa zum Ausdruck, wenn es in einem Artikel über das feierliche Fastenbrechen in einer Moschee heißt: „Die *muslimischen* Gastgeber stellten

---

[2] Die Abkürzung steht für Black, Indigenous, People of Color. In dieser Kategorie wurden körperliche Merkmale wie Haar- oder Hautfarbe sowie indigene Bevölkerungsgruppen bezogene Nennungen von Vielfat vereint.

sich den Fragen ihrer *deutschen* Besucher, gaben interessante Einblicke in ihren Tagesablauf ohne Nahrung und Flüssigkeit bei oftmals hochsommerlichen Temperaturen." (Rheinische Post 2017, H.d.A.) Durch eine solche Gegenüberstellung von „muslimisch" und „deutsch" werden beide implizit als sich gegenseitig ausschließende Kategorien dargestellt. In all diesen Dimensionen, in denen Herkunft eine

> **In all den Dimensionen, in denen Herkunft eine besondere Rolle spielt, finden Zuschreibungen von (Nicht-)Zugehörigkeit statt, die als Rassismus erlebt werden können.**

besondere Rolle spielt, finden Zuschreibungen von (Nicht-)Zugehörigkeit statt, die als Rassismus erlebt werden können. Mit El-Mafaalani gesprochen kann dabei von einer „Migrantisierung" dieser Gruppen gesprochen werden: „Sie verläuft entlang des Knotenpunkts von Zugehörigkeit (Deutschsein), Abstammung (Herkunft) und sichtbarer beziehungsweise wahrnehmbarer Differenzen (insbesondere sprachlicher Akzent und Hautfarbe)" (2021, 19) und stellt ein besonderes Merkmal des Rassismus in Deutschland dar. Dabei muss hier klar betont werden, dass die Migrantisierung an dieser Stelle vor dem Hintergrund des Vielfaltsdiskurses, aber auch des Diskurses über gesellschaftlichen Zusammenhalt stattfindet.

Einerseits ließe sich dieses auf die Herkunft konzentrierte Bild gesellschaftlicher Diversität nun durch eine lediglich verzögerte Rezeption wissenschaftlicher Debatten in öffentlichen Diskursen erklären. Schließlich zeigt eine Betrachtung der sozialwissenschaftlichen Debatte, wie auch hier das Verständnis von Diversität sich erst zunehmend für Kategorien jenseits von Ethnie, Kultur und geografischer Herkunft geöffnet hat (Allemann-Ghionda 2011). Jedoch stellte andererseits die US-amerikanische Disability-Forscherin und -Aktivistin Taylor rückblickend für das 19. und 20. Jahrhundert fest: „it was a common sideshow practice to ascribe non-Western origins to intellectually disabled individuals born in Europe or the United States" (2017, 90). Dieses Beispiel zeigt: Bevor sich ein breites Verständnis von Diversität durchgesetzt hat, wurden durchaus auch andere Vielfaltsdimensionen migrantisiert. Vor diesem Hintergrund ist es spannend, die Beobachtung der (dominant) genannten Vielfaltsdimensionen mit der Art und Weise zu vergleichen, wie der Begriff „Diversität" an sich in den Zeitungsartikeln verwendet wird. Dazu wurden die Instanzen genauer betrachtet, in denen „Diversität" in den Zeitungsartikeln als abstrakter Begriff verwendet wird, d. h. auf eine Art und Weise, die entweder (zumindest potenziell) eine Bandbreite an Vielfaltsdimensionen gleichzeitig betrifft oder aber ein abstraktes Verständnis von Diversität formuliert.

„Diversität" abstrakt

12 der 119 untersuchten Artikel gebrauchten den Begriff und das Konzept „Vielfalt" ausschließlich und weitere 101 Artikel zumindest auch in einer abstrakten Weise. Lediglich in 6 Artikeln ließ sich keine abstrakte Verwendung des Begriffs finden. In den 113 Artikeln, die den Begriff abstrakt verwendeten, lassen sich fünf verschiedene, sich allerdings nicht gegenseitig ausschließende Verwendungsweisen identifizieren (vgl. Abb. 3).

In einem Großteil der Artikel (82) blieb der Begriff selbst unklar und vage. Ein Artikel bspw. beschrieb, dass der Spielplan eines Theaterhauses „mit Vielfalt, Diversität und Internationalität" (Badische

Zeitung 2018) auf die Herausforderung des mangelnden gesellschaftlichen Zusammenhalts reagieren wolle. Weder der Begriff der Vielfalt noch der Diversität – und ob sich diese beiden möglicherweise voneinander unterscheiden – wurden explizit erklärt. Eine derart vage Begriffsverwendung verwischt die Unterschiede zwischen den einzelnen Vielfaltsdimensionen und ermöglicht einen Sammeldiskurs über die Dimensionen hinweg: Was auch immer über Vielfalt gesagt wird, welche Probleme diagnostiziert und welche Lösungsvorschläge gemacht werden – alles bezieht sich potenziell auf alle möglicherweise (mit)gemeinten Dimensionen.

Abb. 3: Abstrakte Verwendung des Diversitätsbegriffs, in absoluten Zahlen von Artikeln (Mehrfachzuordnungen möglich)

Darüber hinaus verwendeten 58 Artikel den Begriff gewissermaßen beschwörend. Ein Zeitungsartikel etwa zitierte den Wunsch des Katholischen Forums, „in einer offenen Gesellschaft [zu] leben, in der die Vielfalt und verschiedenen Lebensmodelle respektiert und geschätzt werden" (Rheinische Post 2018). Vor allem Politiker:innen und Vertreter:innen der Zivilgesellschaft bedienten sich des Begriffes in diesem Sinne, um einerseits den Leser:innen einen bestimmten Umgang und Verständnis gesellschaftlicher Vielfalt nahe zu legen und um andererseits ein – zumeist – offenes Gesellschaftsideal zu fordern.

In 49 Artikeln wurde der Begriff bzw. das Konzept „Diversität" reduktionistisch oder in einer Weise verwendet, die eine oder wenige Vielfaltsdimension(en) besonders hervorhebt. Wichtig ist dabei zu betonen, dass es bei dieser Verwendung einen Interpretationsspielraum gibt. Wenn Sarah Wagenknecht etwa 2015 in einem Interview in der Berliner Zeitung sagt, wer seine Kinder in einer Schule mit einem hohen Prozentsatz an Erstklässler:innen wisse, die „kein Deutsch sprechen", empfinde „Vielfalt vielleicht nicht in jeder Hinsicht als Bereicherung", wird ein Fokus auf die geografische Herkunft oder vermeintlich kulturelle Unterschiede gelegt. Vor allem

> **In 49 Artikeln wurde der Begriff bzw. das Konzept „Diversität" reduktionistisch oder in einer Weise verwendet, die eine oder wenige Vielfaltsdimension(en) besonders hervorhebt.**

die Herkunft wird in der untersuchten Stichprobe bei dieser reduktionistischen Verwendungsweise auffällig häufig betont. Deshalb kann u. a. anhand des zitierten Beispiels eine Migrantisierung von abstrakter Vielfalt beobachtet werden. Andererseits wird jedoch nicht weiter darauf eingegangen, ob vielleicht nicht doch mehr Dimensionen mit Vielfalt gemeint sein könnten, denn zumindest wird implizit angedeutet, dass es sie in „mehrerer Hinsicht" gebe. Wie bei der unklaren/vagen Begriffsverwendung kann diese Reduktion einen undifferenzierten Sammeldiskurs über die verschiedenen Vielfaltsdimensionen hinweg befördern.

Auffällig weniger häufig wurde Diversität dezidiert inklusiv verwendet (13 Artikel), d. h. auf eine Art und Weise, die entweder durch eine explizite Aufzählung („Mit diesem Fachbegriff [Diversität] sind unterschiedliche Herkunft, Religion, Kultur, Gesundheit und Behinderung, Geschlecht und sexuelle Orientierung und allgemein Lebensstile gemeint"; Westfalen Blatt 2013) oder eine implizite Andeutung und unvollständige Nennung von Dimensionen („Wir Grünen verteidigen die Vielfalt Nordrhein-Westfalens gegen die Rechtspopulisten. Wir treten offensiv für gleiche Rechte für alle ein – von der Religionsfreiheit bis zur Ehe für alle"; Höxtersche Zeitung 2017) ein erkennbar breites Verständnis von Diversität kommuniziert.

> **Auffällig wenig wurde Diversität dezidiert inklusiv verwendet, d. h. auf eine Art und Weise, die entweder durch eine explizite Aufzählung oder eine implizite Andeutung und unvollständige Nennung von Dimensionen ein erkennbar breites Verständnis von Diversität kommuniziert.**

Am seltensten wurde ein abstraktes Verständnis von Diversität formuliert (8 Artikel), indem das Gemeinte in eigenen Worten und ohne auf konkrete Vielfaltsdimensionen einzugehen beschrieben wird. So wurde Vielfalt als „Andersdenkende" und „alle" (Der Tagesspiegel 2016 bzw. „verschiedene gesellschaftliche Gruppen" und „Menschen […], die anders sind als sie selbst" (Nordwest-Zeitung 2020), aber auch als „Angehörige von Minderheiten" (Die Zeit 2016) oder „Personen mit anderen Wertvorstellungen und Lebensweisen" (Rundschau für den Schwäbischen Wald 2016) verstanden. Auffällig häufig kommt die Bezeichnung als „anders" und damit als Abweichung zum Tragen – eine Bezeichnung, die im Sinne des Otherings immer auch eine unsichtbare Norm als Maßstab der Unterscheidung impliziert.

Wer ist sichtbar und wer spricht im Diskurs über Vielfalt und Zusammenhalt?

Hinsichtlich der Unterscheidung von dominanzgesellschaftlichen und marginalisierten Diskurspositionen lässt sich zunächst beobachten, dass das Verständnis von Diversität, wie es in den vorangegangenen Abschnitten aus den Zeitungsartikeln rekonstruiert wurde, bereits bestimmte Asymmetrien in der Beteiligung am Diskurs impliziert. Wenn Vielfalt als ‚die Anderen' verstanden sowie (implizit) im gesellschaftlichen Außenbereich verortet und der Begriff in einer abstrakt verallgemeinernden und reduzierenden, d. h. im Falle dieser Analyse in einer migrantisierenden Weise verwendet wird, liegt die Annahme nahe, dass es sich um einen Diskurs für und von der Dominanzgesellschaft (vgl. Rommelspacher 1998) über diese vielfältigen ‚Anderen' handelt. Ein Blick auf die Sichtbarkeiten und Sprecher:innenpositionen in der Stichprobe erlaubt es, diese Annahme zu überprüfen: Betrachtet man die Ebene der Individuen (s. Abb. 4), so lassen sich 546 Personen ausmachen, von denen insgesamt 258 sprechen – wovon jeweils 222 der Mehrheitsgesellschaft (86 %) und 36 gesellschaftlich marginalisierten Gruppen (gmG; 14 %) zugeordnet werden können.[3] 288 sind lediglich sichtbar – hier sind es 246 Personen der Mehrheitsgesellschaft (85 %) und 42 aus gmG (15 %). In beiden Gruppen – den sprechenden sowie den lediglich sichtbaren Individuen – besteht damit ein Verhältnis von ca. 1 zu 6. Im Vergleich dazu ist hervorzuheben, dass 2020 in Deutschland jede 4. Person einen sogenannten Migrationshintergrund hatte (Bpb 2021), der Anteil aller gesellschaftlich marginalisierten Personen an der Gesellschaft liegt damit noch um ein Vielfaches höher.

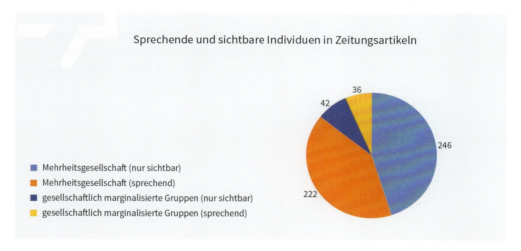

Abbildung 4: Sprechende und sichtbare Individuen in Zeitungsartikeln (N = 119)

Damit lässt sich für den Diskurs über Diversität festhalten, was bereits zur Berichterstattung über einzelne Vielfaltsdimensionen (vgl. bspw. Fengler/Kreutler 2020; Hestermann 2020) oder den Begriff des gesellschaftlichen Zusammenhalts (Quent et al. 2020) festgestellt wurde: In all diesen Diskursen sind Angehörige von gmG nach wie vor unterrepräsentiert und stellen eher (abwesende) Objekte dar, über die gesprochen wird, als aktive Subjekte, die selbst sprechen. Von einer gleichberechtigten Mitgestaltung des Diskurses kann unter diesen Bedingungen keine Rede sein.

---

[3] In dieser Analyse wurden all jene Personen, die in den Zeitungsartikeln auffällig als „anders" markiert und beschrieben wurden oder etwa durch einen ‚ausländischen' Namen zu ‚erkennen' waren, als Mitglieder einer gesellschaftlich marginalisierten Gruppe gezählt. Damit wird eine gesellschaftlich sehr problematische Praxis der Zuschreibung reproduziert, denn der methodische Zugriff über Zeitungsartikel erlaubt keinen Zugang zur Selbstidentifikation der dargestellten Personen. Es soll an dieser Stelle jedoch betont werden, dass der Rückgriff auf die beobachtete Markierungspraxis hier explizit der Sichtbarmachung der Teilhabeasymmetrien im gesellschaftlichen Diskurs über Diversität und Zusammenhalt dient; wo es möglich ist, sollte der Zugang über die Selbstidentifikation vorgezogen werden.

Diversität im Kontext des gesellschaftlichen Zusammenhalts

In den analysierten Zeitungsartikeln fällt auf, dass die Bewertung des gesellschaftlichen Zusammenhalts je nach Bezugsrahmen unterschiedlich ausfällt: Während in Berichterstattungen über den Zusammenhalt in einzelnen Städten oder Bundesländern der gesellschaftliche Zusammenhalt tendenziell als gut und funktionierend beschrieben wird, ist dies für die Berichterstattung über den Zusammenhalt in größeren Entitäten – bspw. Gesamtdeutschland, der EU oder auch international – nicht der Fall. Stattdessen wird er hier deutlich häufiger als brüchig, im Niedergang begriffen oder generell ausbaufähig beschrieben. In diesem Kontext wurden in den Zeitungsartikel auch Quellen der Bedrohung von gesellschaftlichem Zusammenhalt genannt. Dabei lassen sich drei Hauptcluster identifizieren: (1) Zum einen ging es um gesellschaftliche Vielfalt an sich – insbesondere verstanden im Sinne der Migration, Integration und Multikulturalität; andererseits aber auch um (2) einen Mangel von Akzeptanz einer – und das ist durchaus auffällig – hier breiter verstandenen Vielfalt sowie um existierende soziale Ungleichheiten und das Festhalten am Status quo. Schließlich wurden (3) der gesellschaftliche Rechtsruck (u. a. Pegida, AfD, Rechtsextremismus) sowie rechtsextreme Gewalt gegen Minderheiten und Politiker:innen als Probleme für den gesellschaftlichen Zusammenhalt ausgemacht.

Betrachtet man die Rolle, die gesellschaftlicher Diversität im Kontext des als brüchig wahrgenommenen gesellschaftlichen Zusammenhalts zugewiesen wird, zeichnet sich ab, dass sie in erster Linie, direkt oder indirekt, als ein Komplex aus Bedrohungen und Herausforderungen für den Zusammenhalt einer Gesellschaft adressiert wird: Vielfalt an sich erscheint entweder als Bedrohung von außen bzw. Herausforderung für den gesellschaftlichen Zusammenhalt – hier ist zu bemerken, dass an dieser Stelle eindeutig ein reduziertes Verständnis gesellschaftlicher Diversität überwiegt, – oder sie wird selbst bedroht, wobei hier Vielfalt wieder weiter verstanden wird. Die Bedrohung von Vielfalt kann dabei passiv (ein Mangel an Akzeptanz, ein gesellschaftlicher Unwille sich zu wandeln) oder aktiv (Gewalt gegen Minderheiten, der gesellschaftliche Rechtsruck) beschrieben werden. Im letzteren Fall wird die Bedrohung oftmals auf einzelne gesellschaftliche Gruppen, bspw. Rechtsradikale, aber auch ‚den' Islam, reduziert und externalisiert.

> **Vielfalt an sich erscheint entweder als Bedrohung von außen bzw. Herausforderung für den gesellschaftlichen Zusammenhalt.**

Fazit und Diskussion

In den analysierten Zeitungsartikeln ist deutlich erkennbar, dass im medialen Diskurs über gesellschaftlichen Zusammenhalt die inklusive Verwendung des Begriffs „Diversität" wie auch die Formulierung eines abstrakten Verständnisses empirisch eine eher untergeordnete Rolle spielen. Deutlich häufiger ist die unklar und vage, beschwörende und reduktionistische Verwendung des Diversitätsbegriffs. Der Fokus auf diese drei Verwendungsweisen – vor allem aber die Unklarheit und Reduzierung von Diversität – erlaubt einen über alle Vielfaltsdimensionen hinweg generalisierenden Diskurs, in dem am Beispiel einer Dimension Sicht- und Umgangsweisen für alle diskutiert werden.

Wird nun zusätzlich der Befund berücksichtigt, dass die geografische Herkunft die mit Abstand am häufigsten genannte Dimension gesellschaftlicher Diversität darstellt, welche eng mit der zweit- und viertgrößten Dimension (ethnische und kulturelle Vielfalt sowie Islam) zusammenhängt, und gleichzeitig Migration am häufigsten als Ursache einer wachsenden Vielfalt ausgemacht

> **In den Zeitungsartikeln wird nicht mit oder aus einer Perspektive der Diversität gesprochen, sondern über Diversität: Diejenigen, um die es ging, wurden zu Objekten, über die gesprochen wurde, statt als Subjekte selbst zu Wort zu kommen.**

wird, erhärtet sich der Verdacht, dass Diversität im gesellschaftlichen Außenbereich verortet wird; mit anderen Worten, dass sie quasi-migrantisiert wird. Darüber hinaus wurde in den Zeitungsartikeln nicht mit oder aus einer Perspektive der Diversität gesprochen, sondern über Diversität: Diejenigen, um die es ging, wurden zu Objekten, über die gesprochen wurde, statt als Subjekte selbst zu Wort zu kommen. Das wurde besonders im Kontext der Diskussion über gesellschaftlichen Zusammenhalt deutlich. Hier kann in den Artikeln zwischen einer ‚bedrohenden‘ und einer ‚bedrohten‘ Vielfalt unterschieden werden: Als ‚bedrohlich‘ erscheinen vor allem Migrant:innen und Multikulturalität, aber auch ‚der‘ Islam, während die anderen Dimensionen von Vielfalt von verschiedenen Seiten bedroht werden. Diese Beobachtung stimmt mit Hestermann überein, der feststellte, dass es besonders oft um Eingewanderte und Geflüchtete gehe, „wenn ihnen eine Gewalttat angelastet wird. Die übrige Berichterstattung stellt Risiken (36,4 %), vor allem Rechtsverstöße, Kosten und Überfremdung, und seltener Chancen (15,1 %) in den Vordergrund." (2020, 2) Seltener gehe es dagegen um „ausländische Gewaltopfer" (ebd.). Dies kann als weiteres Indiz gesehen werden, dass hier gewissermaßen die Dynamiken des Diskurses über Flucht und Migration zumindest im Kontext des gesellschaftlichen Zusammenhalts in Teilen auf die Darstellung von Vielfalt übertragen und diese somit migrantisiert wird.

Wie bereits im gesellschaftlichen Rassismusdiskurs beobachtet werden kann, erfüllt die Migrantisierung und die damit verbundene Exklusion aus dem gesellschaftlichen ‚Wir‘ die Funktion der Abwehr von Verantwortung und Anerkennung. Wenn Diversität nicht als natürlicher und völlig selbstverständlich zugehöriger Bestandteil des gesellschaftlichen ‚Wir‘ gilt, kann die Frage, wie mit ihr umgegangen werden soll, auf eine völlig andere Weise diskutiert werden. Diversität, die nicht selbstverständlich dazugehört, könnte potenziell auch abgeschafft oder verhindert werden. Ein inklusives Verständnis von gesellschaftlichem Zusammenhalt dagegen, das Diversität (auch nicht einzelne Dimensionen davon) nicht gegen Zusammenhalt ausspielt oder exkludiert, muss auf der Einsicht fußen, dass ‚Wir‘ vielfältig sind, dass also Vielfalt dazugehört und im Diskurs repräsentiert sein muss.

Amani Ashour, M. A., hat an der TU Berlin und FSU Jena Soziologie studiert und arbeitet seit 2020 am IDZ als wissenschaftliche Mitarbeiterin im Forschungsprojekt „Diversität – Engagement – Zusammenhalt" des FGZ. Seit Juni 2022 wird sie im Rahmen des Graduiertenkollegs „Jüdische und muslimische Lebenswelten" durch das ELES Studienwerk gefördert.

Literaturverzeichnis

Allemann-Ghionda, Cristina (2011). Orte und Worte der Diversität – gestern und heute. In: Cristina Allemann-Ghionda/Wolf-Dietrich Bukow (Hg.). Orte der Diversität. Wiesbaden, Springer, 15–34.

Bpb (2021). Bevölkerung mit Migrationshintergrund. In absoluten Zahlen, Anteile an der Gesamtbevölkerung in Prozent, 2020. Online verfügbar unter https://www.bpb.de/nachschlagen/zahlen-und-fakten/soziale-situation-in-deutschland/61646/migrationshintergrund (abgerufen am 08.12.2021).

El-Mafaalani, Aladin (2021). Wozu Rassismus? Von der Erfindung der Menschenrassen bis zum rassismuskritischen Widerstand. Köln, Kiepenheuer & Witsch.

Fengler, Susanne/Kreutler, Marcus (2020). Stumme Migranten, laute Politik, gespaltene Medien. Die Berichterstattung über Flucht und Migration in 17 Ländern. Frankfurt a.M., Otto-Brenner-Stiftung.

Hestermann, Thomas (2020). Die Unsichtbaren. Online verfügbar unter https://mediendienst-integration.de/fileadmin/Dateien/Expertise_Hestermann_Die_Unsichtbaren.pdf (abgerufen am 08.12.2021).

Masuhr, Lilian (2016). Behinderung und Medien – ein Perspektivwechsel. Online verfügbar unter https://www.bpb.de/apuz/221581/behinderung-und-medien-ein-perspektivwechsel (abgerufen am 26.01.2022).

Prommer, Elizabeth/Stüwe, Julia/Wegner, Juliane (2021). Sichtbarkeit und Vielfalt. Fortschrittstudie zur audiovisuellen Diversität. Online verfügbar unter https://malisastiftung.org/wp-content/uploads/SICHTBARKEIT_UND_VIELFALT_Prommer_Stuewe_Wegner_2021.pdf (abgerufen am 08.12.2021).

Quent, Matthias/Salheiser, Axel/Weber, Dagmar (2020). Gesellschaftlicher Zusammenhalt im Blätterwald. Auswertungen und kritische Einordnung der Begriffsverwendung in Zeitungsartikeln (2014-2019). In: Nicole Deitelhoff/Olaf Groh-Samberg/Matthias Middell (Hg.). Gesellschaftlicher Zusammenhalt. Ein interdisziplinärer Dialog. Frankfurt a.M., Campus, 73–88.

Radtke, Peter (2006). Das Bild behinderter Menschen in den Medien. Spektrum Freizeit 30 (2), 120–131.

Renggli, Cornelia (2004). Behinderung in den Medien – sichtbar und unsichtbar zugleich. Online verfügbar unter https://www.medienheft.ch/kritik/bibliothek/k23_RenggliCornelia.html (abgerufen am 26.01.2022).

Rommelspacher, Birgit (1998[1995]). Dominanzkultur – Texte zu Fremdheit und Macht. Berlin, Orlanda-Frauenverlag.

Taylor, Sunaura (2017). Beasts of Burden - Animal and Disability Liberation. New York/London, The New Press.

Zitierte Zeitungsartikel aus der Studie

Nordwest-Zeitung Ausgabe Oldenburger Nachrichten vom 30.10.2020, S. 33: Bei Religion stößt Akzeptanz an Grenzen. Studie – Besonders offen sind Menschen im Norden und Süden der Republik.

Rundschau für den Schwäbischen Wald vom 29.07.2016, S. 4: „Verunsicherung wird weiter zunehmen".

Rheinische Post vom 07.12.2018, S. 20: Katholisches Zentrum stellt Programm für 2019 vor.

Badische Zeitung vom 18.05.2018, S. 11: Saison mit Selbstporträts – Peter Carp und sein Team setzen in ihrer zweiten Freiburger Theaterspielzeit weiter auf Vielfalt, Diversität und Internationalität.

Rheinische Post vom 27.06.2017, S. 13: Fastenbrechen – neuer Imam stellt sich vor.

Westfalen-Blatt vom 16.07.2013: Der Zusammenhalt der Gesellschaft könnte besser sein. Bertelsmann-Studie – Skandinavier und Angelsachsen rangieren klar vor Deutschland.

Die Zeit vom 21.01.2016, S. 27: Der unbemerkte Wandel.

Der Tagesspiegel vom 04.11.2016, S. 6: Porträt Malu Dreyer. Die rheinland-pfälzische Regierungschefin wird neue Bundesratspräsidentin.

Berliner Zeitung vom 23.01.2015, Feuillet: Wir werden das Volk!

Welt online vom 01.11.2018: „Und dann spielt Rassismus wieder stärker eine Rolle".

Höxtersche Zeitung vom 26.04.2017, S. 5: „Seit Mitte Januar haben wir eine Delle". NRW-Wahl – Grünen-Spitzenkandidatin Sylvia Löhrmann kämpft gegen schwache Umfragewerte.

SESSION III

NEBEN UNS DIE SINTFLUT? KLIMAKRISE, ETHNOZENTRISMUS & EXKLUSIVISTISCHER ZUSAMMENHALT

„KLIMAWANDEL UND KLIMAPOLITIK SIND — WIE ANDERE FORMEN DES EINGREIFENS IN DIE NATURVERHÄLTNISSE AUCH — MIT RASSISTISCHEN IDEOLOGIEN UND HERRSCHAFTS-VERHÄLTNISSEN VERQUICKT."

DENNIS EVERSBERG

Klimarassismus – neue Polarisierung oder ‚innerimperiale Kämpfe reloaded'?

Dennis Eversberg (Friedrich-Schiller-Universität Jena)

Der Beitrag schlägt vor, den Begriff des Klimarassismus systematischer zu nutzen, um die Verquickung von Klimawandel und Klimapolitik mit rassistischen Ideologien und Herrschaftsverhältnissen genauer zu verstehen. Dabei sind drei Ebenen der Verwendung des Begriffs zu unterscheiden: „Klimarassismus" kann sich beziehen auf a) eine offen vertretene Ideologie, b) auf sozial geteilte Grundhaltungen oder Mentalitäten oder c) auf ein strukturelles Herrschaftsverhältnis. Während die ersten beiden Ebenen diskriminierende Haltungen und Handlungen bestimmter politischer Akteur:innen und Bevölkerungsteile beschreiben, verweist die dritte auf die gemeinsame tiefe Verankerung von Klimazerstörung und rassisierten globalen Ungleichheiten in der Logik moderner kapitalistischer Vergesellschaftung und der von ihr ermöglichten „Imperialen Lebensweise" selbst.

Empfohlene Zitierung:

Eversberg, Dennis (2022). Klimarassismus – neue Polarisierung oder ‚innerimperiale Kämpfe reloaded'? In: Institut für Demokratie und Zivilgesellschaft (Hg.). Wissen schafft Demokratie. Tagungsband zur Online-Fachtagung „Gesellschaftlicher Zusammenhalt & Rassismus", Band 11. Jena, 70–79.

Schlagwörter:

Klimarassismus, Klimawandel, Mentalitäten, AfD

Ich möchte in diesem Beitrag ein paar Überlegungen zur Eignung des Begriffs „Klimarassismus" als Instrument zum Verständnis des inneren Zusammenhangs zwischen Rassismus, den Ursachen der Klimakrise und dem politischen Umgang mit ihr anstellen. In der wissenschaftlichen Literatur kommt dieser Begriff bislang kaum vor. Wenn doch, wird er – parallel zum Begriff des „environmental racism" – meist verwendet, um zu betonen, dass von negativen Auswirkungen der Klimakrise wie auch von Klimapolitik vor allem bereits marginalisierte und rassistisch diskriminierte Gruppen betroffen sind, und dass wirtschaftliche und politische Entscheidungen auch von rassistischen Ideologien und Einstellungen angeleitet und legitimiert sind (z. B. Liedholz 2020, 50ff.).

Klimawandel und Klimapolitik sind – wie andere Formen des Eingreifens in die Naturverhältnisse auch – mit rassistischen Ideologien und Herrschaftsverhältnissen verquickt. Weil diese Verhältnisse mit Bezug auf das Klima aber auf einer abstrakt-globalen Ebene angesiedelt sind, ist es nicht so einfach, ihren rassistischen Charakter aufzuzeigen und politisch zum Thema zu machen. Dies aber ist heute umso wichtiger, weil sich gerade aggressiv rassistische gesellschaftlich-politische Kräfte zunehmend auf das Thema Klima beziehen.

> **Gerade aggressiv rassistische gesellschaftlich-politische Kräfte beziehen sich zunehmend auf das Thema Klima.**

Um auszuloten, wofür der Begriff des Klimarassismus analytisch brauchbar sein kann, formuliere ich drei Thesen, die Klimarassismus als (1) politische Ideologie, (2) als Mentalität und (3) als strukturelles Herrschaftsverhältnis thematisieren.

Klimarassismus als Ideologie

These 1: Als offen vertretene politische Ideologie zielt Klimarassismus auf die Verteidigung des materiellen und symbolischen Status einer v.a. ländlich-traditionalistischen sozialen Mitte. Er ist keine Ideologie der „Abgehängten".

Klimarassismus als politische Ideologie lässt sich gut am Beispiel der Programmatik der Thüringer AfD studieren.[1] Der Kern ihres Versprechens an die Wähler:innen besteht in der ideologisch begründeten Ablehnung und Abwehr jeder Veränderung in deren alltäglichem Leben. Die Deutschen, so die Erzählung, hätten sich ihren Wohlstand hart erarbeitet, doch sei dieser nun in Gefahr, weil eine Allianz aus „linksgrünen" Klima- und Genderideolog:innen, ausländischen „Finanzinvestoren" und angeblich faulen, neidischen Migrant:innen ihnen diesen wegnehmen wolle. All diese Gruppen stehen in dieser Weltsicht für einen „ideologischen" kosmopolitischen Universalismus. Dieser wird als widernatürlich bekämpft, weil er der imaginierten ‚natürlichen' Einheit zwischen Menschen und Land, Blut und Boden und dem darauf gebauten „gesunden Menschenverstand" widerspricht (Eversberg 2019, 11–13). Mit dem Thema „Klima" sind nun Veränderungen angesprochen, die auf

---

[1] Dies kann hier aus Platzgründen nur skizziert werden. Für eine detaillierte Analyse des AfD-Programms zur Landtagswahl 2019: Eversberg (2019).

der gleichen abstrakt-gesellschaftlichen Ebene liegen, gegen die sich diese Abwehr richtet: Weil sie nicht umhin kommt, das Allgemeine, die unhintergehbare globale Abhängigkeit aller von allen, zu thematisieren, kann Klimapolitik aus der völkisch-identitären Weltanschauung Björn Höckes und der von ihm geführten AfD heraus ganz grundsätzlich nicht akzeptiert werden. Die Klimaverweigerung war daher neben dem Rassismus eine zweite zentrale ideologische Säule des Wahlprogramms der AfD zur Landtagswahl 2019 (Eversberg 2019, 9–11).

Ein zugkräftiges Thema sind hierbei die in Thüringen starken Widerstände gegen den Ausbau der Windkraft. In Kooperation mit der Jenaer Klimaleugnungsvereinigung EIKE (Europäisches Institut für Klima und Energie e.V.) unterstützt die AfD lokale Anti-Windkraft-Initiativen und betreibt dabei gezielt die Verknüpfung von Energiewendeablehnung und Rassismus: Der Ausbau „hochprofitable[r] Windkraftanlagen wohlhabender Investoren und Ökoindustrieller" (Eversberg 2019, 66f.) schade den Interessen der lokalen Bevölkerung am unveränderten Erhalt des Landschaftsbilds und an der Vermeidung zu hoher Steuern und diene nur reichen und mächtigen Fremden sowie einer angeblich vom Pariser Abkommen geforderten „Deindustrialisierung westlicher Industrienationen zugunsten junger Industrienationen wie Indien und China" (AfD-Wahlprogramm 2019, 66). Dagegen solle Energie besser weiter vermeintlich unproblematisch aus russischem Gas bezogen werden. Hinzu kommen in solchen klimarassistischen Programmatiken oft auch pseudoargumentative Verbindungen klassisch-rassistischer Denkmuster mit Klimapolitik, etwa die Behauptung, eine angebliche „Überbevölkerung" in armen Ländern sei das Problem – anstatt der Lebensweise der reichen Länder.

Klimarassismus als Ideologie verknüpft also Klimapolitik und Migration, indem er beide gleichermaßen als Angriff auf die eigene gewohnte Lebensweise darstellt, die ihrerseits als legitim gilt, weil ihre Abhängigkeit von den global-gesellschaftlichen Verhältnissen, auf die beide verweisen, mit dem Beharren auf die eigene „harte Arbeit" und die überlegene Leistungsbereitschaft des eigenen „Volks" abgestritten wird.

Diese Ideologie bietet Menschen, die sich von gesellschaftlicher Veränderung überfordert und bedroht fühlen, eine Selbstlegitimationsstrategie an. Auch wenn sie an Gefühle von Benachteiligung und „Abgehängtsein" appelliert, ist sie aber eben keine Ideologie der Benachteiligten, sondern vor allem von bestimmten Teilen der sozialen Mitte: Wie andere ähnlich positionierte Gruppierungen wird die Höcke-AfD vor allem von kleinen Selbstständigen, Freiberufler:innen und Beamt:innen getragen, und Analysen der AfD-Wähler:innenschaft zeigen, dass diese in absoluten Zahlen deutlich häufiger von Angestellten und Rentner:innen gewählt wird als von Arbeiter:innen und Arbeitslosen (Eversberg 2017). Darauf, um welche Teile der sozialen Mitte es sich handelt, gibt die geografische Verteilung der AfD-Hochburgen Hinweise: So ist sie im Osten generell stärker als im Westen, wird sowohl innerhalb des Ostens als auch des Westens im Süden häufiger gewählt als im Norden, und vor allem weit öfter in ländlichen Regionen als in

> **Auch wenn er an Gefühle von Benachteiligung und ‚Abgehängtsein' appelliert, ist Klimarassismus keine Ideologie der Benachteiligten, sondern vor allem von bestimmten Teilen der sozialen Mitte.**

großen Städten. Tatsächlich setzt der Klimarassismus als Ideologie an Unterschieden und Ungleichheiten zwischen Stadt und Land, Ost und West an und politisiert diese, indem er Menschen, die mit ihrem Leben materiell weitgehend zufrieden sind, eine Selbstdeutung als Opfer von „linksgrüner" Klima- und Migrationspolitik anbietet und ihnen Schutz vor einem Komplex gesellschaftlicher Veränderungen verspricht, die an beiden Themen festgemacht und als umfassende Bedrohung dargestellt werden.

> **Klimarassismus setzt an Unterschieden und Ungleichheiten zwischen Stadt und Land, West und Ost an und politisiert diese, indem er eine Selbstdeutung als Opfer von ‚linksgrüner' Klima- und Migrationspolitik anbietet.**

Klimarassismus als Mentalität

These 2: Der klimarassistische Autoritarismus wird getragen von einer klassenübergreifenden Allianz, deren gemeinsamer Nenner in der Abwehr gegen die Veränderungsanforderungen laufender flexibel-kapitalistischer Vergesellschaftungsprozesse besteht.

‚Unterhalb' seiner offen vertretenen ideologischen Formen spielt Klimarassismus auch als zu verfestigten Haltungen geronnene vorpolitische Erfahrung, also als *Mentalität* eine Rolle. Der gemeinsame Nenner, der es offen klimarassistischen Kräften ermöglicht, eine Koalition von ganz oben bis ganz unten in der sozialen Hierarchie anzustreben, besteht auch auf dieser Ebene in der Abwehr von Veränderungen, die eine Verschlechterung des eigenen Status erwarten lassen – je individuell innerhalb der Gesellschaft, aber auch kollektiv in der Konkurrenz mit anderen Nationen. Klimarassistische Mentalitäten in diesem Sinne sind solche, aus denen heraus eigene Statusvorteile gegenüber Anderen als rein individueller eigener Verdienst oder sogar als Ausdruck ‚natürlicher' Überlegenheit und größerer Leistungsfähigkeit der eigenen Gruppe oder Nation gedeutet werden. Aus dieser Fehldeutung von Ungleichheiten als „natürlich" heraus wird jede Infragestellung gegebener Lebensweisen und Verteilungsverhältnisse – sei es mit Verweis auf das Klima und/oder auf globale Ungerechtigkeiten – als direkter Angriff auf die eigene Person und das eigene scheinbar auf Leistung gegründete „gute Recht" erlebt und entsprechend bekämpft.

Es gibt unterschiedliche Varianten oder „Syndrome" solcher Mentalitäten, die für unterschiedliche soziale Statuspositionen typisch sind und die weiter verbreitet sind als die offene Unterstützung von klimarassistischer Ideologie. Näher unterscheiden lassen sich diese anhand der Typen sozial-ökologischer Mentalitäten, die ich in einer Analyse der Befragung „Umweltbewusstsein in Deutschland 2018" des Umweltbundesamts identifiziert habe.[2] Die elf dabei gefundenen Typen (Abb. 1) lassen sich in drei übergeordnete Lager gruppieren – ein *ökosoziales Lager* (ca. 1/3 der Bevölkerung), das umfassende sozial-ökologische Transformationsvorstellungen vertritt oder unterstützt, ein *regressiv-autoritäres Lager* (ca. 25%), das sich durch die Abgrenzung von ökosozialen Anliegen und

---

[2] Für eine nähere Beschreibung von Vorgehen und Ergebnissen dieser Analyse ist hier kein Platz. Im Detail dokumentiert ist sie in Eversberg (2020).

Klimapolitik definiert, sowie ein *liberal-steigerungsorientiertes Lager* (rd. 40%), in dem die für den flexiblen Kapitalismus prägenden marktzentriert-individualistischen Vorstellungen von Wohlstand und gesellschaftlicher Liberalisierung sowie das Versprechen marktbasierter Lösungen für ökologische Probleme noch Bindekraft entfalten (Abb. 2).

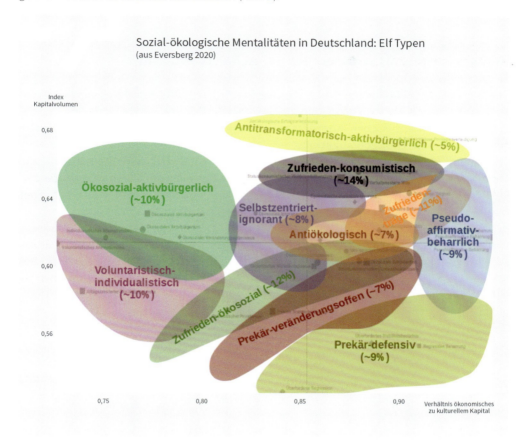

Abb. 1: Sozial-ökologische Mentalitäten in Deutschland: Elf Typen (aus Eversberg 2020)

Als klimarassistische Mentalitäten können dabei recht offensichtlich die des regressiv-autoritären Lagers („antiökologisch", „pseudoaffirmativ-beharrlich" und „prekär-defensiv") gelten, denen Klimapolitik und Antirassismus gleichermaßen als Angriffe auf ihre „natürlichen", insbesondere durch nationale Zugehörigkeit begründeten Statusansprüche erscheinen. In stärker individualistischer, auf die eigene scheinbar größere Leistungsfähigkeit oder schlicht den eigenen größeren Erfolg in der Konkurrenz am – seinerseits als „natürlich" wahrgenommenen – Markt begründeter Form finden sich ähnliche Muster; aber auch in Teilen des liberal-steigerungsorientierten Lagers, also jener abgesicherten bis privilegierten sozialen Mitte, die als soziale Träger:innenschaft des exportorientierten deutschen Wachstumsmodells der letzten rund zwei Jahrzehnte gelten kann. Am deutlichsten ist es beim dem *antitransformatorisch-aktivbürgerlichen* Mentalitätstyp: Diesen kennzeichnen ein elitäres Selbstbewusstsein, markt- und technologiegläubige Modernisierungsvorstellungen sowie die bewusste Fixierung auf Sicherung der eigenen Privilegien gegen sozial und ökologisch begründete Ansprüche, aber auch gegen Liberalität und Gleichbehandlung. Jede Veränderung in der Politik wie auch im eigenen Leben wird deshalb gleichermaßen abgelehnt; entschlossen festgehalten wird an einem auf Externalisierung und Indifferenz beruhenden, stark ressourcen- und emissionsintensiven Lebensstil.

Klimarassismus als strukturelles Herrschaftsverhältnis

These 3: Diese flexibel-kapitalistische „Modernisierung" ist selbst Ausdruck von Strategien der Verteidigung einer strukturell klimarassistischen imperialen Produktions- und Lebensweise. Der Konflikt zwischen autoritärem Nationalismus und individualistisch-globalistischem „progressivem Neoliberalismus" ist damit als Konflikt zwischen aggressiv-chauvinistischem und strukturellem Klimarassismus, zwischen Abwehr jeder Klimapolitik und technozentrischen, Ungleichheiten reproduzierenden Modellen derselben zu verstehen.

Gehen wir davon aus, dass an den Diagnosen der „Imperialen Lebensweise" (Brand/Wissen 2017) und der „Externalisierungsgesellschaft" (Lessenich 2016) etwas dran ist – und gerade der zuletzt beschriebene Typ scheint dies ja eindrucksvoll zu bestätigen –, dann sind zunächst jene Voraussetzungen anzuerkennen, auf denen der Wohlstand und die Stabilität der (nordwest-)europäischen Staaten beruhen, ohne dass sie diese aus sich heraus gewährleisten könnten: globale Ungleichheiten, Ausschlüsse und Gewaltverhältnisse, die historisch durch koloniale Expansion von Europa aus geschaffen wurden, dessen heutigen Status ermöglicht haben und politisch bewusst und gezielt aufrechterhalten werden. Hierzu gehören aufgerüstete und militarisierte Grenzregimes, die Ausnutzung von Wohlstandsgefällen zur Ausbeutung von Wanderarbeiter:innen und zur Aneignung von unbezahlter (Sorge-)Arbeit, der von wirtschaftlicher Macht gestützte ökologisch ungleiche Tausch zwischen Zentren und Peripherien der Weltwirtschaft usw. als mehrheitlich akzeptierte Normalitäten. Ohne all das wäre hier das für Mehrheiten als üblich geltende bequeme und billige Leben nicht möglich.

Diese Ordnung ist als *solche* klimarassistisch, weil in den Expansions- und Wachstumszwängen, die sie hervorgebracht haben, die Ursachen von Klimazerstörung und rassistisch begründeter Gewalt, Ausbeutung und Enteignung zusammenfallen, und weil durch ihre Aufrechterhaltung beides immer weiter vorangetrieben wird. Um an diesem strukturellen Klimarassismus beteiligt zu sein, bedarf es keiner aktiv-diskriminierenden Einstellungen, sondern lediglich der Unterstützung oder Akzeptanz der bestehenden Verhältnisse. Dass diese nicht nur von Minderheiten mit aktiv klimarassistischen Mentalitäten, sondern von gesellschaftlichen

> **Diese Ordnung ist als solche klimarassistisch, weil in den Expansions- und Wachstumszwängen, die sie hervorgebracht haben, die Ursachen von Klimazerstörung und rassistisch begründeter Gewalt, Ausbeutung und Enteignung zusammenfallen, und weil durch ihre Aufrechterhaltung beides immer weiter vorangetrieben wird.**

Mehrheiten getragen wird, illustriert ein Zitat aus der Präambel des Koalitionsvertrags der Ende 2021 ins Amt gekommenen Ampelkoalition: „Die Klimakrise gefährdet unsere Lebensgrundlagen und bedroht Freiheit, Wohlstand und Sicherheit. Deutschland und Europa müssen angesichts eines verschärften globalen Wettbewerbs ihre ökonomische Stärke neu begründen." Es sind also nicht etwa der Erhalt von Ökosystemen und menschlichen Lebensgrundlagen in besonders betroffenen Regionen oder in der Zukunft, sondern „Freiheit, Wohlstand und Sicherheit" – als Chiffre für den eigenen auf Kosten anderer erlangten Reichtum –, mit denen Klimapolitik begründet wird, und diese soll dazu dienen, diesen Reichtum in der Konkurrenz gegen den Rest der Welt zu behaupten. Kurz: ‚Wir müssen unsere Macht verteidigen' – und sei es um den Preis immer weiterer Verschärfung der Konsequenzen. Wenn vor diesem Hintergrund im gleichen Koalitionsvertrag immer wieder eine „Transformation" hin zu „grünem Wachstum" beschworen wird, dann wird diese offenkundig nicht als Weg zur Überwindung des strukturellen Klimarassismus gedacht, sondern soll diese Überwindung gerade verhüten.

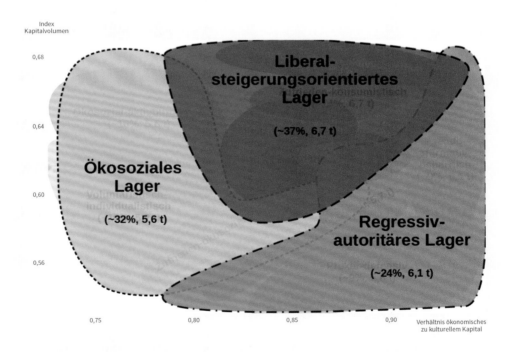

Abb. 2: Sozial-ökologische Mentalitäten in Deutschland 2018 – drei übergeordnete Lager

In Abbildung 2 sind als Farbintensität die grob berechneten mittleren CO2-Fußabdrücke[3] eingezeichnet, die mit den verschiedenen Mentalitäten korrespondieren. Daran ist zum einen sehr gut sichtbar, dass sich der imperialen Lebensweise hierzulande niemand entziehen kann (kein Mentalitätstyp weist mittlere Emissionen auf, die auch nur annähernd global verallgemeinerungsfähig wären) – es ist aber auch zu sehen, welche Teile der Gesellschaft am meisten von ihr profitieren und am meisten zu verlieren hätten, wenn sie infrage gestellt würde.

Am engsten in die imperiale Lebensweise eingebunden ist demnach die produktiv-konsumtive Mitte des flexiblen Kapitalismus, die sich vor allem im liberal-steigerungsorientierten Lager konzentriert. Die ‚innerimperialen Kämpfe' zwischen offen-aggressivem und strukturellem Klimarassismus spielen sich wesentlich zwischen diesem und dem regressiv-autoritären Lager, auf jeden Fall aber auf dem Boden eines Konsenses darüber ab, *dass* die imperiale Lebensweise verteidigt werden soll

> **Das Handeln von Teilen der gegenwärtigen Klimabewegungen lässt sich durchaus als Bemühen um eine Politisierung sozial-ökologischer Transformationsfragen entlang der Innen-Außen-Achse der imperialen Lebensweise verstehen.**

(Eversberg 2017). Wenn in dieser Konstellation von irgendwoher Widerstand oder eine Gegenbewegung gegen die klimarassistische Normalität erwartet werden kann, dann wohl am ehesten von den ‚inneren Peripherien' der hiesigen Lebensweise (marginalisierte und diskriminierte Gruppen, Beschäftigte in Sorge- und Bildungsbereichen, alternative Lebensmodelle etc.), die im dritten ökosozialen Lager überrepräsentiert sind – und das Handeln von Teilen der gegenwärtigen Klimabewegungen lässt sich wohl durchaus als Bemühen um eine Politisierung sozial-ökologischer Transformationsfragen entlang dieser Innen-Außen-Achse der imperialen Lebensweise verstehen.

Das politische Projekt der Ampel hingegen scheint solchen Bemühungen klar entgegengesetzt. Statt auf die Infragestellung des Wachstums- und Expansionzwangs mit seinen klimarassistischen Konsequenzen zielt es auf eine Neukonstituierung der Wachstumskoalition im oberen mittleren Bereich als ‚ergrüntes' *progressiv-neoliberales Lager*. An die Stelle der liberal-steigerungsorientierten soll, etwas weiter links im Raum, eine ‚Green Growth'-Koalition treten, unter Einbindung jener Teile des ökosozialen Lagers, die am meisten von der imperialen Lebensweise profitieren und für das Versprechen, ihren „Wohlstand" behalten zu können, anfällig sind. Der Kompromiss: Eine entschlossenere Klimapolitik wird erkauft mit der Beschränkung auf technologische und marktliche Mittel und mit dem Verzicht auf jeden Schritt in Richtung von Umverteilung und Abbau globaler Herrschaftsbeziehungen, ein demonstrativer Antirassismus nach innen mit verschärfter struktureller Ausgrenzung und Abschottung, also kurz gesagt: eine ‚Begrünung' und Liberalisierung des Status quo mit der Fortschreibung seiner klimarassistischen Konsequenzen. Dabei ist zu erwarten, dass Teile des liberal-steigerungsorientierten Lagers (antitransformatorisch-aktivbürgerliche Mentalitäten) ‚wegbrechen', diesen Modernisierungskurs nicht mitmachen und zusammen mit dem bisherigen regressiv-autoritären Lager ein größeres offen klimarassistisches Lager bilden könnten.

---

[3] Aufgrund der Art, wie diese (sehr groben) Werte berechnet wurden, liegen die Durchschnittswerte hier deutlich niedriger als die rund zehn Tonnen pro Kopf, die in Deutschland 2018 ausgestoßen wurden. Entscheidend sind aber die Unterschiede zwischen den ‚mentalitätstypischen' Emissionsniveaus.

Die globalen und intergenerationalen Gerechtigkeitsforderungen der Klimabewegung werden damit aus dem Spektrum des politisch Legitimen und Anerkannten ausgeschlossen bzw. an den Rand gedrängt. Das ökosoziale Lager könnte sich damit vor der Herausforderung sehen, sich ein Stück weiter ‚unten' im sozialen Raum neu zu erfinden – entlang vielfältiger Erfahrungen von Marginalisierung, entwerteter Arbeit, Internalisierung der Lasten des Lebens Anderer und dem Wissen um die Schädlichkeit der diese Erfahrungen bedingenden Prozesse für andere in anderen Weltregionen, für spätere Generationen und für die außermenschliche Natur. Damit ginge ein gegenüber hergebrachten politisch linken Konzeptionen von „Klasse" verschobenes Selbstverständnis einher, das sich weniger nach einer ‚oben-unten'- als nach einer ‚innen-außen'-Achse gesellschaftlicher Herrschaftsverhältnisse definiert und für das daher dem Antirassismus eine umso zentralere Bedeutung zukommen muss.

> **Das ökosoziale Lager könnte sich vor der Herausforderung sehen, sich ein Stück weiter ‚unten' im sozialen Raum neu zu erfinden.**

Dennis Eversberg, Dr., seit 2019 Leiter der BMBF-Nachwuchsgruppe „Mentalitäten im Fluss. Vorstellungswelten in modernen bio-kreislaufbasierten Gesellschaften" (flumen) am Institut für Soziologie der Friedrich-Schiller-Universität Jena; Arbeits- und Forschungsinteressen: Macht- und Subjektivitätsanalysen; Mentalitäts- und Sozialstrukturforschung; Soziologie sozial-ökologischer Bewegungen; soziale Naturbeziehungen; sozial-ökologische Transformationen und Konflikte; Arbeits- und Arbeitsmarktsoziologie; Gewerkschaftsforschung; Kapitalismusforschung.

Literatur

Brand, Ulrich/Wissen, Markus (2017). Imperiale Lebensweise: zur Ausbeutung von Mensch und Natur in Zeiten des globalen Kapitalismus. München, oekom verlag.

Eversberg, Dennis (2020). Bioökonomie als Einsatz polarisierter sozialer Konflikte? Zur Verteilung sozial-ökologischer Mentalitäten in der deutschen Bevölkerung 2018 und ihren Unterstützungs- und Widerstandspotentialen gegenüber Bioökonomie als gesellschaftlichem Wandel (Working Paper der BMBF-Nachwuchsgruppe „flumen"). Jena, Friedrich-Schiller-Universität.

Eversberg, Dennis (2019).: Die kohärente völkisch-identitäre Strategie des B. Höcke: Eine Analyse des Wahlprogramms der AfD zur Thüringer Landtagswahl 2019. Jena, Friedrich-Schiller-Universität.

Eversberg, Dennis (2017). Innerimperiale Kämpfe: Der autoritäre Nationalismus der AfD und die imperiale Lebensweise (Working Paper Nr. 7/2017). Working Paper der DFG - KollegforscherInnengruppe Postwachstumsgesellschaften Jena, DFG-Kollegforschergruppe Postwachstumsgesellschaften.

Lessenich, Stephan (2016). Neben uns die Sintflut: Die Externalisierungsgesellschaft und ihr Preis. München, Hanser Berlin.

Liedholz, Yannick (2020). Berührungspunkte von Sozialer Arbeit und Klimawandel: Perspektiven und Handlungsspielräume. Opladen, Verlag Barbara Budrich.

„DIE RECHTE MOBILISIERUNG GEGEN KLIMASCHUTZ UND -GERECHTIGKEIT IST EINE SEIT JAHRZEHNTEN ANDAUERNDE RECHTE GEGENBEWEGUNG, DIE SICH VOR DEM EINDRUCK TRANSFORMATIVER GROSSEREIGNISSE IM KAMPF UM MATERIELLE UND IDEELLE VORMACHTSTELLUNG FORMIERT HAT."

CHRISTOPH RICHTER, FABIAN KLINKER
& AXEL SALHEISER

Klimadiktatur? Rechte Ideologie und Verschwörungsnarrative zur Klimapolitik in den sozialen Netzwerken

Christoph Richter, Fabian Klinker & Axel Salheiser (Institut für Demokratie und Zivilgesellschaft)

Seit Jahrzehnten attackiert eine Allianz aus rechtskonservativen, rechtslibertären bis hin zu radikal rechten und verschwörungsideologischen Gruppen die Befunde zum menschengemachten Klimawandel. Das Regime der ungleichen Verteilung von Klimawandelfolgen und Umweltbelastungen zu Lasten rassistisch diskriminierter und marginalisierter Gruppen, wird als „Klimarassismus" bezeichnet. Dieser ist eng verknüpft mit der Geschichte kolonialer und neokolonialer Ausbeutung sowie der Externalisierung der negativen Effekte des „Wohlstandswunders" der westlichen Industrienationen in den globalen Süden. Rechte Klimaskeptizismus-Diskurse erfüllen in dem Kontext eine wichtige Brückenfunktion. Sie legitimieren soziale Ungleichheit und negieren gleichzeitig die Notwendigkeiten ökologischer Veränderungen. Im Spannungsfeld zwischen dem rasant steigenden Transformationsdruck und dem Bedürfnis zur Aufrechterhaltung des Status Quo vertiefen sich gesellschaftliche Polarisierungstendenzen. Die Gefahr der erhöhten Anschlussfähigkeit derartiger Positionen wächst. Im folgenden Beitrag diskutieren wir die rechte Ideologieproduktion im Kontext der globalen Klimakrise.

Empfohlene Zitierung:

Richter, Christoph/Klinker, Fabian/Salheiser, Axel (2022). Klimadiktatur? Rechte Ideologie und Verschwörungsnarrative zur Klimapolitik in den sozialen Netzwerken. In: Institut für Demokratie und Zivilgesellschaft (Hg.). Wissen schafft Demokratie. Tagungsband zur Online-Fachtagung „Gesellschaftlicher Zusammenhalt & Rassismus", Band 11. Jena, 80–93.

Schlagwörter:

Klimawandel, Klimarassismus, Agitation, Rechtsradikalismus, Rechtspopulismus, soziale Netzwerke, Telegram, Facebook, Twitter, Instagram

Klimawandel, Klimarassismus und Klimadiskurs

Die globale Klimakrise und die daraus entstehenden Herausforderungen für den gesellschaftlichen Zusammenhalt sind wesentlich durch ein Strukturprinzip gekennzeichnet, dass als Klimarassismus (vgl. Williams 2021) thematisiert werden muss. So provokant dieser Begriff auf den ersten Blick wirken mag, so wichtig ist er doch für die kritische Analyse der komplexen Ungleichheitsordnung, welche die unterschiedlichen Betroffenheiten durch Folgen des Klimawandels, seiner kollektiven Deutung und politischen Bearbeitung grundiert. Albert Memmi (1987) beschrieb Rassismus als Mechanismus der Aufrechterhaltung und Verteidigung von Macht, Status und Privilegien. Es ist naheliegend, auf der Basis dieser Definition auch das gesellschaftliche Konfliktpotenzial zu fokussieren, das mit der Kulmination ökologischer Risiken, Gefahren und divergierender Interessen verknüpft ist. In den Ländern des globalen Südens hat der Klimawandel schon lange katastrophale Folgen für die Umwelt und die Menschen. Die Lage spitzt sich immer weiter zu. Die Länder des globalen Nordens – bzw. die sogenannten westlichen Industrienationen – sind mit ihren historisch gewachsenen Produktions- und Konsumregimes hauptverantwortlich für die Zerstörung der weltweiten natürlichen Lebensgrundlagen (Abimbola et al. 2021). Die Lasten und Kosten wurden aus den eigenen Ländern exportiert, im Stile einer „imperialen Lebensweise" (siehe Beitrag von Eversberg in diesem Band), durch den sich globale Ungleichheit beständig fortschreibt und verschärft. Auf Druck der internationalen Klimagerechtigkeitsbewegung ist zwar der Impuls gesetzt, eine ökologische, wirtschaftliche und soziale Transformation der (Welt-)Gesellschaft einzuleiten.

> **Die globale Klimakrise und die daraus entstehenden Herausforderungen für den gesellschaftlichen Zusammenhalt sind wesentlich durch ein Strukturprinzip gekennzeichnet, dass als Klimarassismus (vgl. Williams 2021) thematisiert werden muss.**

Die Frage, wie diese Transformation konkret gestaltet werden soll, stellt jedoch den gesellschaftlichen Zusammenhalt auch hierzulande auf die Probe. Forderungen nach schnellerem, konsequenterem Klimaschutz kollidieren u. a. mit Maßstäben sozialer Verträglichkeit, des Schutzes von Arbeitsplätzen und normativen Erwartungen an die Stabilität von Produktions- und Konsumweisen bzw. Stilen der Lebensführung. Entsprechend steigt die Angst vor Veränderungen sowie individuellem und kollektivem Statusverlust in bestimmten Bevölkerungsteilen und Sozialmilieus; auf Ebene der politischen Kommunikation wird die „Bewahrung unseres Wohlstands" beschworen. Klimawandelskeptizismus (Rensburg 2015), das heißt die Leugnung des „menschengemachten" Klimawandels, hat dabei die Funktion eines *Brückennarrativs* zwischen unterschiedlichen gesellschaftlichen Milieus, da dadurch die Abwehr einer ökologisch-sozialen Transformation und die Verteidigung kollektiver Privilegien rationalisiert und legitimiert wird. Diese Leugnung bzw. Bagatellisierung wird durch Lobbyist:innen der fossilen Energiewirtschaft und der Industrie sowie durch rechte Populist:innen seit vielen Jahren systematisch und kampagnenhaft vorangetrieben (Forchtner 2019, 2020). Sie dämonisieren die längst überfällige Politikwende als Vorbotin einer „sozialistischen Klimadiktatur". Appelle an universalistische Solidarität denunzieren sie als „Ideologie" von „Globalisten". Dabei wird auf die ethnozentrische Verteidigung von Privilegien abgezielt, die angesichts der Klimakrise immer illegitimer erscheinen.

Autoritäre und rechtspopulistische Praxen der Diskursaneignung in der Klimafrage zielen auf die Abwehr universalistischer Solidarität und die Aufrechterhaltung von Privilegien und der fossilen Produktions- und Konsumregimes ab. Sie nehmen besonders im globalen Maßstab die extreme Ungleichheit der Verfügung über natürliche Ressourcen – oder deren Vernichtung – blindlinks in Kauf oder treiben diese sogar vorsätzlich voran. De facto *trifft* der Klimawandel zuerst nicht die Wohlstandsgesellschaften des sogenannten globalen Nordens, sondern besonders hart jene Regionen der Welt, die meist nur dann ins Bewusstsein rücken, wenn es darum geht, Flucht- und Armutsmigration aus ihnen abzuwehren. Die Bewahrung des Eigenen, der „Festung Europa" – in Bezug auf den Klimawandel heißt dies: „Neben uns die Sintflut" (Lessenich 2016). Je klarer sich konkrete politische Schritte in Richtung einer ökologisch-ökonomisch-sozialen Gesellschaftstransformation abzeichnen – in Deutschland ruhen große, durchaus ambivalente Erwartungen auf der neuen sozialdemokratisch-grün-liberalen Bundesregierung –, desto größer wird der Widerstand, desto größer wird das Potenzial für rechtspopulistische Versuche der Polarisierung und Spaltung sowie für antidemokratische Mobilisierung und Radikalisierung.

> **De facto trifft der Klimawandel zuerst nicht die Wohlstandsgesellschaften des sogenannten globalen Nordens, sondern besonders hart jene Regionen der Welt, die meist nur dann ins Bewusstsein rücken, wenn es darum geht, Flucht- und Armutsmigration aus ihnen abzuwehren.**

Wie die aktuelle Mitte-Studie der FES (Reusswig et al. 2021a, 269ff.) zeigt, haben ca. 9 % der Deutschen Zweifel am „menschengemachten" Klimawandel, ungefähr genauso viele halten wissenschaftliche Studien, die einen Klimawandel belegen, für „meist gefälscht" und lehnen eine Energiewende ab. Verschwörungsmentalität sowie populistische Einstellungen erhöhen hierbei die Zustimmungstendenz signifikant, rechtsextreme Einstellungen tun es noch stärker. Eine mögliche, plausible Erklärung dafür sind autoritäre Abwehrreflexe gegenüber einer Politik bzw. einer gesellschaftlichen Entwicklung, die als bedrohlich wahrgenommen und mit wachsender Unsicherheit und Kontrollverlust assoziiert wird. Nicht zuletzt auch, da sie von Eliten und Institutionen ausgeht, denen man wenig vertraut. Dass die rassistische Abwehr gegenüber „Fremden" als ein Reaktionsmechanismus auf die erhöhte Wahrnehmung von Gefahren des Klimawandels folgen kann, zeigen auch Uenal et al. (2021) in einer experimentellen sozialpsychologischen Studie. Einige Menschen identifizieren sich bei wahrgenommener Bedrohung durch den Klimawandel besonders stark mit ihrer sozialen Eigengruppe, z. B. ihrer Nation. Sie tun dies zur Abwehr der eigenen Unsicherheit und Angst sowie zur Wiederherstellung von Kontrolle. Mit anderen Worten: Die erhöhte Relevanz des Klimawandels kann rassistische Einstellungen bei jenen verstärken, die Solidarität mit der Eigengruppe favorisieren und „Fremde" vornehmlich als Konkurrenz betrachten.

Es gibt also allen Grund zur Annahme, dass rechte Ideologieproduktion und -dissemination nicht nur darauf abzielen, sondern auch dazu geeignet sind, diese Abwehrreflexe und politischen Einstellungen aufzugreifen und gegen eine ökologische Transformation zu verstärken. Die Agitation und Propaganda dazu findet vor allem über die Publikationskanäle der neurechten Medienlandschaft, maßgeblich jedoch in den sozialen Netzwerken statt (Matlach und Janulewicz 2021). Wie bereits in der

Corona-Pandemie sind damit erhebliche Mobilisierungs- und Radikalisierungspotenziale verbunden. Genauso wie nach Darstellung der radikal rechten Verschwörungsideolog:innen die Coronakrise eine „Generalprobe" der „globalistischen Eliten" für die zukünftige Klimadiktatur darstellt, konstruieren eben diese radikal rechten Ideolog:innen schon seit längerer Zeit mit der Klimafrage einen weiteren, möglicherweise noch weitreichenderen Mobilisierungsanlass, wozu sie möglichst breit und zahlreich Desinformationen streuen, um Statusverlustangst zu schüren und die Systemdistanz zu erhöhen. Das Politikfeld, der gesellschaftliche Diskurs über den Klimawandel und die Klimapolitik sollen gekapert und besetzt werden, indem eigene Erzählungen und Deutungen möglichst breit gestreut werden. Ökologische Klimapolitik, vor allem die Energiewende, wird als unsinniges, „Ideologieprojekt" attackiert (Reusswig et al. 2021b; Radtke et al. 2019; Forchtner und Özvatan 2022). Oder sie wird gar zum „teuflischen Plan" stilisiert, zur Weltverschwörung der Eliten und dem „Great Reset" (vgl. Bals 2021), denen man Widerstand entgegenbringen müsse – wie immer in der radikal rechten Ideologietradition: um Volk und Nation zu retten sowie aus Notwehr, mit der letztlich auch Gewalt als legitimes Mittel erscheint, also Pfade antidemokratischer Mobilisierung und Radikalisierung vorgezeichnet werden.

> **Genauso wie nach Darstellung der radikal rechten Verschwörungsideolog:innen die Coronakrise eine „Generalprobe" der „globalistischen Eliten" für die zukünftige Klimadiktatur darstellt, konstruieren diese radikal rechten Ideolog:innen seit längerer Zeit mit der Klimafrage einen weiteren, möglicherweise noch weitreichenderen Mobilisierungsanlass.**

„Great Reset" – von der Corona- in die Klimadiktatur

Die Phrasen vom „Klimasozialismus", der „grünen Diktatur" und dem „Klimaschwindel", mit denen verschwörungsideologische und radikal rechte Gruppen aktuell die Klimapolitik attackieren, sind keineswegs neu. Die rechte Mobilisierung gegen Klimaschutz und -gerechtigkeit ist daher nicht „nur" ein aktueller populistischer Abwehrreflex gegen die verachteten politischen Eliten und Institutionen, sondern eine seit Jahrzehnten andauernde rechte Gegenbewegung, die sich vor dem Eindruck transformativer Großereignisse im Kampf um materielle und ideelle Vormachtstellung formiert hat. Bereits seit den 1970er-Jahren kämpft diese Allianz aus konservativen und radikalen Rechten, Rechtslibertären, finanzstarken Unternehmen sowie marktradikalen und rechtskonservativen Thinktanks erfolgreich gegen den breiten wissenschaftlichen, faktenbasierten Konsens zur globalen Erwärmung und zu den anthropogenen[1], industriellen Ursachen der Klimakatastrophe (Oreskes und Conway 2012; Mayer 2016; Mann 2021). Die Narrative und Strategien haben sich dabei bis heute kaum geändert. Halbwahrheiten, Manipulationen, gezielte Lügen, das Verwenden pseudowissenschaftlicher Methoden, gekaufte „Expert:innen" und Attacken auf Klimaforschende und Aktivist:innen gehören seither fest ins Standardrepertoire der globalen „Skeptiker"-Allianz. Mit dem rapiden Bedeutungszuwachs sozialer Medienplattformen im vergangenen Jahrzehnt haben sich die Ausspielwege und Reichweiten der Bewegung allerdings beträchtlich erweitert.

---

[1] D. h. auf den Einfluss des Menschen zurückführbar.

Analyse von Klimadiskursen in „coronakritischen" Telegram-Netzwerken

Um zu untersuchen, inwiefern Erzählungen wie die vom „Great Reset" in sozialen Medien verfangen, haben wir einen umfangreichen Datensatz der Messenger- und Social-Media-Plattform Telegram analysiert. Der Datensatz wurde erhoben, um eine Bestandsaufnahme des deutschsprachigen „coronakritischen Netzwerkes" durchzuführen. Ausgehend von zentralen Gruppen bekannter „coronakritischer" Akteur:innen

> **In der Vorstellung der Anhänger:innen der Verschwörungserzählung vom „Great Reset" dienen die Coronamaßnahmen als eine Art Vorübung zum totalitären Umbau der Weltgesellschaft zu einer neuen Weltordnung, die sich auch durch den inszenierten „Klimanotstand" rechtfertigt.**

haben wir im Schneeballverfahren deren Verbindungen (Telegram-interne Links) zu weiteren Gruppen herausgefiltert und weiterverfolgt. Auf diesem Weg wurden rund 7 Mio. Nachrichten analysiert, die wir seit Anfang des Jahres 2021 erhoben haben. Abbildung 1 zeigt die Ergebnisse einer Stichwortsuche im Zeitverlauf. Wie oben bereits ausgeführt, besteht eine deutliche Evidenz dafür, dass sich zentrale politische Haltungen entlang ähnlicher gesellschaftlicher Konfliktthemen polarisieren. Zahlreiche Gruppen und Akteur:innen, die in der Vergangenheit bereits zu gesellschaftlichen Konfliktereignissen mobilisierten (z. B. „Friedensmahnwachen" im Zuge der Krimkrise, geflüchtetenfeindliche Mobilisierung und Adaptionsversuche der Gelbwestenproteste in Deutschland), treten im Zuge der Coronakrise on- wie auch offline wieder in Erscheinung. Auffällig Viele vertreten auch klimaskeptische Positionen. In der Verschwörungsgroßerzählung des „Great Reset" greifen zahlreiche Erzählstränge existierender rechtsextremer und verschwörungsideologischer Narrative ineinander. Besonders die Klimafrage hat hier großen Stellenwert, weil Klaus Schwab, Chef des Weltwirtschaftsforums und Stichwortgeber des „Great Reset", forderte, dass zukünftige ökonomische und soziale Transformationsprozesse auch im Sinne der ökologischen Nachhaltigkeit gestaltet werden müssen. Weitere zentrale Akteur:innen, die in diesem Zusammenhang aus der klimaskeptischen Community attackiert werden, sind u. a. die Klimaaktivist:innen Greta Thunberg, Luisa Neubauer, die Grünen-Politikerin Annalena Baerbock, der Microsoft-Gründer Bill Gates und der Investor George Soros. In der Vorstellung der Anhänger:innen der Verschwörungserzählung vom „Great Reset" dienen die Coronamaßnahmen als eine Art Vorübung zum totalitären Umbau der Weltgesellschaft zu einer neuen Weltordnung, die sich auch durch den inszenierten „Klimanotstand" rechtfertigt. In vielen „klimakritischen" Diskursen werden die Vorstellungen des „Great Reset" mit denen eines rassistischen Bevölkerungsaustausches (d. h. angebliche Vernichtung der Europäer:innen durch Migration), mit sozialistischen Klimaherrschaftsfantasien, Transhumanoiden (d. h. Digitalkonzerne wollen neue humandigitale Mischwesen etablieren), Impfverschwörungen (u. a. mit angeblichem Ziel einer Bevölkerungsreduktion) und teils antisemitischen Thesen zu den Profiteur:innen des Reset (u. a. Rothschild, Soros, die „Globalisten", das „internationale Finanzkapital", oder ganz offen: „Juden") verbunden. Derzeit findet dieser Bezug auch zur Corona-Pandemie statt bzw. werden bisherige und derzeitige Krisen als „Vorübung" zu einer sogenannten „Diktatur" bezeichnet.

In der Analyse der Telegram-Daten verglichen wir die Häufigkeiten von Suchbegriffen[2] von Beginn 2018 bis Oktober 2021, die mit „skeptischen" Positionen zum Klimawandel und zur Klimabewegung assoziiert sind, gegenüber der Auftrittshäufigkeit von Suchbegriffen der populären QAnon-Verschwörungsgroßerzählungen, die im Rahmen der Coronapandemie Hochkonjunktur hatte. Die QAnon-Verschwörungserzählung behauptet eine globale Verschwörung der Eliten gegen die Bevölkerungen und verbindet strukturell antisemitische Narrative mit der Unterstellung okkulter Riten (z. B. Trinken von Kinderblut zur Verjüngung). Seit Anfang 2020, als die Anzahl „coronakritischer" Gruppen auf Telegram explosionsartig anstieg, erfuhr diese ursprünglich in den USA entstandene Verschwörungserzählung auch im deutschsprachigen Raum einen enormen Bedeutungszuwachs und beeinflusste für längere Zeit die hiesigen „coronakritischen" Diskurse.

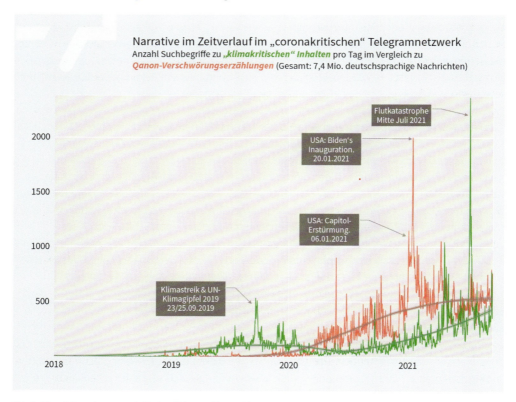

Abb. 1: Klimadiskurse im „coronakritischen Telegram-Netzwerk"

Im Ergebnis sehen wir zunächst, wie das QAnon-Narrativ (Abb. 1, rote Linie) im deutschsprachigen Telegram-Netzwerk Einzug hielt und sich zu einer weitreichenstarken Großerzählung entwickeln

---

[2] Suchbegriffe „Klima": „klima[^\\s]*|greta| [\\s]fff[^\\s]*|ökosozioalismus|wettermanipulation| ökofaschismus|ökoterror|ökodiktatur|fridays for future|carla reemtsma|luisa neubauer"; Suchbegriffe „Qanon": "\\bqanon\\b|pizzagate|pädolite |pedolite|adrenochr[^\\s]*|kinderblut| adrenocrime|\\bq\\b". In Stichproben wurde mittels Konkordanzanalysen sichergestellt, dass die einzelnen Suchbegriffe die entsprechenden „klimaskeptischen" bzw. Qanon-spezifischen Inhalte abbilden.

konnte. Mit der Abwahl Trumps und der Inauguration Bidens verlor das Thema, zumindest vorläufig, an Aktualität. Klimaskeptische Narrative zum „menschengemachten" Klimawandel, zu den Grünen und den Fridays for Future-Aktivist:innen gewannen dagegen sichtbar an Bedeutung (Abb. 1, grüne Linie).

In dem Maß, wie die Folgen der Klimakrise auch hierzulande stärker in den Fokus drängten, stieg die Relevanz des Klimadiskurses deutlich (z. B. im Kontext der Flutkatastrophe im Sommer 2021). Zahlreiche Verschwörungsmythen und rechte Mobilisierungen bestimmten in den Telegram-Kanälen die Nachrichten. Die Rede war von kompletten Regierungsversagen, dem Ausnutzen der Katastrophe für die Klimaagenda bis hin zum Vorwurf der gezielten Inszenierung (bspw. durch Wetterwaffen). Zahlreiche rechte und coronakritische Gruppen mobilisierten in „Fluthilfegruppen" in betroffene Flutgebiete und verbreiteten von dort aus populistische Propaganda unter dem Deckmantel der „Fluthilfe". Gleichzeitig zeigt sich die hohe Variabilität gesellschaftlicher Themen mit hohem Polarisierungspotenzial, die stark von zentralen Events bestimmt werden (u. a. Klimagipfel, US-amerikanischen Wahlen, Flutkatastrophe in Deutschland), die sich in radikal rechte und verschwörungsideologische Erzählstrukturen integrieren lassen.

Klimadiskurse auf anderen zentralen Social-Media-Plattformen

Die beschriebenen Radikalisierungs- und Mobilisierungsdynamiken im Kontext des Klimadiskurses beschränken sich jedoch nicht auf Telegram. Das antidemokratische Potenzial rechter und verschwörungsideologischer Milieus entfaltet sich vielmehr multimedial und plattformübergreifend. Aufgrund der verstärkten Durchsetzung von Deplatforming und der Löschung desinformativer Inhalte auf den sozialen Medien der großen Tech-Unternehmen musste ein Teil der Szene zwar auf Alternativen zu Facebook, Twitter und Instagram ausweichen (vgl. Fielitz et al. 2021), dennoch spielen diese Plattformen in der Vernetzung und Ideologieverbreitung nach wie vor eine wichtige Rolle. Die unterschiedlichen Kanäle bringen jeweils eigene Angebotsformen (vgl. Zillien 2008), ein eigenes Mediennutzungsverhalten und eine spezifische Online-Community mit sich. Sie erfüllen somit unterschiedliche Funktionen im Kommunikationsverhalten rechtspopulistischer und -extremer Akteur:innen. So hat sich der offen rassistische, antisemitische, neonazistische und auch strafrechtlich relevante Diskurs tendenziell auf kaum moderierte Messenger-Dienste und Kanäle wie Telegram verlagert. Desinformationsmedien, politisch etablierte rechtsradikale Kräfte wie die AfD und rechte Influencer:innen nutzen die offene Struktur und den vermeintlich gemäßigteren Kommunikationsraum auf Facebook, Twitter und Instagram jedoch, um Aufmerksamkeit zu erzeugen und ein breites Publikum zu erreichen.

> **Der offen rassistische, antisemitische, neonazistische und auch strafrechtlich relevante Diskurs hat sich tendenziell auf kaum moderierte Messenger-Dienste und Kanäle wie Telegram verlagert.**

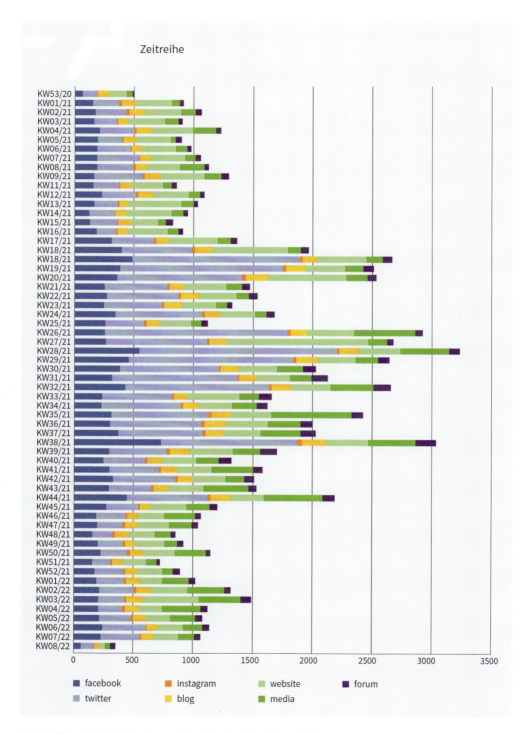

Abb. 2: Zeitlicher Verlauf und Plattformverteilung klimaskeptischer Posts und Online-Beiträge

Abbildung 2 zeigt die Beiträge der Datengrundlage sowie die Plattformdistribution im zeitlichen Verlauf. Neben Telegram haben wir daher auch andere Social-Media-Plattformen auf klimaskeptische Positionen, Narrative und die Strategien radikal rechter Akteur:innen untersucht. Dazu haben wir über eine entsprechende Suchanfrage[3] mittels des Social-Listening-Tools Linkfluence[4] im Zeitraum vom 28. Dezember 2020 bis zum 27. Februar 2022 Daten von Facebook, Twitter, Instagram, verschiedenen Online-Blogs und Nachrichtenportalen erhoben. Insgesamt haben wir ca. 158.000 Posts und Reposts mit einer geschätzten Reichweite[5] von ca. 100 Millionen Personen und einer Gesamtanzahl von ca. 2 Millionen Social Interactions[6] analysiert.

Auch auf diesen Plattformen zeigt sich ein starker Zusammenhang zwischen dem Mobilisierungsaufkommen zum Klimathema und dafür anschlussfähigen politischen Ereignissen bzw. Krisensituationen. Die erste Hochphase erstreckt sich von Kalenderwoche (KW)17/21–KW19/21 und ist maßgeblich auf den Vorschlag des Bundesvorstands der Grünen (19. April 2021), Annalena Baerbock als Kanzlerkandidatin aufzustellen und einen Talkshowauftritt der Fridays for Future-Aktivistin Luisa Neubauer bei Anne Will (9. Mai 2021) zurückzuführen. Beide Frauen wurden

> **Das größte Aufkommen klimaskeptischer Posts 2021 war im Kontext der Flutkatastrophe zu verzeichnen, die seitens der AfD auch massiv für den eigenen Bundestagswahlkampf und die Beschwörungen der rot-grünen #klimadiktatur ausgenutzt wurde.**

von rechten Akteur:innen besonders heftig für ihr Engagement in der Klimapolitik unter Hashtags wie #baerbockverhindern, #luissa und #langstreckenluisa angefeindet. Einen Höhepunkt fanden die sexistischen Anfeindungen in Bezug auf Annalena Baerbock insbesondere nach den Plagiatsvorwürfen unter #baerplag. Das größte Aufkommen klimaskeptischer Posts 2021 war jedoch im Kontext der Flutkatastrophe zu verzeichnen (KW28/21–KW32/21), die seitens der AfD auch massiv für den eigenen Bundestagswahlkampf und die Beschwörungen der rot-grünen #klimadiktatur ausgenutzt wurde. Ebenfalls kam es zur systematischen Relativierung und Leugnung des menschengemachten Klimawandels und es kursierten Verschwörungserzählungen (#haarp), nach der die Starkregenereignisse gezielt seitens der Regierung durch Wettermanipulation mittels Radaranalagen verursacht worden seien. Die Metaerzählung des #greatreset vereint dabei die unterschiedlichen Momente der Corona- wie der Klimakrise als Planspiel „globalistischer Eliten", die damit die Agenda eines

---

[3] Suchanfrage: klimalüge OR klimawahns* OR HAARP OR klimaluege OR klimalockdown OR klimawahn OR klimahysterie OR klimadiktatur OR langstreckenluisa OR luissa OR baerplag OR kerosinkatha OR ökodiktatur OR oekodiktatur OR baerbockverhindern OR grüneversenken OR grueneversenken OR ökofaschismus OR oekofaschismus OR ökosozialismus OR oekosozialismus OR niewiedergruen OR niewiedergrün OR vielfahrervettel OR ((grün OR gruen) AND (heuchelei OR lüge OR luege OR doppelmoral)) OR ((neubauer OR luisa) AND göre) OR ((sozialismus OR niewiederfaschismus OR freiheitstattsozialismus) AND (öko* OR klima* OR umwelt*)) OR ((*greatreset OR "great reset" OR "great-reset" OR nwo OR weltwirtschaftsforum OR #wef OR schwab OR greattransformation OR großeraustausch OR "großer Austausch") AND (klima* OR öko* OR umwelt*)).

[4] Online: https://www.linkfluence.com/.

[5] Über einen von Linkfluence erstellten Koeffizienten ermittelte geschätzte Zahl der User:innen, die die Posts zum Veröffentlichungszeitpunkt gesehen haben könnten.

[6] Summe an sozialen Interaktionen mit den Posts – also Likes, Retweets, Kommentare, Shares, Favoriten etc.

internationalen „Öko-Sozialismus" verfolgten, und verbreitet so ein nationalistisches, strukturell antisemitisches und antidemokratisches Angstszenario. In der Woche zur Bundestagswahl (KW38/21) und zur UN-Klimakonferenz (KW44/21) sind nochmal vermehrt klimaskeptische Posts festzustellen, gegen Jahresende verflacht das Thema und wird vor allem von der Mobilisierung gegen die Impfkampagne während der Omikron-Welle abgelöst.

Um einen Überblick über die Hauptakteur:innen dieses Diskurses zu erlangen, haben wir alle Posts der Datengrundlage mit unseren Quellensets – also Listen mit besonders reichweitenstarken Accounts unterschiedlicher Gruppen – abgeglichen und quantitativ gegenübergestellt. Die in Abbildung 3 gezeigte Konstellation bezieht sich dementsprechend nicht auf die gesamte Datengrundlage, sondern lediglich auf einen kleinen Ausschnitt der Daten auf Basis der von uns gelisteten und eindeutig zu kategorisierenden Accounts.[7] Ein Großteil der reichweitenstarken Posts entfällt demnach auf die Gruppe der „rechtsalternativen Medien" (z. B. Compact, reitschuster.de). Diese veröffentlichen ihre Beiträge vor allem auf Internet-Blogs und Webseiten im Stile von Nachrichtenportalen. Da hier umfangreichere Artikel als auf sozialen Medien publiziert und so Desinformation und Verschwörungserzählungen stärker ausformuliert und kontextualisiert werden können, spielen diese Akteur:innen in der rechtslibertären bis rechtsextremen Ideologieproduktion eine wichtige Rolle.

Ein Großteil der reichweitenstarken Posts entfällt auf die Gruppe der „rechtsalternativen Medien".

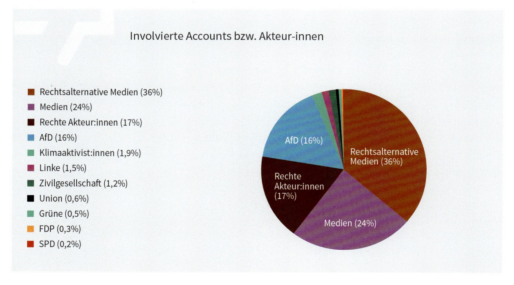

Abb. 3: Akteur:innengruppen

---

[7] Die grafische Darstellung bezieht also nur die Posts der in unseren Quellensets hinterlegten Accounts mit ein. Dies entspricht nur ca. 7.000 Posts im Untersuchungszeitraum. Diese Posts erreichten jedoch eine geschätzte Reichweite von ca. 40 Millionen Personen und erzielten ca. 1 Millionen Social Interactions (jeweils knapp die Hälfte der gesamten Datengrundlage) und geben damit dennoch einen guten Eindruck über die relevanten, meinungsprägenden Akteursgruppen.

Die Gruppe der „rechten Akteur:innen" war vor allem auf Twitter aktiv und fungierte hier als reichweitenstarke Multiplikatorin klimaskeptischer Positionen und Narrative. Vor allem unabhängig agierende Influencer:innen, die rechte Ideologie als Lifestyle verkörpern, sind besonders erfolgreich. Die AfD als dritte wesentliche Akteursgruppe der radikalen Rechten nutzte insbesondere Facebook, um ihre Inhalte online zu verbreiten. Auf dieser Plattform hat sie sich sehr stark etabliert und erzielt hier bei all ihren Themen auch im Vergleich mit den demokratischen Parteien sehr gute Reichweiten- und Interaktionswerte. Die Gruppe der Medien, die sich mehrheitlich aus Öffentlich-Rechtlichen, der Lokalpresse und demokratischen Nachrichtensendern zusammensetzt, ist hier vor allem deshalb so stark vertreten, da sie über die rechte Mobilisierung im Zuge der Klimakrise berichtete. Die übrigen Gruppen sind aufgrund der spezifischen Suchabfrage, die zur Datenerhebung genutzt wurde, erwartbar wenig vertreten und daher vernachlässigbar.

Ausblick

Das Klimathema hat demnach in jüngster Zeit sichtbar an Bedeutung in den sozialen Medien gewonnen. Es ist davon auszugehen, dass diese Relevanz noch anwachsen wird, da drastische krisenhafte Ereignisse in Folge des Klimawandels wahrscheinlicher werden – und Klimaschutzpolitik und Energiewende in aller Munde sind. Weltweit, auch Deutschland, muss von einer Zunahme an Extremwetterereignissen ausgegangen werden, die dann analog zur Hochwasserkatastrophe kontextualisiert und mobilisiert werden können. Die Relevanz klimaskeptischer Diskurse zeigt die

> **Klimaskeptische und -rassistische Diskursbeiträge werden sich in kommenden Jahren intensivieren und eine hohe Anschlussfähigkeit in die sogenannte „gesellschaftliche Mitte" erzeugen.**

hohe Anschlussfähigkeit und Attraktivität zu impfkritischen, verschwörungsideologischen, corona-maßnahmenkritischen und rechtslibertären bis zu rechtsextremen Gruppen und Personen auf Messenger- und Social-Media-Diensten auf. Radikal rechte Ideologieproduktion und Online-Kommunikation zur Klimathematik breitet sich in sozialen Netzwerken im Kontext klimarelevanter Ereignisse rasant aus und wird mit hoher Wahrscheinlichkeit große Teile der „Protestbewegung" auch nach Corona mobilisieren. Damit werden sich klimaskeptische und -rassistische Diskursbeiträge in kommenden Jahren intensivieren und eine hohe Anschlussfähigkeit in die sogenannte „gesellschaftliche Mitte" erzeugen – insbesondere in dem Umfang, wie sich auch hier Verteilungskonflikte und Klimakatastrophen sowie Gegenmaßnahmen verschärfen. Gleichzeitig offenbaren unsere Analysen die Notwendigkeit einer stärkeren Verankerung der digitalen Zivilgesellschaft im Diskurs um die ökologische Transformation und ihre demokratischen Ausgestaltungsmöglichkeiten auf den entsprechenden Plattformen. Die Frage, ob es gelingen kann, die Klimaschutzziele umzusetzen, wird stark davon abhängen, inwiefern die Rechte mit ihren Narrativen Anschluss an die „gesellschaftliche Mitte" erreichen kann bzw. wie effektiv dem begegnet werden wird: mit einer sozial gerechten und integrativen Transformationspolitik und mit aktivierenden, solidaritätsstiftenden Identifikations- und Kommunikationsangeboten.

Christoph Richter studierte Soziologie, Journalistik und Ethnologie. Seit 2020 ist er wissenschaftlicher Mitarbeiter am IDZ Jena und forscht dort im Rahmen des Forschungsinstituts Gesellschaftlicher Zusammenhalt (FGZ) im Projekt JEN_F_01 zum Zusammenhang von extrem rechter Mobilisierung und der globalen Klimakrise.

Fabian Klinker ist Computerlinguist und wissenschaftlicher Mitarbeiter am IDZ Jena im Projekt „Digital Awareness" zur Analyse politischer und gesellschaftlicher Diskurse in den sozialen Medien, das von der Freudenberg Stiftung und der Amadeu Antonio Stiftung gefördert wird.

Axel Salheiser, Dr., studierte Soziologe, Psychologie und Anglistik/Amerikanistik. Am IDZ Jena leitet er den Bereich Rechtsextremismus- und Demokratieforschung sowie das FGZ-Forschungsprojekt JEN_F_01. Seit Februar 2022 ist Axel Salheiser kommissarischer wissenschaftlicher Leiter des IDZ und Sprecher des FGZ-Teilinstituts Jena.

Literatur

Abimbola, Olumide/Aikins, Joshua Kwesi/Makhesi-Wilkinson/Tselane; Roberts, Erin (2021). Racism and Climate (In)Justice. How Racism and Colonialism shape the Climate Crisis and Climate Action. Washington D.C., Heinrich-Böll-Stiftung.

Bals, Gereon (2021). Von „Scheinkatastrophen", „Klimadiktatur" und „Seuchensozialismus" – rechte Erzählungen zur Corona- und Klimakrise. In: Institut für Demokratie und Zivilgesellschaft (Hg.). Wissen schafft Demokratie. Schwerpunkt Demokratiegefährdungen in der Coronakrise, Band 9. Jena, 50–63.

Fielitz, Maik/Hitziger, Jana/Schwarz, Karolin (2021). Tech vs. Hate: Muster und Dilemmata des Deplatformings deutschsprachiger Hassakteure. In: Institut für Demokratie und Zivilgesellschaft (Hg.). Wissen schafft Demokratie. Schwerpunkt Demokratiegefährdungen in der Coronakrise, Band 9. Jena, 196–207.

Forchtner, Bernhard (2019). Climate change and the far right. WIREs Clim Change 10 (5). https://doi.org/10.1002/wcc.604.

Forchtner, Bernhard (2020). The Far Right and the Environment. Politics, Discourse and Communication. Abingdon/New York, Routledge.

Forchtner, Bernhard/Özvatan, Özgür (2022). De/legitimising EUrope through the performance of crises. JLP 21 (2). https://doi.org/10.1075/jlp.21064.for.

Lessenich, Stephan (2016). Neben uns die Sintflut: Die Externalisierungsgesellschaft. Berlin, Hanser.

Mann, Michael E. (2021). The new climate war. The fight to take back our planet. Melbourne/London, Scribe.

Matlach, Paula/Janulewicz, Łukasz (2021). Kalter Wind von Rechts: Wie rechte Parteien und Akteur:innen die Klimakrise zu ihren Gunsten missbrauchen. Eine Analyse über falsche Fakten, Feindbilder und Desinformationsnarrative im Umfeld der Bundestagswahl 2021. Berlin, Institute for Strategic Dialogue.

Mayer, Jane (2017). Dark Money. The Hidden History of the Billionaires Behind the Rise of the Radical Right. First Anchor Books Edition, Januar 2017. New York, Anchor Books.

Memmi, Albert (1987). Rassismus. Frankfurt a. M., Athenäum.

Naomi, Oreskes/Conway, Eric M. (2012). Merchants of Doubt. How a handful of scientists obsured the truth on issues from tobacco smoke to global warming. New York, Bloomsbury Press.

Radtke, Jörg/Canzler, Weert/Schreurs, Miranda A./Wurster, Stefan (2019). Energiewende in Zeiten des Populismus. Wiesbaden, Springer Fachmedien Wiesbaden.

Rensburg, van Willem (2015). Climate Change Scepticism. SAGE Open 5 (2). https://doi.org/10.1177/2158244015579723.

Reusswig, Fritz/Küpper, Beate/Rump, Maike (2021a). Propagandafeld: Klima. In: Andreas Zick/ Beate Küpper [Hg.]. Die geforderte Mitte Rechtsextreme und demokratiegefährdende Einstellungen in Deutschland 2020/21. Bonn, Dietz-Verlag, 262–281.

Reusswig, Fritz/Küpper, Beate/Lass, Wiebke/Bock, Seraja/Schatzschneider, Julia (2021b). Populismus und Energiewende. DEMOKON – Research Paper I. Potsdam und Mönchengladbach, Juni 2021.

Salheiser, Axel/Quent, Matthias/Thiele, Anja/Dieckmann, Janine/Geschke; Daniel (2020). Plurale Konzepte, Narrative und Praktiken gesellschaftlichen Zusammenhalts. In: Nicole Deitelhoff/ Olaf Groh-Samberg/Matthias Middell (Hg.). Gesellschaftlicher Zusammenhalt: Ein interdisziplinärer Dialog. Frankfurt a.M./New York, Campus, 195–217.

Uenal, Fatih/Sidanius, Jim/Roozenbeek, Jon/van der Linden, Sander (2021). Climate change threats increase modern racism as a function of social dominance orientation and ingroup identification. Journal of Experimental Social Psychology, Volume 97. https://doi.org/10.1016/j.jesp.2021.104228.

Williams, Jeremy (2021). Climate Change Is Racist: Race, Privilege and the Struggle for Climate Justice. London, Icon Books.

Zillien, Nicole (2008). Die (Wieder-)Entdeckung der Medien – Das Affordanzkonzept in der Mediensoziologie. Sociologia Internationalis 46 (2), 161–181.

SESSION IV

GESCHICHTE UND THEORIE DES RASSISMUS

„WENN BILDUNGSWISSENSCHAFTLICHE, SOZIOLOGISCHE, POLITIK- UND KULTURWISSENSCHAFTLICHE RASSISMUSFORSCHUNG NICHT IMMER AN DER UNTERKOMPLEXEN ERZÄHLUNG DER ‚GASTARBEITER'- UND ASYLMIGRATION FESTHALTEN WILL, DANN SOLLTEN DIE NACHBARDISZIPLINEN DER GESCHICHTSWISSENSCHAFT SICH FÜR ORIGINÄRE, VON AUSGEBILDETEN HISTORIKER:INNEN BETRIEBENE HISTORISCHE RASSISMUSFORSCHUNG STARK MACHEN."

MARIA ALEXOPOULOU

Rassismus als Praxis der langen Dauer: Welche Rassismusforschung braucht Deutschland – und wozu?

Maria Alexopoulou (Zentrum für Antisemitismusforschung der Technischen Universität Berlin)

Der hier abgedruckte Vortrag, den Maria Alexopoulou am 9. Dezember 2021 hielt, ist ein Plädoyer für eine breit aufgestellte Rassismusforschung in Deutschland. Als Zeithistorikerin stellt sie dabei die Relevanz einer rassismuskritischen Zeitgeschichtsschreibung heraus. Diese ist nicht nur aus wissenschaftlicher Perspektive, sondern in verschiedenen Hinsichten auch für den gesellschaftlichen Zusammenhalt essenziell. Rassismus sollte dabei nicht mehr primär als Ideologie betrachtet und untersucht werden, sondern als eine mit weiteren historischen Phänomenen verflochtene Praxis, die vielfache Ausprägungen annimmt und sich als Form der Vergesellschaftung auch historisch verändert und adaptiert.

Empfohlene Zitierung:

Alexopoulou, Maria (2022). Rassismus als Praxis der langen Dauer: Welche Rassismusforschung braucht Deutschland – und wozu? In: Institut für Demokratie und Zivilgesellschaft (Hg.). Wissen schafft Demokratie. Tagungsband zur Online-Fachtagung „Gesellschaftlicher Zusammenhalt & Rassismus", Band 11. Jena, 96–105.

Schlagwörter:

Rassismus, historische Rassismusforschung, rassismuskritische Historiografie, Antisemitismus

Einleitung[1]

Die durch Halle, Hanau und *Black Lives Matter* erzwungene Diagnose „Deutschland hat ein Rassismusproblem" durchdringt die Geschichte der Einwanderungsgesellschaft Deutschland und adressiert ein Thema, das für die Bundesrepublik in ihrer Dimension als Migrations-, postmigrantische sowie als pluralistische demokratische Gesellschaft essenziell ist. Angesichts der Tatsache, dass wir heute wie nie zuvor in Teilen der Gesellschaft über Rassismus sprechen, stellt sich die Frage, ob sich etwas geändert hat, ob wir uns in einer Zäsur befinden und worin diese Zäsur besteht. Lernt die deutsche Gesellschaft gerade etwas (Neues) über Rassismus und wenn ja, was? Die Rassismusforschung, die durchaus Antworten auf diese Fragen gibt und geben will, steht in Deutschland allerdings auf tönernen Füßen: Die Theorie ist wenig durch empirische Forschung unterfüttert, dementsprechend bleibt schon ihr Gegenstand vage. Das Fehlen zeithistorischer Forschung für die Zeit nach der vermeintlichen „Stunde Null" sticht dabei besonders hervor.

> **Die Rassismusforschung steht in Deutschland allerdings auf tönernen Füßen: Die Theorie ist wenig durch empirische Forschung unterfüttert, dementsprechend bleibt schon ihr Gegenstand vage.**

Aktuell stellt die Bundesregierung viel Geld für Rassismusstudien zur Verfügung, um Daten zu generieren, auf deren Grundlage Politik auf die Diagnose Rassismus reagieren kann. Doch welche Rassismusforschung braucht Deutschland heute überhaupt? Sollten wie schon in den letzten Jahrzehnten primär Einstellungen und damit die Symptome von Rassismus (bzw. der dafür etablierten Deckbegriffe wie Fremdenfeindlichkeit) erhoben werden, um das Individuelle statistisch zu kollektivieren und zu ordnen? Eine positive Neuerung ist, dass durch den Rassismusmonitor des DeZIM oder den kürzlich publizierten Afrozensus zumindest die Erfahrungen der Betroffenen aus einer rassismuskritischen Perspektive quantitativ erfasst werden. Doch welche grundlegenden Fragen können diese Daten klären, außer als diagnostisches Mittel zu fungieren, das ein Problem attestiert?

Welche Fragen sollte sich Rassismusforschung in Deutschland darüber hinaus stellen? Aus meiner Sicht sind es zunächst diese:

- Was ist Rassismus? Ideologie, anthropologische Konstante, sekundäre Kapitalismusfolge, Macht-Wissen-Komplex, Form der Vergesellschaftung?
- Welche Kriterien machen Rassismus aus und was verbindet die einzelnen Rassismen miteinander?
- In welchem Verhältnis stehen Rassismus und Antisemitismus – vor allem in Deutschland?

Ich bin überzeugt, dass historische Rassismusforschung und rassismuskritische Historiografie einen entscheidenden Beitrag dazu leisten können, derartig grundlegende, im deutschen Kontext noch zu wenig adressierte Fragen zu bearbeiten. Dafür bräuchte es aus historiografischer Sicht:

---

[1] In diesem verschriftlichten Vortrag finden sich Teile eines Textes der Autorin, der als Initialbeitrag für die Debatte 2021 des Rates für Migration e.V. erschien: https://rat-fuer-migration.de/2021/06/21/rfm-debatte-2021/ siehe auch Links zu den Kommentaren und zur Replik hier: https://rat-fuer-migration.de/rfm-debatte-2021/ (9.7.2022).

1. Eine breit angelegte zeithistorische Rassismusforschung, die sich nicht auf die zwölf Jahre Nationalsozialismus beschränkt, sondern die Zeit vor 1933 und besonders auch nach 1945 fokussiert. Das wurde bislang weder in der zeithistorischen noch in der migrationshistorischen Forschung in Deutschland ausreichend betrieben.

2. Eine Fokussierung auf die historische Untersuchung von Rassismus als **Praxis** – weg von ideengeschichtlichen und kulturwissenschaftlichen Theoretisierungen und essayistischen Überblicken, hin zu mehr historischen Mikrostudien und deren Synopse.

3. Die Zusammenschau der Verflechtungen von Rassismen in unterschiedlichen Zeiten, Orten oder betroffenen Gruppen und deren Analyse als ein in der jeweils untersuchten räumlichen Einheit (lokal, national, global) systemisch eingebettetes Phänomen.

Da der deutsche Kontext welthistorisch bedeutsam ist, wären die hier zu gewinnenden Erkenntnisse auch für die internationale Rassismusforschung essenziell. Doch diese Leerstellen sind nicht nur forschungsimmanent von Interesse. Ihre Bearbeitung hat darüber hinaus weitere Bedeutungen, etwa erinnerungspolitische, bildungspolitische sowie allgemeinpolitische und gesellschaftliche. Historiografisch generiertes Wissen würde diesen Bereichen eine weitere, bislang fehlende oder nur unscharfe zeitliche Dimension hinzufügen, an der u. a. sichtbar wird, dass die heute adressierten Problemfelder – institutioneller, struktureller, diskursiver, Alltags- und Gewaltrassismus – in historischen Traditionen und Kontinuitäten stehen. Daraus werden zum einen die Historizität und damit Wandel- und Adaptierbarkeit von rassistischem Wissen und rassistischen Praktiken erklärbar, zum anderen offenbaren sie, wie Rassismus in pluralistischen, demokratischen, „color-blind", vermeintlich antirassistischen Gesellschaften überhaupt noch möglich ist.

Ich möchte einige erinnerungspolitische und danach einige wenige forschungspolitische Aspekte fokussieren.

Erinnerungspolitische Gedanken

Anders als in den Jahrzehnten zuvor, in denen die nach Deutschland vor Jahrzehnten Eingewanderten und die ihnen nachfolgenden Generationen durch Repräsentation in Museen und im „nationalen Narrativ" Einlass in das kollektive historische Gedächtnis suchten, geht es aktuell um die Anerkennung und Erinnerung rassistischen Leids verschiedener historischer Dauer und geografischer Bezugspunkte. Historische und aktuelle Rassismuserfahrungen werden unter den Be-

> **Anders als in den Jahrzehnten zuvor geht es aktuell um die Anerkennung und Erinnerung rassistischen Leids verschiedener historischer Dauer und geografischer Bezugspunkte.**

zeichnungen anti-Schwarzer, anti-migrantischer, antimuslimischer und Gadje-Rassismus[2] (bzw. Antiziganismus) sowie von einigen Betroffenen auch unter Antisemitismus verhandelt. Unter der Klammer „Dekolonisierung" wird das Aufzeigen, Ent-lernen und Entfernen von Spuren rassistischen Wissens in der Wissensproduktion und im kulturellen Gedächtnis erstrebt.

Sofern mehrere Betroffenengruppen und ggf. Sympathisant:innen solidarisch agieren oder sich unter einem gemeinsamen Dach wie ‚Antirassismus' oder Migrantifa finden, scheint es einfacher, die verschiedenen erinnerungskulturellen Anliegen als eine Bewegung[3] zu fassen. Aber gleichzeitig ist diese antirassistische erinnerungskulturelle Bewegung (sofern überhaupt als ‚eine' Bewegung zu fassen) sehr fragil. Diese Fragilität spiegelt sich auch in der Rassismustheorie in Deutschland selbst wider, die bislang kaum fundierte Theorie- und Forschungsansätze zur Verfügung stellt, die diese Phänomene für alle evident als einen Untersuchungsgegenstand fassen. Diese noch ausstehende theoretische Fundierung macht die damit artikulierte Forderung – Partizipation an der Erinnerungskultur – von außen angreifbar: nicht nur bei offen rassistisch argumentierenden oder die Existenz von Rassismus leugnenden Milieus, sondern auch bei „liberalen Universalisten", die in den Anliegen einzelner Gruppen die Gefahr des Partikularismus, der Identitätspolitik und der Opferkonkurrenz aufkommen sehen oder die Rassismusvorwürfe als Luxusproblem emanzipierter Außenseiter:innen betrachten. Was dabei vergessen wird, ist, dass Rassismus tötet: ob man als Geduldeter aus Sierra-Leone zu Tode kommt wie Oury Jalloh, ob man Theodoros Boulgaridis heißt und einen kleinen Schlüsseldienst in München betreibt oder ob man in Hanau geboren ist, Gökhan Gültekin heißt und in einer Bar erschossen wird.

Dabei ist die historische Dimension der Rassismusgeschichten betroffener Gruppen nicht einmal adressiert. Für migrantische und nicht-migrantische Rom:nja reicht diese oftmals in den Nationalsozialismus zurück, genau wie für viele Griech:innen, die oder deren Familien die deutsche Besatzung erlebt haben, oder polnische Migrant:innen, die in mehreren Phasen deutscher Kolonialpolitik im Osten Europas, als Saisonarbeiter:innen im Kaiserreich und als Zwangsarbeiter:innen in zwei Weltkriegen, Rassismus in unterschiedlichen Eskalationsstufen erfahren haben.

Auf Podiumsdiskussionen mit Vertreter:innen verschiedener Gruppen zeigt sich das Problem, das ich hier adressieren möchte, immer wieder: Einzelne Sprecher:innen berichten die

---

[2] Zurzeit gibt es eine kontroverse Diskussion innerhalb der Betroffenenvertretungen und -sprecher:innen um die adäquate Bezeichnung des Phänomens. Siehe dazu z. B. einen Podcast der Bundeszentrale für politische Bildung, in dem eher „Antiziganismus" präferiert wird: Antiziganismus, Gadje-Rassismus oder schlicht Rassismus? Die Diskussion um die Benennung der Diskriminierung und Ausgrenzung von Sinti und Roma, https://www.bpb.de/mediathek/326875/antiziganismus-gadje-rassismus-oder-schlicht-rassismus (9.7.2022).

[3] Eine derartige, noch im Aufbau befindliche Initiative ist Ver/sammeln antirassistischer Kämpfe: https://versammeln-antirassismus.org (9.7.2022).

Rassismuserfahrungen ihrer Gruppe; doch im Ergebnis bleibt es bei partikularen Aussagen, die nebeneinander stehen, aber kaum zueinander in Beziehung gesetzt werden.[4] Das verstärkt zum einen den Eindruck, dass der Rassismus, den die jeweilige Gruppe erfährt, primär mit ihr zu tun hat, Teil ihrer partikularen Geschichte ist. Das macht Rassismus aber letztlich zum Merkmal und damit auch zum Problem der Betroffenen, nicht zum Merkmal und Problem der Gesellschaft, die ihn hervorbringt. Zum anderen führt die Praxis des Nebeneinanderstellens der Rassismen dazu, dass die schwierigsten Fragen nicht durchdrungen werden. Das sorgt immer wieder dafür, dass Solidaritätsbündnisse scheitern und tatsächlich Opferkonkurrenzen aufkommen. Das kann allerdings auch Folge davon sein, dass Opfer von Rassismus oder Opfergruppen, die freilich allesamt nicht homogen sind, selbst rassistisch oder antisemitisch sein oder agieren können. Diese Konkurrenz wäre auf mindestens drei Wegen aufzulösen:

- erstens durch einen normativen Ansatz, nämlich indem aus der Perspektive einer herkunftsheterogenen Einwanderungsgesellschaft das moralische Recht anerkannt würde, jede Form von Rassismus zu erinnern, vor allem in Deutschland mit seiner exzeptionellen Rassismusgeschichte (und seiner so attestierten erinnerungspolitischen Erfolge),
- zweitens als gesellschaftspolitisches und demokratietheoretisches Gebot, dass aus der Erkenntnis erwachsen könnte, dass es zur Herstellung von gesellschaftlichem Zusammenhalt auch für alle Bevölkerungsgruppen des gleichen Zugangs zu Ressourcen bedarf – in dem Fall zur Ressource Erinnerung, die allen in der Gesellschaft Präsenten gleichermaßen zusteht,
- und drittens könnte das gemeinsame Erinnern auch aus der Aufarbeitung der Geschichte selbst folgen, sofern sich die historiografische Herangehensweise von einem vergleichenden und dabei auch bewertenden und wiederum hierarchisierenden Zugang löst, der bislang in den erinnerungspolitischen Debatten dominiert, und sich dem Ansatz *entangled histories* zuwendet: "unveiling the entanglement rather than [...] comparing the entangled entities", wie es der dekoloniale Denker Walter Mignolo ausdrückte (Mignolo 2013:10).

Dabei benötigen wir verschiedene Herangehensweisen: Zum einen die historiografische Durchdringung der einzelnen Rassismen, die von unterschiedlicher zeitlicher Reichweite und Genese sind. Zum anderen brauchen wir das historische Herausarbeiten der Überlagerungen von rassistischen Wissensbeständen: So etwa die Tatsache,

> **Wir benötigen eine historiografische Durchdringung der einzelnen Rassismen, die von unterschiedlicher zeitlicher Reichweite und Genese sind.**

dass der im 19. Jahrhundert hier in Deutschland so benannte Antisemitismus von Beginn an starke antislawische und anti-migrantische rassistische Implikationen hatte. In der Weimarer Republik gipfelte dies in der Figur des „Ostjuden", der noch im „Dritten Reich" am untersten Ende der Hierarchie der Herkünfte stand. Auch in der direkten Nachkriegszeit gehörten osteuropäische jüdische *Displaced*

---

[4] So beispielsweise bei einer Podiumsdiskussion „Rassismus oder Rassismen" auf der Jahrestagung des Rates für Migration im November 2020. Siehe Aufzeichnung des Podiums: https://rat-fuer-migration.de/2020/12/17/rfm-jahrestagung-2020-kritik-rassistischer-praktiken/ (24.1.2022).

Persons zu den am meisten verhassten und später in der neuen Bundesrepublik in vieler Hinsicht diskriminierten *Ausländer*gruppen, nach den polnischen „heimatlosen Ausländern", die in ihrer Mehrheit Zwangsarbeiter:innen gewesen waren (Alexopoulou 2020). Schon an diesem Beispiel zeigt sich, dass sich die scheinbar klar voneinander abgetrennten Gruppen – Jüd:innen, Migrant:innen– historisch immer wieder überschneiden. Auch das verweist auf die „Verflechtungspotenz des Antisemitismus", wie es Stefanie Schüler-Springorum genannt hat, die ihn historisch, aber auch aktuell mit anderen Rassismusformen verbindet – wobei die Verknüpfung mit dem antimuslimischen Rassismus ins Mittelalter und die Vormoderne zurückgeht (Schüler-Springorum 2020a: 56 und 2020b).

Die Konstanz von rassistischen Praktiken innerhalb des jeweiligen sich im Zeitverlauf verändernden Migrationsregime lässt sich am eindrücklichsten an der Geschichte der Schwarzen Deutschen und Schwarzen in Deutschland aufzeigen. Dies ist eine fast vollkommen ignorierte Geschichte, eine Geschichte der Ignoranz, die ebenso dazu beitrug, dass die Präsenz von Schwarzen in Deutschland weiterhin als etwas A-Normales gilt, sie somit das „Fremde" an sich verkörpern, der Schwarze Mensch als *Ausländer* an sich. Dabei ist auch die physische Abwesenheit von Schwarzen Menschen in Deutschland, die in den Jahrzehnten davor etwa damit erklärt wurde, dass Deutschland vorgeblich keine Kolonialgeschichte hatte, Ergebnis davon, dass Schwarze stets auf eine der niedrigsten Stufe der Herkunftshierarchie gestellt wurden, so dass ihnen der Zugang und das Verbleiben in Deutschland gerade seit der Kolonialzeit enorm erschwert oder gar unmöglich gemacht wurden (Aitken/Rosenhaft 2015).

> **Die Konstanz von rassistischen Praktiken innerhalb des jeweiligen sich im Zeitverlauf verändernden Migrationsregime lässt sich am eindrücklichsten an der Geschichte der Schwarzen Deutschen und Schwarzen in Deutschland aufzeigen.**

Aus den bestehenden historischen Archiven und den *counterstories* der Betroffenen lässt sich historiografisch der rote Faden herausarbeiten, der das Wesen des systemischen Rassismus innerhalb eines nationalstaatlichen Gebildes in seinen möglichen Eskalationsstufen offenbart. Gerade die Schnittmengen an derartigen Erfahrungen bergen das Potenzial, die Erinnerungsarbeit an rassistisches Leid als ein gemeinsames Projekt in Solidarität anzugehen, das den systemischen Rassismus aufdeckt, in dem der „normale Rassismus" und der Radikalrassismus als zwei Enden eines sich historisch wandelnden Phänomens erfasst werden können.

Forschungspolitische Aspekte

Zwar ist Rassismus- und rassismuskritische Forschung keine Garantie für eine Verwissenschaftlichung der Debatte: Der aktuelle *Backlash* in den USA und Großbritannien äußert sich gerade darin, dass der Abbau oder gar die Abschaffung von *Critical Race Studies* gefordert wird (Tharoor 2021). In Deutschland mit seiner exzeptionellen Rassismusgeschichte existieren diese als eigene Denomination oder als Fachbereich universitär allerdings noch nicht einmal. Die akademische Welt kann zwar Rassismus nicht mehr ignorieren, dafür sind nun zu viele da, die kompetent darüber forschen, sprechen und gehört werden, aber sie kann Rassismuskritik und -forschung weiterhin diffamieren. Gerade deshalb ist es wichtig, die akademischen Bedingungen von Rassismusforschung mitzudenken. Immerhin gibt es in Deutschland bislang keinen einzigen Lehrstuhl für Rassismusforschung, in keiner der infrage kommenden Disziplinen. Die Prekarität der Forschung ist für die Rassismusforschung besonders ausgeprägt.

Die akademische Welt kann zwar Rassismus nicht mehr ignorieren, dafür sind nun zu viele da, die kompetent darüber forschen, sprechen und gehört werden, aber sie kann Rassismuskritik und -forschung weiterhin diffamieren.

Welche Bedeutung sollte dabei der historischen Rassismusforschung und rassismuskritischen Historiografie zukommen? Die deutsche Geschichtswissenschaft, insbesondere die Zeitgeschichte sowie die historische Migrationsforschung, haben zur Rassismusforschung über lange Zeiträume nur wenig Substantielles beigetragen. Das Rassismusverständnis, das in wichtigen, aber letztlich vereinzelten Studien zum Tragen kam, war eng gefasst (z. B. Schönwälder 2001). Beiträge von in den USA forschenden Historiker:innen (z. B. Chin u. a. 2010), die die analytischen Konzepte *race* und *racism* auf die bundesrepublikanische Geschichte anwenden, wurden innerhalb der allgemeineren Zeitgeschichte, die Migration und Einwanderung ohnehin nur am Rand behandelt, kaum wahrgenommen. In der DDR-Forschung klafft ein noch größeres Forschungsloch. Zudem hat die Geschichtswissenschaft in Deutschland von der Soziologie zeitgenössisch zur Verfügung gestellte Konzeptionen kritiklos übernommen und deren Erklärungsmuster ohne eigene Untersuchungen reproduziert. Konzeptionen wie Ausländer- bzw. Fremdenfeindlichkeit und Fremdenangst interpretierten die gegen Migrationsandere gerichteten Hierarchisierungs-, Diskriminierungs- und Ausschlussmechanismen sowie in Konjunkturen auftretende Gewalt und offen ausagierten Hass als soziale bzw. psychosoziale Problematik oder gar als anthropologische Konstante. Damit wurden diese Phänomene erklärbar und gleichzeitig für die Politik operationalisierbar gemacht und normalisiert. Denn letztlich wurden (und werden) sie als Folge von Migration und damit als von außen kommende Probleme gefasst, also externalisiert und damit nicht als endogen und historisch gewachsen betrachtet. Migration, die historisch tatsächlich als anthropologische Konstante zu betrachten ist, wird somit ent-normalisiert. Diese Konzeptionen fungierten gleichzeitig als Barriere, die die historische Dimension der Verflechtung von Migration und Rassismus in Deutschland ausblendete – eine Barriere, die die deutsche historische Migrationsforschung ebenso durch die klare und an ordnungspolitischen Vorgaben orientierte Periodisierung und Kategorisierung von Migration und Migrant:innen lange Zeit übernommen und reproduziert hat.

Wenn also bildungswissenschaftliche, soziologische, politik- und kulturwissenschaftliche Rassismusforschung nicht immer an der unterkomplexen Erzählung der „Gastarbeiter"- und Asylmigration festhalten will, dann sollten die Nachbardisziplinen der Geschichtswissenschaft sich für originäre, von ausgebildeten Historiker:innen betriebene historische Rassismusforschung stark machen. Der retrospektive Blick ist essenziell, will man sich vor den aufkommenden *culture wars* wappnen: Denn quellenbasierte und intersubjektiv nachvollziehbare Nachweise zur langen Dauer, den zahlreichen Ausprägungen und Wirkweisen von rassistischem Wissen auf die Einwanderungsgesellschaft Deutschland sind nicht so leicht wegzuwischen und infrage zu stellen.

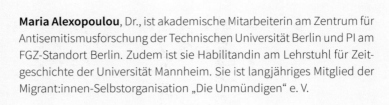

Maria Alexopoulou, Dr., ist akademische Mitarbeiterin am Zentrum für Antisemitismusforschung der Technischen Universität Berlin und PI am FGZ-Standort Berlin. Zudem ist sie Habilitandin am Lehrstuhl für Zeitgeschichte der Universität Mannheim. Sie ist langjähriges Mitglied der Migrant:innen-Selbstorganisation „Die Unmündigen" e. V.

Literatur

Alexopoulou, Maria (2020). Deutschland und die Migration. Geschichte einer Einwanderungsgesellschaft wider Willen. Ditzingen, Reclam.

Aitken, Robbie/Eve Rosenhaft (2015). Black Germany: The Making and Unmaking of a Diaspora Community, 1884–1960. First paperback edition. Cambridge, Cambridge University Press.

Chin, Rita/Fehrenbach, Heide/Eley, Geoff/Grossmann, Atina (Hg.) (2010). After the Nazi Racial State: Difference and Democracy in Germany and Europe. Ann Arbor, University of Michigan Press.

Mignolo, Walter D. (2013). On Comparison: Who is comparing what and why?". In: Rita Felski/Susan Stanford Friedman (Hg.). Comparison: Theories, Approaches, Uses. Baltimore, Johns Hopkins University Press, 99–119.

Schönwälder, Karen (2001). Einwanderung und ethnische Pluralität: Politische Entscheidungen und öffentliche Debatten in Großbritannien und der Bundesrepublik von den 1950er bis zu den 1970er Jahren. Essen: Klartext.

Schüler-Springorum, Stefanie (2020a). Das Untote. Warum der Antisemitismus so lebendig bleibt und ist. Kursbuch Überleben 203, 53–64.

Schüler-Springorum, Stefanie (2020b). Missing Links: Religion, Rassismus, Judenfeindschaft. Jahrbuch für Antisemitismusforschung 29, 187–206.

Terkessidis, Mark (2004). Die Banalität des Rassismus: Migranten zweiter Generation entwickeln eine neue Perspektive. Bielefeld, Transcript.

Tharoor, Ishaan (2021). The U.S. and British Right Ramp up the War on 'Wokeness'. The Washington Post vom 09.04.2021.

„AUS BESTEHENDEN HISTORISCHEN ARCHIVEN UND DEN COUNTERSTORIES VON BETROFFENEN LÄSST SICH HISTORIOGRAFISCH DER ROTE FADEN HERAUSARBEITEN, DER DAS WESEN DES SYSTEMISCHEN RASSISMUS INNERHALB EINES NATIONALSTAATLICHEN GEBILDES IN SEINEN MÖGLICHEN ESKALATIONSSTUFEN OFFENBART."

MARIA ALEXOPOULOU

„WENN WIR DIE ENTFREMDUNGSDYNAMIK ZWISCHEN RASSISMUS- UND ANTISEMITISMUSKRITIK DURCHBRECHEN WOLLEN, GILT ES, DIE SORGE, DASS ‚DIE ERINNERUNGSZEIT DES HOLOCAUST IM VERGEHEN BEGRIFFEN IST' (GERBER 2021, 29) ERNST ZU NEHMEN."

FELIX AXSTER

Rassismuskritik und Antisemitismuskritik – Geschichte einer Entfremdung

Felix Axster (Zentrum für Antisemitismusforschung (ZfA) der Technischen Universität Berlin)

In diesem Beitrag geht es um das bisweilen schwierige Verhältnis zwischen Rassismus- und Antisemitismuskritik. Ausgehend von einem Text des Soziologen und Antisemitismusforschers Detlev Claussen aus dem Jahr 1994, in dem eine polemische Kritik des Antirassismus und seiner Theoriebildung in Deutschland nach der Wende entfaltet wird, sollen zentrale Konfliktlinien zwischen den jeweiligen Disziplinen bzw. aktivistischen Milieus nachgezeichnet werden. Dabei wird der gewissermaßen um Versöhnung bemühte Versuch unternommen, erinnerungspolitische Auseinandersetzungen und damit zusammenhängende Konflikte um (öffentliche) Aufmerksamkeit als mögliche Erklärungen für (wechselseitige) Vorbehalte und Skepsis in Anschlag zu bringen.

Empfohlene Zitierung:

Axster, Felix (2022). Rassismuskritik und Antisemitismuskritik – Geschichte einer Entfremdung. In: Institut für Demokratie und Zivilgesellschaft (Hg.). Wissen schafft Demokratie. Tagungsband zur Online-Fachtagung „Gesellschaftlicher Zusammenhalt & Rassismus", Band 11. Jena, 106–117.

Schlagwörter:

Rassismus, Antirassismus, Kritische Theorie, Cultural Studies, Kolonialismus, Holocaust

Einleitung

Vielleicht sollte ich vorab eine Einschränkung vornehmen: Der Titel meines Beitrags – Geschichte einer Entfremdung – klingt ein wenig dramatisch. Wahrscheinlich ist es für viele Forscher:innen und Aktivist:innen eine Selbstverständlichkeit, Rassismus und Antisemitismus gemeinsam in den Blick zu nehmen und zu bekämpfen. Zudem gibt es einige Forscher:innen, die dezidiert Brücken zwischen den jeweiligen Disziplinen zu bauen versuchen (Arnold 2018; Cheema 2017; Messerschmidt 2008; Shooman 2015). Und doch: Wer sich im Feld tummelt, wird kaum ignorieren können, dass „Antirassismus und Anti-Antisemitismus nicht nur auseinanderzutreten, sondern sich gegebenenfalls auch entgegenzustehen vermögen" (Diner 2019, 486). Die Frage stellt sich, wie es zu diesem Entgegenstehen gekommen ist und ob es jemals anders war. An dieser Stelle scheint es mir sinnvoll zu sein, eine zweite Einschränkung vorzunehmen: Ich werde diese Frage hier keineswegs auch nur annähernd erschöpfend diskutieren können. Vielmehr werde ich mich mehr oder weniger ausschließlich mit einem Text befassen, und zwar mit dem 1994 erschienenen Essay „Was heißt Rassismus?" des Soziologen und Gesellschaftstheoretikers Detlev Claussen. In diesem Sinne behandelt mein Beitrag lediglich einen Ausschnitt des (unterstellten) Entfremdungsprozesses, der aber – wie ich zu zeigen versuchen werde – in gewisser Weise symptomatisch für diesen Prozess ist.[1] Claussen nämlich – dies sei hier vorausgeschickt – kommt eigentlich aus der Antisemitismusforschung. In „Was heißt Rassismus?" formuliert er Vorbehalte und Skepsis gegenüber rassismuskritischer Theoriebildung und antirassistischem Aktivismus, die meines Erachtens letztlich auf Aufmerksamkeitskonflikte zurückzuführen sind bzw. auf die Sorge, dass Rassismus mehr öffentliche Aufmerksamkeit zuteilwerden könnte als Antisemitismus.

> **Wer sich im Feld tummelt, wird kaum ignorieren können, dass „Antirassismus und Anti-Antisemitismus nicht nur auseinanderzutreten, sondern sich gegebenenfalls auch entgegenzustehen vermögen".**

Es gab zwei Anlässe, die mich dazu bewogen haben, mich intensiver mit Claussens Text auseinanderzusetzen. Auf einem Workshop zum Potenzial und zu den Fallstricken des Ressentiment-Begriffs, den mein Kollege Mathias Berek und ich im Jahr 2021 im Rahmen des Forschungsinstituts Gesellschaftlicher Zusammenhalt (FGZ) organisierten, entspann sich am Ende eine Diskussion über das Für und Wider einer rassismuskritischen Perspektive. Genauer gesagt ging es um die Frage, ob und inwiefern die Analysekategorie Rassismus brauchbar ist – unter anderem wurden Beliebigkeit und Moralisierung diagnostiziert. Ein FGZ-Kollege, der an der Diskussion beteiligt war, hielt – wir waren alle im Zoom – das Buch „Was heißt Rassismus?" in die Kamera, quasi als gewichtige Referenz,

---

[1] Es gibt verschiedene Spuren, denen man im Sinne des Nachvollzugs der Entfremdungsgeschichte nachgehen könnte: der Konflikt zwischen Israel und den Palästinenser:innen und die jeweilige Parteinahme und Empathie-Verteilung in rassismuskritischen wie in antisemitismuskritischen Kreisen (Ullrich 2013); die jeweils spezifischen theoretischen und konzeptionellen Grundannahmen von Rassismus- und Antisemitismuskritik sowie sich daraus ergebende Differenzen (Biskamp 2019); die Debatte über den sogenannten Neuen Antisemitismus, wobei insbesondere Muslime:a und Migrant:innen als Träger:innen von Antisemitismus in den Blick rücken, was wiederum nicht loszulösen ist von der Konjunktur des anti-muslimischen Rassismus (Heilbronn/Rabinovici/Sznaider 2019); die Genese der Neuen Linken seit den späten 1960er-Jahren und insbesondere des antizionistischen Anti-Imperialismus (Edthofer 2017; Haury 2019).

die der Diagnose Legitimität verschaffen sollte.[2] Einige Monate nach unserem Workshop wiederum erschien die Erstausgabe der Hallischen Jahrbücher, eine Zeitschrift, die an die Mitte des 19. Jahrhunderts von Arnold Ruge herausgegebene gleichnamige Zeitschrift anschließt. Der Titel der Ausgabe heißt „Die Untiefen des Postkolonialismus" und in seinem Einführungstext nimmt der Herausgeber der Ausgabe, Jan Gerber, ebenfalls auf den Claussen-Text in affirmativer Weise Bezug.

Es mag dem Zufall geschuldet gewesen sein, dass mir Claussens Text gleich zwei Mal begegnete. Und gewiss wäre es übertrieben, hieraus eine besondere Bedeutung bzw. irgendeine Art von Erkenntnis ableiten zu wollen. Dennoch haben die gegenwärtigen Bezugnahmen auf einen beinahe 30 Jahre alten Essay mein Interesse geweckt: Worauf genau wird hier Bezug genommen? Woraus speist sich die Skepsis gegenüber rassismuskritischer Theoriebildung? Handelt es sich bei Claussens Argumentation gewissermaßen um eine Blaupause für diese Skepsis? Wie ist der Status dieser Argumentation hinsichtlich der Entfremdung von Antisemitismus- und Rassismuskritik einzuordnen? Was macht sie heute so attraktiv? Meine folgenden Überlegungen werden um diese Fragen kreisen. Auffallend jedenfalls ist, dass die affirmativen Bezugnahmen auf Claussens Text zu einer Zeit stattfinden, in der – nach den Anschlägen von Halle und Hanau sowie nach der Ermordung des Afro-Amerikaners George Floyd durch US-amerikanische Polizisten – rassismuskritische Positionen Konjunktur haben. In gewisser Weise ähnelt die gegenwärtige Dynamik der Zeit, in der Claussen „Was heißt Rassismus?" publizierte. Denn die Jahre nach der Wende waren, darauf werde ich gleich zurückkommen, von einer Explosion rassistischer Gewalt geprägt sowie von dem Versuch, das Phänomen Rassismus kritisch-analytisch zu erfassen. Auffallend ist außerdem, dass Claussen (wie auch Jan Gerber) stark von der Kritischen Theorie der Frankfurter Schule geprägt ist. Wenn man davon ausgeht, dass es sich bei der Kritischen Theorie um ein jüdisch konnotiertes Denken handelt, bei dem die Erfahrung von Auschwitz im Zentrum steht, und wenn man außerdem davon ausgeht, dass für die Genese der kritischen Rassismustheorie eher die Erfahrung von Kolonialismus und Sklaverei prägend war (und ist), dann wird vielleicht ersichtlich, dass sich die Entfremdung zwischen Rassismus- und Antisemitismuskritik auch auf jeweils spezifische Erfahrungen bzw. auf die jeweilige öffentliche Aufmerksamkeit für diese Erfahrungen zurückführen lässt. Möglicherweise, so meine Hypothese, die ich im Folgenden zu plausibilisieren versuchen werde, speist sich Claussens Skepsis gegenüber rassismustheoretischen Ansätzen vor allem aus der Sorge

> **Möglicherweise, so meine Hypothese, speist sich Claussens Skepsis gegenüber rassismustheoretischen Ansätzen aus der Sorge um den Status der Erinnerung an Auschwitz bzw. aus der Angst, diese Erinnerung könne wieder verblassen angesichts der Konjunktur des Rassismus und der damit einhergehenden rassismuskritischen Aufmerksamkeit für die Geschichte von Kolonialismus und Sklaverei.**

---

[2] Das Buch versammelt Ausschnitte verschiedener Klassiker sowohl aus dem Kontext der Rassetheorie bis 1945 als auch aus der rassismuskritischen Debatte nach 1945. Die Ausschnitte sind jeweils mit einem Kommentar von Detlev Claussen versehen. Vorangestellt ist ein gleichnamiger Essay, um den es hier gehen soll. Im Rahmen regelmäßig stattfindender Lektüre-Sitzungen am Berliner Standort des FGZ haben wir auch den Claussen-Text diskutiert. Ich danke meinen Kolleg:innen Maria Alexopoulou, Sina Arnold, Mathias Berek und Yael Kupferberg für wichtige Anregungen und Einsichten.

um den Status der Erinnerung an Auschwitz bzw. aus der Angst, diese Erinnerung, die sich Anfang der 1990er-Jahre nach Jahrzehnte andauernden erinnerungspolitischen Kämpfen auch staatsoffiziell allmählich etabliert zu haben schien, könne wieder verblassen angesichts der Konjunktur des Rassismus und der damit einhergehenden rassismuskritischen Aufmerksamkeit für die Geschichte von Kolonialismus und Sklaverei.

Rassismus in der Wendezeit

Es ist nicht ganz leicht, Claussens vor sich hin mäandernden Text zusammenzufassen und zentrale Aussagen zu identifizieren. Es scheint, als habe er viel unterbringen und gegen verschiedene Entwicklungen und Tendenzen anschreiben wollen. So grenzt er sich zum Beispiel von „offiziellen Verharmlosungen und Bagatellisierungen von politisch legitimierten Gewalttakten gegen Fremde, Ausländer und Asylsuchende" ab (Claussen 1994a, 1–2). Zugleich kritisiert er „propagandistische Übertreibungen von antirassistischen Aktivisten" (ebd., 1). Sein Ausgangspunkt jedenfalls ist die Einschätzung, der Begriff Rassismus werde inflationär gebraucht, was eine Moralisierung öffentlicher politischer Debatten zur Folge habe. Und es ist vor allem der Antirassismus und seine Theorieproduktion, die im Fokus der Aufmerksamkeit von „Was heißt Rassismus?" stehen.

> **Claussens Ausgangspunkt in seinem Buch „Was heißt Rassismus?" ist die Einschätzung, der Begriff Rassismus werde inflationär gebraucht, was eine Moralisierung öffentlicher politischer Debatten zur Folge habe.**

Der Text erschien 1994. Wie erwähnt waren die Jahre seit der Wende von einer Explosion rassistischer Gewalt in Deutschland geprägt. Claussen selbst nimmt hierauf Bezug. Allerdings hinterfragt er den rassistischen Charakter dieser Gewalt. So heißt es an einer Stelle:

> *Die Gewalttäter ahnen, wenn sie nach ihren Taten befragt werden, dass die Gesellschaft den Reiz der Gewalt, von dem die Unterhaltungsindustrie lebt, nicht begründungslos hinnimmt. Deswegen wählen die Jugendlichen treffsicher vor den Kameras und Mikrophonen die größtmögliche verbale Aggression: Sie identifizieren sich mit Nationalsozialismus und Rassismus, um die gesellschaftliche Autorität hilflos zu erleben. Mit Naziparolen und Symbolen sichern sie sich eine optimale Medienpräsenz. Das macht die Sache nicht besser, sondern schlimmer. Die Antirassisten und die um das nationale Image besorgte Öffentlichkeit macht [sic!] aus Gewalttätern, die Rassisten und Nazis spielen, Rassisten und Nazis, indem sie ihre Rationalisierungen der Gewalt teilt [sic!]. Zu Hitlers Enkeln gemacht fühlen sie sich fast so groß und bedeutend wie Hitler." (Ebd., 21–22)*

Bemerkenswert ist, dass Claussen Rassismus zuvor als „Legitimationsmuster von unmittelbaren Gewaltverhältnissen" bezeichnet hatte (ebd., 15). Für die Pogrome und Anschläge der Wendezeit, die von dem Schlachtruf ‚Deutschland den Deutschen, Ausländer raus' begleitet wurden – Claussen zitiert nur den ersten Teil der Parole, hier würde der Anspruch eingeklagt, dazuzugehören –, soll dieser Zusammenhang offenbar nicht gelten (ebd., 21). Bemerkenswert ist außerdem, dass Claussen – mit Blick auf den Nationalsozialismus – die gewaltsame Herstellung *rassischer Homogenität* als „negative Utopie" des Rassismus beschreibt (ebd., 4). Auch die rassistische Konjunktur der Wendezeit zeugt doch von dieser negativen Utopie, von dem Versuch der Herstellung *rassischer Homogenität*. Erinnert sei an die Rede von den sogenannten national befreiten Zonen. Zudem sei daran erinnert, dass im Zuge des Pogroms von Rostock-Lichtenhagen 1992 das Asylrecht mehr oder weniger kassiert wurde, dass also der Wunsch nach Abschließung und Homogenität seine politisch-rechtliche Entsprechung fand, flankiert von Überfremdungsdiskursen, die von weiten Teilen des konservativen politischen Milieus sowie von Teilen der Medien geschürt wurden (Prenzel 2017). Claussen übersieht diese Verbindung. Und es bleibt rätselhaft, warum genau er die Analysekategorie Rassismus bei der Einordnung der Pogrome und Anschläge der Wendezeit ausgespart wissen will.

Rassismuskritik in der Wendezeit

Die frühen 1990er-Jahre waren aber nicht nur von einer Konjunktur rassistischer Gewalt geprägt, sondern auch vom Import rassismuskritischer Theorie insbesondere aus Großbritannien und Frankreich (Bojadžijev 2015). Zwar reicht die Genese dieses Imports – genauer gesagt müsste man von Austausch statt von Import sprechen – bis in die 1970er- und 1980er-Jahre zurück, doch stellte sich Anfang der 1990er-Jahre das Problem mit neuer Dringlichkeit: Wie lassen sich rassistische Macht- und Herrschaftsverhältnisse und die entsprechenden In- und Exklusionsdynamiken erkennen, beschreiben und analysieren? Dabei ging es auch um den Versuch, linke Gesellschaftskritik zu aktualisieren, und zwar ausgehend von der Einsicht, dass die Analysekategorie Klasse nicht ausreicht, um zum Beispiel die globale Arbeitsteilung oder die spezifische Dynamik der Unterschichtung auf den Arbeitsmärkten der ehemaligen Kolonialmächte zu erklären. Kurz gesagt ging es darum, Rasse, Klasse und Geschlecht als miteinander verwobene und voneinander abhängige Kategorien zu denken, die Prozesse der Vergesellschaftung strukturieren.

> **Die frühen 1990er-Jahre waren vom Import rassismuskritischer Theorie insbesondere aus Großbritannien und Frankreich geprägt. Kurz gesagt ging es darum, Rasse, Klasse und Geschlecht als miteinander verwobene und voneinander abhängige Kategorien zu denken, die Prozesse der Vergesellschaftung strukturieren.**

Claussens Text liest sich wie eine Intervention gegen diesen Theorie-Import. Er bezeichnet Antirassismus als „Kümmerform von Gesellschaftskritik" (Claussen 1994a, 15). Er spricht von einer „antirassistische[n] Ideologie", die sich für westliche, ehedem antiimperialistisch orientierte Linke nach dem Ende des Kalten Krieges als „Rettungsanker" angeboten habe, und die „nicht die gesellschaftlichen Widersprüche des alternativlos gewordenen, aber veränderten Kapitalismus analysiert, sondern als Fahne und Erkennungssignal für die ‚Trotz alledem!'-Aufrechten funktioniert" (ebd.).

Und er moniert, dass „in antirassistischer Absicht Geschichte, Gesellschaft und Wissenschaft des kapitalistischen Weltsystems, also die gesamte Moderne, als rassistisches System" rationalisiert werde (ebd., 8). Es ließen sich noch weitere Textstellen zitieren, die in ähnlicher Weise polemisch und pauschalisierend sind. Allerdings scheint mir die Frage interessanter zu sein, warum sich Claussen zu einer solchen Polemik veranlasst sah und wie sich der grundsätzliche Vorbehalt gegenüber der Rassismustheorie möglicherweise erklären lässt.

Kritische Theorie vs. Cultural Studies

Wie bereits erwähnt, ist Claussen, der als junger Student bei Adorno gelernt hat, stark von der Kritischen Theorie der Frankfurter Schule geprägt (Aschrafi und Später 2021). Vielleicht kann man sagen, dass er sich dem Fortleben der Kritischen Theorie nach dem Tod ihrer Gründer verschrieben hat. Zumindest nehmen seine zentralen Publikationen, zum Beispiel „Grenzen der Aufklärung. Die gesellschaftliche Genese des Antisemitismus" und „Theodor W. Adorno. Ein letztes Genie", stark auf die Hauptwerke und -denker der Frankfurter Schule Bezug (Claussen 1994b und 2003). Auch in „Was heißt Rassismus?" zeigt sich die Bedeutung der Kritischen Theorie für sein Denken und auch für die Vorbehalte gegenüber der Rassismustheorie. So wendet er sich u. a. gegen den Rassismustheoretiker Stuart Hall, dem er vorwirft, die ideologiekritischen Arbeiten Horkheimers und Adornos nicht berücksichtigt zu haben (Claussen 1994a, 8). Zudem kritisiert er – ich hatte es bereits zitiert –, dass Hall die gesamte Moderne als rassistisches System konzipiere. An anderer Stelle ist die Rede von einer „Identifikation von Rassismus, Kolonialismus, Universalismus und Aufklärung" bzw. von einer „linken Generalabrechnung mit der Aufklärung als angeblicher Rechtfertigungsideologie imperialistischer Herrschaft" (ebd., 16 und 17). Claussen entgegnet mit einem abgewandelten Adorno-Zitat: „Den Rassismus kann nicht bekämpfen, wer zur Aufklärung sich zweideutig verhält" (ebd., 17).³

> **Claussen, der als junger Student bei Adorno gelernt hat und stark von der Kritischen Theorie der Frankfurter Schule geprägt ist, wendet sich u. a. gegen den Rassismustheoretiker Stuart Hall, dem er vorwirft, die ideologiekritischen Arbeiten Horkheimers und Adornos nicht berücksichtigt zu haben.**

Hall, dessen Texte Anfang der 1990er-Jahre in deutscher Übersetzung vom Hamburger Argument-Verlag publiziert wurden, war ein wichtiger Vertreter der Cultural Studies. Das Verhältnis zwischen Kritischer Theorie und Cultural Studies wiederum lässt sich durchaus als angespannt bezeichnen. Douglas Kellner zum Beispiel resümiert, die (Sub-)Disziplin der Cultural Studies „has tended to either disregard or caricature in a hostile manner the critique of mass culture developed by the Frankfurt school" (Kellner 2004). Gleichwohl gibt es laut Kellner zahlreiche Überschneidungen zwischen den beiden Ansätzen, die sich bestenfalls wechselseitig ergänzen könnten (ebd.). Ähnlich argumentiert Rainer Winter, der betont, dass sich zwar unterschiedliche Perspektiven auf

---

³ Das eigentliche Zitat lautet: „Den Antisemitismus kann nicht bekämpfen, wer zur Aufklärung sich zweideutig verhält" (Adorno 1986, 369).

die Massen- oder Populärkultur ausgebildet hätten, deren gemeinsam geteilte Grundlage aber „eine kritische Einschätzung der Kultur- und Medienwelt" sei (Winter 1999, 35). Vereinfacht gesagt geht es aufseiten der Kritischen Theorie darum, Massenkultur im Sinne eines Verblendungszusammenhangs in den Blick zu nehmen, das heißt als alle Bereiche des Lebens durchdringende Macht- und Herrschaftsstruktur, während die Cultural Studies eher die

> **Das Verhältnis zwischen Kritischer Theorie und Cultural Studies lässt sich als angespannt bezeichnen. Gleichwohl gibt es laut Kellner zahlreiche Überschneidungen zwischen den beiden Ansätzen, die sich bestenfalls wechselseitig ergänzen könnten.**

Aneignungspraxen insbesondere von subalternen Akteur:innen fokussieren und nach Subversions- und Widerstandspotenzialen fragen (Adorno/Horkheimer 1988; Fiske 1999).

Stuart Hall jedenfalls hat durchaus auf die Kritische Theorie Bezug genommen, wenn auch sporadisch. In einem Interview zum Beispiel spricht er von einer „schreckliche[n] Ironie", die darin bestehe, „dass innerhalb des Kerns der Moderne trotz des Fortschritts, trotz der technologischen Entwicklung und trotz unserer Mobilität durch die dauernde Vervielfältigung der sozialen Unterschiede die Grundstrukturen von Rasse fortgeschrieben werden" (Burgmer 1999, 153). Sodann verweist er auf Adorno, der von einer „,dunklen Seite' der Moderne" gesprochen habe (ebd.). Schließlich erklärt Hall: „Was mich an Adorno allerdings erstaunt, ist, dass er in dieses Paradigma Fragen des Rassismus, des Kolonialismus und des ‚außereuropäischen Anderen' nicht mit eingeführt hat" (ebd.). Unabhängig davon, ob Hall Adorno hier akkurat wiedergibt und ob er möglicherweise das Potenzial von dessen Denken auch für rassismuskritische Perspektiven verkennt, scheint mir diese Bezugnahme durchaus von Bedeutung zu sein. Zum einen sperrt sie sich gegen Claussens Lesart, bei der Rassismustheorie und -kritik handele es sich um eine Generalabrechnung mit der Aufklärung.[4] Zum anderen wirft sie die Frage nach dem Verhältnis zwischen historischen Erfahrungen und theoretischen Modellen bzw. Denkansätzen auf. Genauer gesagt geht es um die Frage, ob und inwiefern bestimmten Formen von Gesellschaftskritik eine spezifische Erfahrungsdimension eingeschrieben ist, was möglicherweise dazu führt, dass andere (historische) Erfahrungen nicht abgebildet werden und entsprechend außen vor bleiben. Hierauf werde ich sogleich zurückkommen.

Claussens Vorbehalt gegenüber Hall, der sich auch in dem Vorwurf ausdrückt, dieser trage seine Analysen in der „geschwollenen Sprache des akademischen Marxismus" vor, lässt sich also darauf zurückführen, dass zwischen unterschiedlichen theoretischen Ansätzen und Positionen mitunter

---

[4] Um nicht missverstanden zu werden: Es geht hier nicht darum, Rassismustheorie grundsätzlich gegenüber Kritik zu immunisieren. Allerdings sind Claussens inhaltliche Vorwürfe derart pauschal geraten, dass man sie kaum ernst nehmen kann. Neben Hall kritisiert er Robert Miles und Etienne Balibar (auf alle drei Denker nimmt er lediglich sehr kursorisch Bezug). Sie vereint, dass sie dem Rassismus hinsichtlich der Genese und der Verfasstheit der kapitalistischen Moderne durchaus zentrale Bedeutung zumessen. Entsprechend setzen sie sich auch kritisch mit der Aufklärung und den hier angelegten kolonial-rassistischen Wissensformationen auseinander. Daraus abzuleiten, es werde eine Generalabrechnung mit der Aufklärung vorgenommen bzw. werde die Aufklärung mit Kolonialismus und Rassismus in eins gesetzt, erscheint nicht zuletzt deshalb absurd, da sich Hall, Miles und Balibar gleichermaßen in einer linken, insbesondere von Marx geprägten und somit durchaus aufklärerischen Tradition verorten.

Konfliktdynamiken bestehen (Claussen 1994a, 12). Möglicherweise spielt auch eine Rolle, welche Form von Gesellschaftskritik gerade Konjunktur hat, ob man sich mit seiner eigenen theoretischen Sozialisation und dem entsprechenden Wissen in der Offensive oder in der Defensive wähnt. Letztlich denke ich aber, dass in dem Konflikt zwischen jeweiligen theoretischen Perspektiven noch etwas anderes mitschwingt. Und wenn ich oben geschrieben habe, dass sich Claussen möglicherweise dem Fortleben der Kritischen Theorie verschrieben hat, so wäre hinzuzufügen, dass es dabei auch um das Fortleben eines jüdischen Erbes geht.

Theorie und Erfahrung: Holocaust und Kolonialismus

Mit Blick auf u. a. Hall konstatiert Claussen, dass die intellektuellen Folgen der Rassismuskritik bzw. des Antirassismus „verheerend" seien: „Rassistische Vorurteile und Auschwitz werden als unumstößlich letzte Beweise eines mindestens fünfhundertjährigen Irrwegs westlicher Zivilisation seit Kolumbus' Ankunft in Amerika 1492 genommen. Die intellektuelle Kritik des kapitalistischen Systems hat sich unterderhand fundamentalisiert." (Ebd., 8) Meines Erachtens drückt sich hier auch die Sorge aus, dass die spezifische Erfahrung des Holocaust nivelliert werden könnte. Dazu passt, dass die Kritische Theorie wesentlich von jüdischen Verfolgten des Nationalsozialismus geprägt wurde und die Konfrontation mit oder das Wissen um Auschwitz der Theorie gewissermaßen eingeschrieben ist. Dazu passt vielleicht auch, was der postkoloniale Theoretiker Robert Young mal über den Poststrukturalismus gesagt hat, der sowohl die Cultural Studies als auch die postkoloniale Rassismuskritik prägt. Young argumentiert, dass das konstituierende Ereignis für die Entstehung des Poststrukturalismus weniger die Revolte des Pariser Mai 1968 gewesen sei, sondern der algerische antikoloniale Befreiungskampf. Er verweist auf paradigmatische Denker:innen wie Derrida, Althusser, Lyotard und Cixous, die entweder in Algerien geboren wurden und aufgewachsen sind oder aber in den Krieg zwischen Frankreich und der algerischen Befreiungsbewegung involviert waren. Und er kommt auf das Verhältnis zwischen Poststrukturalismus und Kritischer Theorie zu sprechen:

> *If for the Frankfurt School the problem to be dealt with was the relation of the phenomena of fascism, and particulary Auschwitz, to the ideals of the enlightnment and the progress of reason, for the French poststructuralists the historical perspective was similary long. But it comprised, rather, a history of the West in which fascism was itself merely a symptom, and included not only the history of European imperialism but also the defeats of the European colonial powers […]. From this point of view the French have never regarded fascism as an aberration." (Young 1996, 8)*

Gewiss, es besteht die Gefahr, die jeweiligen theoretischen Ansätze zu vereinheitlichen und voneinander abzuschirmen, wenn man sie mit der Dimension von bestimmten Erfahrungen in Verbindung bringt. Und doch: Ließe sich sagen, dass hier unterschiedliche Theoriegebäude aufeinanderprallen, weil sich in ihnen jeweils spezifische Erfahrungen abgelagert haben (auf der einen Seite die Kritische Theorie mit der Erfahrung von Auschwitz, auf der anderen die poststrukturalistisch-postkoloniale Theorie mit der Erfahrung von kolonialer Gewalt und antikolonialem Widerstand)? Vor dieser Folie jedenfalls wird vielleicht verstehbar oder wenigstens nachvollziehbar, wogegen Claussen anschreibt. Er scheint getrieben von der Sorge vor dem Verlust des jüdischen Erbes bzw. davon, dass das Wissen um die Spezifik der Erfahrung von Auschwitz verloren gehen könnte.

Schluss

So gesehen ist „Was heißt Rassismus?" hochaktuell. Und es ist kein Zufall, dass sich Jan Gerber in den Hallischen Jahrbüchern in affirmativer Weise auf diesen Text bezieht. Bezeichnend ist, dass Gerber mit ähnlichen Unterstellungen wie Claussen operiert. Zudem ist auch sein Text von Polemik und einem denunziatorischen Grundrauschen geprägt. Das ist in hohem Maße ärgerlich, zum Beispiel wenn die postkoloniale Kritik zu einem „der ideologischen Begleitinstrumente des Konkurrenzkampfs auf dem Weltmarkt" mutiert und das „westliche Bekenntnis zum Postkolonialismus" zu einem „Anschmiegen an die Macht von morgen" (Gerber 2021, 30 und 43). Allerdings drückt sich auch in Gerbers Text eine Sorge aus. So äußert er in Anlehnung an Dan Diner und mit Blick auf die 2020 geführte Debatte über den postkolonialen Philosophen Achille Mbembe die Befürchtung, dass „die Erinnerungszeit des Holocaust im Vergehen begriffen ist" (ebd., 29). Ich denke, wenn wir die Entfremdungsdynamik zwischen Rassismus- und Antisemitismuskritik durchbrechen wollen, gilt es, diese Sorgen ernst zu nehmen. Zugleich gilt es, die jeweilige Spezifik der (historischen) Erfahrung und der daraus resultierenden Perspektiven und Weltsichten anzuerkennen. Das würde aber auch heißen, sich mit Empathie zu begegnen und dem Theater der Polemik eine Pause zu gönnen.

> **Es gilt, die jeweilige Spezifik der (historischen) Erfahrung und der daraus resultierenden Perspektiven und Weltsichten anzuerkennen. Das würde aber auch heißen, sich mit Empathie zu begegnen und dem Theater der Polemik eine Pause zu gönnen.**

Felix Axster, Dr., ist wissenschaftlicher Mitarbeiter am Zentrum für Antisemitismusforschung (ZfA) der Technischen Universität Berlin sowie am bundesweiten dezentralen Forschungsinstitut Gesellschaftlicher Zusammenhalt (FGZ). Zu seinen Forschungsschwerpunkten gehören u. a. Geschichte und Theorie des Rassismus und des Antisemitismus, Geschichte der Arbeit, Erinnerungspolitik und -kultur und (ost-)deutsche Transformationsgeschichte.

Literaturverzeichnis

Adorno, Theodor W. (1986). Zur Bekämpfung des Antisemitismus heute. In: Ders. Gesammelte Schriften, Bd. 20.1. Frankfurt a.M., Suhrkamp, 360–383.

Adorno, Theodor W./Horkheimer, Max (1988). Kulturindustrie. Aufklärung als Massenbetrug. In: Dies. Dialektik der Aufklärung. Philosophische Fragmente. Frankfurt a.M., Fischer, 128–176.

Arnold, Sina (2018). Which side are you on? Zum schwierigen Verhältnis von Antisemitismus und Rassismus in der Migrationsgesellschaft. In: Naika Foroutan/ Christian Geulen/Susanne Illmer/Klaus Vogel/ Susanne Wernsing (Hg.). Das Phantom „Rasse". Zur Geschichte und Wirkungsmacht von Rassismus. Wien, Böhlau Verlag, 189–201.

Aschrafi, Zarin/Später, Jörg (2021). Knotenpunkt Offenbach. Óskar Negt, Detlec Claussen, Dan Diner und das Denken nach Auschwitz. Mittelweg 36

Biskamp, Floris (2019). Über das Verhältnis von Rassismuskritik und Antisemitismuskritik. Lernen aus der Geschichte 9, 5–8. Online verfügbar unter http://lernen-aus-der-geschichte.de/sites/default/files/attach/lag_mag_november_antisemitismus_rassismus.pdf (abgerufen am 25.01.2022).

Bojadžijev, Manuela (2015). Zur Entwicklung kritischer Rassismustheorie. In: Dirk Martin/Susanne Martin/Jens Wissel (Hg.). Perspektiven und Konstellationen kritischer Theorie, Münster, Westfälisches Dampfboot, 49–69.

Burgmer, Christoph (1999). Kulturelle Identität und Rassismus. Gespräch mit Stuart Hall. In: Ders. (Hg.). Rassismus in der Diskussion. Berlin, Elefanten Press, 146–171.

Cheema, Saba-Nur (2017). Gleichzeitigkeiten: Antimuslimischer Rassismus und islamisierter Antisemitismus – Anforderungen an die Bildungsarbeit. In: Meron Mendel/Astrid Messerschmidt (Hg.). Fragiler Konsens. Antisemitismuskritische Bildung in der Migrationsgesellschaft, Frankfurt a.M./New York, Campus Verlag, 61–76.

Claussen, Detlev (1994a). Was heißt Rassismus? In: Ders. Was heißt Rassismus? Darmstadt, Wissenschaftliche Buchgesellschaft, 1–24.

Claussen, Detlev (1994b). Grenzen der Aufklärung. Die gesellschaftliche Genese des Antisemitismus. Frankfurt a.M., Fischer Taschenbuch.

Claussen, Detlev (2003). Theodor W. Adorno. Ein letztes Genie. Frankfurt a.M., S. Fischer.

Diner, Dan (2019). Der Sarkophag zeigt Risse. Über Israel, Palästina und die Frage eines „neuen Antisemitismus". In: Christian Heilbronn/Doron Rabinovici/Natan Sznaider (Hg.). Neuer Antisemitismus? Fortsetzung einer globalen Debatte. Berlin, Suhrkamp, 459–488.

Edthofer, Julia (2017). Vom antiimperialistischen Antizionismus zur aktuellen Boykottbewegung. Veränderungen und Kontinuitäten des israelbezogenen Antisemitismus in der Wiener autonomen Linken. Österreichische Zeitschrift für Soziologie 42, 407–424. https://doi.org/10.1007/s11614-017-0278-2.

Fiske, John (1999). Frauen und Quiz-Shows: Konsum, Patriarchat und widerständige Vergnügen. In: Jan Engelmann (Hg.). Die kleinen Unterschiede. Der Cultural Studies-Reader, Frankfurt a.M./New York, Campus, 175–186.

Gerber, Jan (2021). Holocaust, Kolonialismus, Postkolonialismus. Über Opferkonkurrenz und Schuldverschiebung. Einleitung zum Schwerpunkt. Hallische Jahrbücher 1, 19–46.

Haury, Thomas (2019). Antisemitismus von Links. Facetten der Judenfeindschaft. Berlin, Aktion Courage e.V.

Heilbronn, Christian/Rabinovici, Doron/Sznaider, Natan (Hg.) (2019). Neuer Antisemitismus? Fortsetzung einer globalen Debatte. Berlin, Suhrkamp.

Kellner, Douglas (2004). The Frankfurt School and British Cultural Studies: The Missed Articulation. Illuminations: The Critical Theory Project. Online verfügbar unter https://pages.gseis.ucla.edu/faculty/kellner/Illumina%20Folder/kell16.htm (abgerufen am 25.01.2022).

Messerschmidt, Astrid (2008). Postkoloniale Erinnerungsprozesse in einer postnationalsozialistischen Gesellschaft – vom Umgang mit Rassismus und Antisemitismus. Peripherie 109/110, 42–60.

Prenzel, Thomas (2017). Vor 25 Jahren: Die rassistisch motivierten Ausschreitungen von Rostock-Lichtenhagen. Bundeszentrale für politische Bildung. Online verfügbar unter https://www.bpb.de/politik/hintergrund-aktuell/254347/rostock-lichtenhagen (abgerufen am 25.01.2022).

Shooman, Yasemin (2015). Zur Debatte über das Verhältnis von Antisemitismus, Rassismus und Islamfeindlichkeit. Jahrbuch zur Geschichte und Wirkung des Holocaust 19, 125–156.

Ullrich, Peter (2013). Deutsche, Linke und der Nahostkonflikt. Politik im Antisemitismus- und Erinnerungsdiskurs, Göttingen, Wallstein Verlag.

Winter, Rainer (1999). Spielräume des Vergnügens und der Interpretation. Cultural Studies und die kritische Analyse des Populären. In: Jan Engelmann (Hg.). Die kleinen Unterschiede. Der Cultural Studies-Reader, Frankfurt a.M./New York, Campus, 35–48.

Young, Robert (1996). White Mythologies. Writing History and the West. London/New York, Routledge.

„ALLTAGSRASSISTISCHE PRAKTIKEN MARKIEREN DIE MEISTEN ERZÄHLER:INNEN BEILÄUFIG ALS KONTINUIERLICHE, BIS IN DIE GEGENWART REICHENDE ERFAHRUNGEN."

INES GRAU

„Aber das war eigentlich nach der Wende …" – von Brüchen und Kontinuitäten rassistischer Erfahrungen mosambikanischer Arbeitsmigrant:innen in der DDR bis in die Gegenwart

Ines Grau (Forschungsinstitut Gesellschaftlicher Zusammenhalt, Standort Konstanz)

Auf Grundlage biografisch-narrativer Interviews rekonstruiert der Beitrag Rassismuserfahrungen in Lebensgeschichten ehemaliger Vertragsarbeiter:innen aus Mosambik, die bis heute in Deutschland leben. Im Rahmen des 1979 zwischen der Deutschen Demokratischen Republik (DDR) und der Volksrepublik Mosambik geschlossenen Arbeitsmigrationsabkommens reisten bis 1990 über 22.000 mosambikanische Arbeiter:innen ins sozialistische Deutschland. Die Erzählperspektive der Interviewpartner:innen ist in diesem zeitgeschichtlichen Kontext verankert. Als Rassismusbetroffene wird ihr subjektiver Erfahrungshorizont auf die letzten vier Jahrzehnte deutscher Gesellschaftsgeschichte sicht- und hörbar gemacht.

Empfohlene Zitierung:

Grau, Ines (2022). „Aber das war eigentlich nach der Wende …" – von Brüchen und Kontinuitäten rassistischer Erfahrungen mosambikanischer Arbeitsmigrant:innen in der DDR bis in die Gegenwart. In: Institut für Demokratie und Zivilgesellschaft (Hg.). Wissen schafft Demokratie. Tagungsband zur Online-Fachtagung „Gesellschaftlicher Zusammenhalt & Rassismus", Band 11. Jena, 118–127.

Schlagwörter:

Rassismus, Vertragsarbeit, DDR, Mosambik, Mauerfall, Biografische Erzählungen

Kontinuitäten rassistischer Wissensbestände in der DDR und im wiedervereinigten Deutschland

Rassismus, verstanden „als ein System von Diskursen und Praxen, die historisch entwickelte und aktuelle Machtverhältnisse legitimieren und reproduzieren" (Rommelspacher 2009, 29), stützt sich auf an physische Merkmale gekoppelte Wissensbestände. Seit dem 18. Jahrhundert wurden rassistische Wissensbestände aktiv von Gesellschaft und Wissenschaft hervorgebracht und haben sich seitdem kontinuierlich verändert. Als am Ende des Zweiten Weltkrieges das Ausmaß des nationalsozialistischen Massenmordes an den europäischen Jüdinnen und Juden nicht mehr verleugnet werden konnte, trugen „[d]er Schock und die Beschämung darüber […] mehr als jedes frühere historische Ereignis dazu bei, den Rassismus – wenigstens in seinen unverhohlenen ideologischen Formen – in Misskredit zu bringen" (Fredrickson 2002, 130). Insbesondere in den beiden deutschen Nachkriegsstaaten wurde die Auseinandersetzung mit Rassismus jahrzehntelang quasi gleichgesetzt mit der Bearbeitung von Nationalsozialismus und Shoa. Dies hatte zur Folge, dass trotz der unterschiedlichen Entwicklung von DDR und BRD im Kontext des Kalten Krieges die weiterhin bestehenden kolonialen rassistischen Wissensbestände, in denen Hautfarbe als körperliches Merkmal relevant blieb, „diskursiv dethematisiert und durch Vorstellungen von Differenz und Unvereinbarkeit ersetzt" wurden (Ransiek 2019, 110). Die DDR, die sich in Abgrenzung zur BRD als alleinigen antifaschistischen deutschen Staat definierte, war schon auf dieser Grundlage über jede Kontinuität zum NS-Staat erhaben (Völter und Dasberg 1999, 29). Leitprinzipien der marxistischen Ideologie des „Ostblocks" waren Solidarität, Gleichheit und Antirassismus (vgl. Fredrickson 2004, 133). Rassismus, der in der DDR als Straftatbestand galt (vgl. Möring 2015, 388), wurde wie Antisemitismus und Faschismus als Teil des Klassenkampfes inszeniert und als quasi überwunden angesehen. Dies hatte zur Folge, dass weiterhin vorhandene rassistische und antisemitische Wissensbestände und ebenso neonazistische, rassistische und antisemitische Propaganda- und Gewalttaten[1] im öffentlichen Diskurs weitgehend beschwiegen wurden (vgl. Richarz 2021)[2].

> **Rassismus, der in der DDR als Straftatbestand galt, wurde wie Antisemitismus und Faschismus als Teil des Klassenkampfes inszeniert und als quasi überwunden angesehen.**

Im Zuge des politischen und wirtschaftlichen Zusammenbruchs der DDR 1989/90 und der sich daraus ergebenden sozialen Krisensituation explodierte, vor allem in der ersten Hälfte der 1990er-Jahre, rassistische Gewalt in Ostdeutschland, aber nicht nur dort (vgl. Poutrus 2019, 168–171). Vor allem (ehemalige) Vertragsarbeiter:innen, die zu DDR-Zeiten eingereist waren, wurden als sichtbare Minderheiten in Pogromen wie in Hoyerswerda (1991) oder Rostock-Lichtenhagen (1992) zur Zielscheibe rassistischer Angriffe.[3]

---

[1] In der DDR (wie auch in der BRD) erstarkten rechtsextreme Gruppen in den 1980er-Jahren (vgl. Richarz 2021; Möring 2015, 388).

[2] In der BRD entstand in den 1980er-Jahren nach Jahrzehnten der Nicht-Wahrnehmung eine Schwarze Deutsche Bewegung, die einen rassismuskritischen gesellschaftlichen Gegendiskurs etablierte (vgl. Ransiek 2019, 113–114).

[3] Döring vermutet, dass zwischen 1985 und 1996 sieben mosambikanische Vertragsarbeiter in der DDR und BRD „durch rassistische Übergriffe und Gewalttaten" (Döring 2019, 33) zu Tode kamen (vgl. Miguel 2019).

Zum Einsatz ausländischer Werktätiger in der DDR

Ende 1989 befanden sich knapp 94.000 sogenannte *ausländische Werktätige* in der DDR (ca. 0,5% der Wohnbevölkerung, vgl. Möring 2015, 387). Im Zeichen internationaler Solidarität waren sie auf Grundlage bilateraler staatlicher Arbeitsmigrationsabkommen im ganzen Land in der Produktion beschäftigt. Seit den 1970er-Jahren waren knapp 130.000 Arbeiter:innen aus außereuropäischen sozialistisch orientierten Partnerländern für einen befristeten mehrjährigen Arbeitsaufenthalt in die DDR eingereist. Die wichtigsten Herkunftsländer waren Vietnam (69.000 Vertragsunterzeichnungen), Kuba (25.000) und Mosambik (22.200) (vgl. Zwengel 2011, 4). Die DDR versuchte damit, dem Arbeitskräftemangel in Schwerpunktbetrieben zu begegnen. Im Fall der Volksrepublik Mosambik stand im Vordergrund, junge Arbeiter:innen für die geplante Industrialisierung des Landes in der DDR ausbilden zu lassen, den eigenen Arbeitsmarkt zu entlasten und Schulden abzubauen.

Die Aufenthaltsbedingungen in der DDR wurden in den zwischenstaatlichen Verträgen geregelt. Nach dem Rotationsprinzip und in Gruppen von mindestens 50 wurden die mehrheitlich männlichen Arbeiter:innen im Mehrschichtsystem in den Betrieben eingesetzt. Sie waren in von den Betrieben finanzierten Gemeinschaftsunterkünften untergebracht, für die sie einen geringen Mietbeitrag zahlten. Tarif- und sozialrechtlich waren sie den einheimischen Arbeiter:innen de facto gleichgestellt.

> **Die DDR versuchte, mit sogenannten ausländischen Werktätigen dem Arbeitskräftemangel in Schwerpunktbetrieben zu begegnen. Eine langfristige Bleibeperspektive war für die Arbeiter:innen nicht vorgesehen. Der Aufenthalt diente einzig und allein Arbeits- und Ausbildungszwecken.**

Eine langfristige Bleibeperspektive war jedoch nicht vorgesehen. Der Aufenthalt diente einzig und allein Arbeits- und Ausbildungszwecken. Familiengründungen in der DDR waren den Arbeiter:innen bis 1989 untersagt, Familiennachzug ausgeschlossen. Im Kontext von Mauerfall und Zusammenbruch der DDR-Wirtschaft waren Vertragsarbeiter:innen als Erste von Entlassungen betroffen (vgl. Sextro 1996). Dies hatte für sie eine völlige Rechtsunsicherheit zur Folge, denn der Aufenthalt in der DDR war an ihren Arbeitsvertrag gebunden. Obwohl im Mai 1990 ausgehandelt wurde, dass die mosambikanischen Arbeitsmigrant:innen auch bei Verlust ihres Arbeitsplatzes bis zum Ende der ursprünglich vereinbarten Vertragszeit in Deutschland bleiben konnten, erreichte diese Information nicht alle. Die Rückkehrbereitschaft der Arbeiter:innen wurde zudem mit finanziellen Anreizen gefördert (vgl. Berger 2005). Folglich war die Mehrheit bis 1991 nach Mosambik zurückgekehrt. Eine Minderheit von knapp 3.000 Mosambikaner:innen blieb im Land. Deren Perspektive steht im Mittelpunkt der folgenden Überlegungen.

„Wir kamen von einem anderen Kontinent"

Das analysierte empirische Material entstammt einer 2020 begonnenen biografisch-narrativen Studie zu Lebensgeschichten ehemaliger Vertragsarbeiter:innen aus Mosambik, mit der leitenden Fragestellung, wie die staatlich organisierte Arbeitsmigration in die DDR deren transnationale Biografien beeinflusst hat. Mithilfe des biografisch-narrativen Interviews, angelehnt an Rosenthal

(1995), wurden die Interviewpartner:innen dazu aufgefordert, ihre gesamte Lebensgeschichte zu erzählen, so dass Sozialisationserfahrungen in Mosambik, Vertragsarbeit in der DDR, Postwende-Erfahrungen wie berufliche Um- und Neuorientierung, transnationale Familienkonstellationen und der gegenwärtige Lebenszusammenhang zur Sprache kommen. Das empirische Material wurde, angelehnt an Rosenthal, als biografische Fallrekonstruktion aufgearbeitet (vgl. Rosenthal, 1995). Weil eine umfassende Darlegung der biografisch-individuellen Analysen den Rahmen dieses Beitrages sprengen würde, wird der Augenmerk auf Erzählpassagen aus mehreren Interviews gelegt, die (alltags-)rassistische Erfahrungen in der DDR und im wiedervereinigten Deutschland thematisieren.

Alle Interviewpartner:innen hatten zum Zeitpunkt des Interviews (2020 bis 2022) ihren Lebensmittelpunkt seit mehreren Jahrzehnten in Deutschland (Ost wie West) und waren als z. T. sehr junge Erwachsene im Laufe der 1980er-Jahre in die DDR eingereist. Bei ihrer Ankunft in Europa brachten sie ihre Sozialisationserfahrungen aus ihrem Herkunftsland mit, wo sie als Kinder und Heranwachsende das letzte Jahrzehnt der portugiesischen Kolonialherrschaft, die Gründung der mosambikanischen Volksrepublik sowie den darauffolgenden Bürgerkrieg, der den postkolonialen sozialistischen Aufbau des Landes konterkarierte, miterlebt hatten.[4] Dass diese Erfahrungsaufschichtungen ihre Erzählperspektive beeinflussen, steht außer Frage, auch wenn sich die folgenden Betrachtungen auf die Erfahrungen in der DDR und BRD beschränken.

„Vieles haben wir nicht mitgekriegt"

Anhand der Lebenserzählungen wird sichtbar, dass die jungen Mosambikaner:innen, neben der Sprachbarriere, nur über bruchstückhafte Kenntnisse hinsichtlich der zwischenstaatlichen Vereinbarungen, die ihren Aufenthalt betrafen, und über die gesellschaftlichen Verhältnisse in der DDR verfügten. Oder wie es ein Erzähler ausdrückte: „Von DDR damals Null-Ahnung gehabt, null". Bei ihrer Ankunft wussten sie weder wo noch in welchem Berufszweig sie tätig sein würden, sie wurden zugeteilt, ohne Berücksichtigung persönlicher Präferenzen. In der DDR-Bevölkerung wiederum waren die Aufenthaltsbedingungen der Vertragsarbeiter:innen weitgehend unbekannt, die Verträge unterlagen der Geheimhaltung (vgl. Möring 2015, 385; Van der Heyden 2019, 180). Dieser grundsätzliche Mangel an belastbaren Informationen über die Situation der fremden Arbeiter:innen trug dazu bei, dass zahlreiche Gerüchte über sie in der Bevölkerung zirkulierten, so bspw. über ihren angeblich privilegierten Zugang zu *Westgeld* oder Reisemöglichkeiten in die BRD. Die allgemeine Unzufriedenheit vieler DDR-Bürger:innen im Kontext der Mangelwirtschaft und ihre fehlenden Reisemöglichkeiten unterstützten diese Dynamik (vgl. Scherzer und Schmitt 2011; Mavanga 2014, 173–175), die sich zudem als anschlussfähig an versteckte, aber weiterhin vorhandene rassistische Wissensbestände erwies.

> **Der Mangel an belastbaren Informationen in der DDR über die Situation der Arbeiter:innen trug dazu bei, dass zahlreiche Gerüchte über sie zirkulierten, so bspw. über ihren angeblich privilegierten Zugang zu Westgeld.**

---

[4] Insbesondere für Männer war eine zentrale Motivation für den Arbeitsaufenthalt in der DDR, dem Militärdienst im bürgerkriegsgeschüttelten Mosambik zu entgehen.

„So richtig negative Sachen, also ich von meiner Seite, habe das nicht erlebt"

In den aus einer Gegenwartsperspektive heraus konstruierten Lebensgeschichten spielen negative Erfahrungen mit der DDR-deutschen Bevölkerung nur eine marginale Rolle.[5] Alle Erzählenden schildern spontan positive Kontakte, dank derer sie, über das Arbeitermilieu hinaus, mit anderen gesellschaftlichen Gruppen verkehrten, etwa mit Studierenden, Christ:innen usw. Aus flüchtigen Begegnungen konnten lebenslange Freundschaften, ebenso Liebesbeziehungen oder gar Familien werden – Schätzungen zufolge sind in der DDR mehrere Tausend Kinder in deutsch-mosambikanischen Partnerschaften entstanden (vgl. Van der Heyden 2019, 398). Ein Interviewter wohnte, trotz des Verbots, außerhalb des Wohnheims zu schlafen, bei seiner deutschen Freundin. Durchweg alle erzählen von Familien, in denen sie wie eigene Kinder aufgenommen worden sind. Darüber hinaus stellten insbesondere Kontakte zu Christ:innen für einige Erzähler:innen prägende Begegnungserfahrungen dar, obwohl die freie Religionsausübung den Vertragsarbeiter:innen laut Möring (2015, 388) offiziell untersagt war.

„Man hat selten davon gehört, aber [...] auch das gab es"

Das Thema Rassismus wird von den Erzähler:innen nicht tabuisiert, stellt aber ebenso wenig einen zentralen Erzählstrang dar.[6] Was ihre persönlichen Erfahrungen vor dem Mauerfall angeht, so sagen alle Interviewten, dass sie selbst keine rassistischen Anfeindungen – verstanden als körperliche Übergriffe – erlebt hätten, auch wenn sie davon hin und wieder hörten. Schildern sie Konflikte, z. T. handgreifliche Auseinandersetzungen in Diskotheken, begründen sie diese mit Alkoholkonsum, Streit um „Mädchen" oder Konsumneid. Dennoch entfalten sich in der Auseinandersetzung mit dem Material weitere Deutungsmöglichkeiten, die rassistische Handlungsmotive plausibel erscheinen lassen, wie es anhand der folgenden Erzählung deutlich wird:

> **Das Thema Rassismus wird von den Erzähler:innen nicht tabuisiert, stellt aber ebenso wenig einen zentralen Erzählstrang dar.**

Im zweiten Gesprächstermin schildert ein Interviewter einen Diskobesuch in der sächsischen Provinz, Mitte der 1980er-Jahre, und führt die Geschichte damit ein, dass er „an diesem Wochenende in dieser Diskothek sehr gut angezogen war". Er trug eine italienische Jacke, die er gegen viel D-Mark jemandem abgekauft hatte:

---

[5] Es sei an dieser Stelle auf die Interviews verwiesen, die Landolf Scherzer 1982 in Suhl mit DDR-Bürger:innen durchgeführt hat, die als Kolleg:innen, Heimleiter, Gastwirte, Vorgesetzte, Partnerinnen mit mosambikanischen Arbeitern verkehrten (vgl. Scherzer und Schmitt 2011). In den Gesprächsprotokollen gibt es zahlreiche Stellen, die veranschaulichen, wie die Interviewten unbearbeitete rassistische Konstruktionen und eine Haltung der Überlegenheit auf die jungen Mosambikaner projizieren. Andere Passagen veranschaulichen wiederum ein aufgeschlossenes und solidarisches Verhalten.

[6] Ein Thema, das in vielen Erzählungen bedeutsam ist, ist die Frage nach den bis heute ausstehenden Transferzahlungen, die viele der Rückkehrer:innen nach 1989, in Mosambik Madgermanes genannt, nicht erhalten haben (vgl. Grau 2020; Döring 2019). Den mosambikanischen Vertragsarbeiter:innen wurden Lohnanteile in der DDR vorenthalten, mit dem Versprechen, dass sie ihnen bei ihrer Rückkehr ins Herkunftsland ausgezahlt würden.

> *Ich hatte dann eine Tanzpartnerin, ein Mädchen, und ja mit der ich getanzt habe und mit meiner schönen Jacke. Aber dann sind […] deutsche Jugendliche, die wollten mir den Brei verderben, ja, die wollten nicht, dass ich mit dem deutschen Mädchen tanze. Und die ham wirklich angefangen, mich zu provozieren und haben mich in ne Schlägerei verwickelt […]. Das Mädchen hat versucht, sich zu wehren und mich zu verteidigen […]. Und sie wollten meine Jacke, also das wollten sie wirklich haben. Ich habe die Jacke nicht hergegeben. Die haben wirklich mir ja doch Schläge verpasst, und ich hat sogar eine Beule hier oberhalb der Augenlid […] und ich bin dann zur Polizei gegangen. Und dann wollte die Polizei mich ins Wohnheim bringen, ja, in dem ich gelebt hatte. […] Etwas anderes ist geschehen […], sie mich einfach auf einen Parkplatz abgesetzt, die Polizistin, einfach abgesetzt. Ich hab sie gefragt: ‚Hallo, äh ich wohn doch nicht hier, warum setzt ihr mich hier ab?' ‚Also äh du bleibst hier oder oder du wir lassen hier, du steigst hier aus, du musst sehen, wie du dort zurückkommst in dein Wohnheim'. […] Ja, es ist so gewesen, keiner hat die Sache verfolgt […] also das war doch rassistisches Handeln durch die Polizei, ja.*

Die Geschichte veranschaulicht die für rassistische Dynamiken typische ambivalente Vielschichtigkeit möglicher Deutungen, vor allem hinsichtlich der Motive der weißen Provokateure. Der Erzähler, für den das Tragen der teuren *Westjacke* in der damaligen Situation von herausragender Bedeutung gewesen sein muss, lässt in seiner Erzählung offen, was die Angreifer eigentlich daran störte, dass er mit einer Weißen tanzte. Nicht abschließend geklärt werden kann, ob die Aggression unabhängig von seinem Schwarzsein gelesen und ein rassistisches Motiv[7] tatsächlich ausgeschlossen werden kann. Genau diese Lesart wird aber von dem Sprecher mit der vom ihm gewählten Erzählstruktur nahegelegt, in der er das für den DDR-Kontext durchaus valide Motiv des Konsumneids in den Vordergrund rückt. Das Willkürhandeln der Polizeibeamt:innen qualifiziert er hingegen ohne zu Zögern als rassistisch und unterstreicht das eigene Ausgeliefertsein gegenüber der DDR-Staatsgewalt mit Nachdruck.

Das Beispiel veranschaulicht die für rassistische Dynamiken typische ambivalente Vielschichtigkeit möglicher Deutungen, vor allem hinsichtlich der Motive der weißen Provokateure.

„In der DDR, die können das nicht sagen: ‚Du bist nicht erwünscht: Raus'"

Ein weiterer Erzähler, der sich zum Zeitpunkt des Interviews seit Jahren in einem lokalen afrikanischen Verein in der westdeutschen Provinz gegen (alltags-)rassistische Praktiken engagiert, vollzieht im Gespräch selbst eine Neubewertung seiner DDR-Erfahrungen. Vor dem Hintergrund seines antirassistischen Engagements kommt er ins Nachdenken darüber, inwieweit damals rassistische Motive von den Betroffenen selbst sowie von Autoritätspersonen wie den mosambikanischen

---

[7] Zur Kontinuität von sogenannten „Vermischungsängsten" seit dem deutschen Kolonialismus vgl. Ransiek 2019, 103–108; 110–112.

Gruppenleitern in den Gemeinschaftsunterkünften systematisch ausgeblendet bzw. dethematisiert wurden[8]:

> [D]amals in der DDR war es so, dass es die Leute, die ham was erlebt, ja und jeder [...] ist Einzelgänger gewesen, die irgendwo was getan draußen, und ist geschlagen worden von ein paar Gruppe. Ja, aber direkt mit Rassismus haben wir das nicht verbunden. Ich kenne Fälle von meinen Kollegen, die im Heim waren, dass die zurückgekommen, aber nur weil in der Kneipe war. Und dann warum wir haben das nicht als Rassismus gesehen, weil wir ham gedacht, es sind Sachen von Kneipe, ja [...] die sind geschwollen zu uns ins Heim gekommen, wir ham gefragt, was los: ‚Ah Schlägerei', und dann was sagte unser Betreuer damals ‚Schlägerei, ja, Ihr ward betrunken' [...]. Da gab's dann keine Untersuchung, nicht von der Polizei, ja, gab's nicht, keine Entschädigung nicht, ja.

„Aber das war eigentlich nach der Wende, vor der Wende gab es so etwas nicht"

Dass die 1990er-Jahre einen biografischen Wendepunkt für die Erzähler:innen und einen Bruch mit ihrem bisherigen Leben in der DDR und vor allem in Bezug auf Rassismuserfahrungen darstellen, kennzeichnet alle biografischen Spontanerzählungen. Aus der Postwendezeit schildern die Interviewpartner:innen Szenen rassistischer Beleidigungen in öffentlichen Verkehrsmitteln, in Fußgängerzonen oder im beruflichen Kontext. Der gesellschaftliche Umbruch ging für sie nicht allein mit einer existenziellen sozioökonomischen Verunsicherung einher, die ihr Bleiberecht in der DDR infrage stellte, sondern auch mit einer symbolischen Neumarkierung als „Ausländer": „Ja, vor allem das Wort Ausländer kannte ich auch erst mal nicht. Ja, dann ich muss erst mal erklärt werden, ah Ausländer, ah ja, ich bin Ausländer, gut."

> **Die 1990er-Jahre stellen einen biografischen Wendepunkt für alle Erzähler:innen und einen Bruch mit ihrem bisherigen Leben in der DDR dar – vor allem in Bezug auf Rassismuserfahrungen.**

„Das war in der Zeit [...], wo viele Afrikaner einfach auf der Straße verprügelt worden sind"

Darüber hinaus manifestieren sich bei den Erzähler:innen existenzielle Ängste vor lebensbedrohlichen Situationen infolge rassistischer Übergriffe: „Das war in der Zeit, wo schlimm war's in Dresden, in Halle, wo viele Afrikaner einfach auf der Straße verprügelt worden sind. Und jeder hatte Angst gehabt." Ein Interviewpartner, der 1991 nach Westdeutschland übergesiedelt war, schilderte eine Begegnung mit einer Gruppe von ca. 15 Skinheads an einer Tankstelle in Thüringen 1993. Dieses Erlebnis steht beispielhaft für Erzählungen aus anderen Interviews und veranschaulicht die brutale Willkür rassistischer Gewalt in den 1990ern, der als rassistisch markierte Andere schutzlos ausgeliefert waren:

---

[8] Ransiek hat bereits auf die Wirkmächtigkeit des gesellschaftlichen Diskurses der Gleichheit und Solidarität hingewiesen, die es Rassismusbetroffenen quasi unmöglich machte, „sich als ‚Ungleiche' in der DDR zu positionieren" (Ransiek 2019, 115).

> *Hab ich getankt, […] da stand auch viele Auto so mit Stiefeln ja, mit Stiefeln […] und der Tankwart, der ha' gesagt: ‚Also ich konnte Dich nicht warnen, aber ist sowieso alles schon zu spät. […] Bin ich dann raus, da kam der eine, hat gefragt, ob ich Zigarette habe. ‚Nee, ich rauch nicht, aber […] kann ich gerne spendieren'. […] Der hat mich gefragt, wo ich herkomm'. Ich hab gesagt: ‚Na, ich komme aus Mosambik'. ‚Ah kommst aus Mosambik, ah, ok, gut. Wir ham nicht gegen Euch, ja, wir ham nur gegen diese Leute, die hier kommen, und ja aus Mosambik hat auch früher hier bei DDR gearbeitet'.*

Einmal die Tankstelle verlassen, fuhr der Erzähler ein paar Kilometer weiter, bis er dann anhielt, „weil ich konnte nicht mehr, diese Angst kam dann später". Im Gespräch denkt er laut darüber nach, was ausschlaggebend war, dass er damals nicht angegriffen wurde, um dann abzuschließen: „Wie gesagt Glück gehabt, ist mir nichts passiert".

Alltagsrassismus

Alltagsrassistische Erfahrungen thematisieren die Erzähler:innen beiläufig, ohne sie an einen Zeitraum zu koppeln. Es entsteht der Eindruck einer Gewöhnung: „Solche Leute gibt es immer, die meide ich dann" oder „auch nach wie vor es gibt solche bösen Blicke, aber ohne dass ich angegriffen werde, weder verbal noch physisch". Als Bewohner einer westdeutschen Kleinstadt schildert ein Erzähler, wie er infolge des Migrationssommers 2015 wieder vermehrt als rassistisch Anderer markiert wurde:

> *Wenn ich irgendwo bei Lidl war […], ich bin auch einziger Afrikaner hier, da ham sie nicht ganz genau geschaut, was tue ich da drin und so. Aber nach dieser Welle […] du hast was gemerkt, die sind irgendwie strenger, dass sie irgendwie schauen, ob du was mitnimmst oder nicht […] anders jetzt angeschaut wirst beim Einkaufen, bei demselben Laden, wo ich schon jahrelang rein, ja vorher und nicht gemerkt, aber auf einmal merkst du, ja.*

Zusammenfassung

In den Lebenserzählungen der im Rahmen staatlich koordinierter Vertragsarbeit in die DDR eingereisten mosambikanischen Erzähler:innen werden Rassismuserfahrungen, abhängig von verschiedenen gesellschaftsgeschichtlichen Phasen, nicht identisch erinnert und erzählt. Ein klarer Bruch wird in den Erzählungen im Kontext von Mauerfall und deutsch-deutscher Wiedervereinigung sichtbar. Überwiegen positive Begegnungserfahrungen mit der DDR-deutschen Bevölkerung vor dem Umbruch, so spiegeln die Erzählungen eine rasante Zunahme rassistischer Gewalt und damit verbundene existenzielle Ängste der Betroffenen in den 1990er-Jahren. Dennoch lassen sich für die DDR-Erfahrungen latente rassistische Handlungsmuster herausarbeiten, die von den Sprecher:innen teilweise unthematisiert bleiben oder vor dem Hintergrund antirassistischer Wissensbestände neu bewertet werden, nämlich als zur damaligen Zeit systematisch dethematisiert und ausgeblendet. Alltagsrassistische Praktiken markieren die meisten Erzähler:innen beiläufig als kontinuierliche, bis in die Gegenwart reichende Erfahrungen.

Ines Grau, Diplom-Psychologin, ist wissenschaftliche Mitarbeiterin am Forschungsinstitut Gesellschaftlicher Zusammenhalt, Standort Konstanz. Sie ist Mitglied der deutsch-französischen Forschungsgruppe MIGREVAL, Universität Straßburg (Laboratoire LinCs).

Literaturverzeichnis

Berger, Almuth (2005). Nach der Wende. Die Bleiberechtsregelung und der Übergang ins vereinte Deutschland. In: Karin Weiss/Mike Dennis (Hg.). In Erfolg in der Nische? – Die Vietnamesen in der DDR und in Ostdeutschland. Berlin/Münster, LIT, 69–76.

Döring, Hans-Joachim (2019). Bittere Solidarität, fehlende Anerkennung, offene Rechnungen. Gerbergasse 18, Thüringer Vierteljahreschrift für Zeitgeschichte und Politik, Ausgabe 2/2019, 30–34.

Fredrickson, Georges M. (2004 [2002]). Rassismus. Ein historischer Abriß. Hamburg, Hamburger Edition.

Grau, Ines (2020). Ostdeutsche Migrationsnarrative: Vertragsarbeit, Mauerfall und Neuanfang – Fallrekonstruktion eines mosambikanischen Arbeitsmigranten. Psychologie und Gesellschaftskritik, Vol. 44, Nr. 3/4 (175/176), 109–128.

Mavanga, Anne (2014). Vom Vertragsarbeiter in der DDR zum Madgermanes in Mosambik. In: Ulrich van der Heyden (Hg.). Mosambikanische Vertragsarbeiter in der DDR-Wirtschaft: Hintergründe, Verlauf, Folgen. Berlin, LIT, 150–182.

Miguel, Paulino (2019). Paulinos Tagebuch. Ein mosambikanischer Vertragsarbeiter erinnert sich. In: Massimo Perinelli/Lydia Lierke (Hg.). Erinnern stören. Der Mauerfall aus migrantischer und jüdischer Perspektive. Berlin, Verbrecher Verlag, 299–320.

Möring, Maren (2015). Mobilität und Migration in und zwischen Ost und West: In: Frank Bösch (Hg.). Geteilte Geschichte. Ost- und Westdeutschland 1970–2000. Göttingen, Vandenhoeck & Ruprecht, 369–410.

Poutrus, Patrick G. (2019). Umkämpftes Asyl. Vom Nachkriegsdeutschland bis in die Gegenwart. Berlin, Christoph Links.

Ransiek, Anne-Christin (2019). Rassismus in Deutschland. Eine macht-reflexive, biografietheoretische und diskursanalytische Studie. Wiesbaden, Springer VS.

Richarz, Kai (2021). Verzögert – ausgebremst – und doch etabliert: Entwicklung von und Umgang mit Neonazis im (ehemaligen) Bezirk Suhl. In: Institut für Demokratie und Zivilgesellschaft (Hg.). Wissen schafft Demokratie. Schwerpunkt Ursachen von Ungleichwertigkeitsideologien und Rechtsextremismus, Band 10. Jena, 160–173.

Rommelspacher, Birgit (2009). Was ist eigentlich Rassismus? In: Melter, Claus/Mecheril, Paul (Hg.). Rassismuskritik. Rassismustheorie und -forschung. Schwalbach/Ts., Wochenschauverlag, 25–38.

Rosenthal, Gabriele (1995). Erlebte und erzählte Lebensgeschichte. Gestalt und Struktur biographischer Selbstbeschreibungen. Frankfurt a.M./New York, Campus.

Scherzer, Landolf/Schmitt, Anna-Lena (2011). Mosambikanische Vertragsarbeiter. Ausgrenzung und Rassismus als alltägliche Erfahrung. In: Zwengel, Almuth (Hg.): Die „Gastarbeiter" der DDR. Politischer Kontext und Lebenswelt. Münster, LIT, 99–116.

Sextro, Uli (1996). Gestern gebraucht – heute abgeschoben. Dresden, Sächsische Landeszentrale für politische Bildung.

Van der Heyden, Ulrich (2019). Das gescheiterte Experiment. Vertragsarbeiter aus Mosambik in der DDR-Wirtschaft (1979-1990). Leipzig, Universitätsverlag.

Völter, Bettina/Dasberg, Michal (1999 [1997]). Gemeinsamkeiten und Unterschiede im öffentlichen Diskurs über die Shoah in Israel, in der Bundesrepublik und in der DDR. In: Rosenthal, Gabriele (Hg.). Der Holocaust im Leben von drei Generationen. Familien von Überlebenden der Shoah und von Nazi-Tätern. Gießen, Psychosozial-Verlag, 26–34.

Zwengel, Almut (2011). Kontrolle, Marginalität und Mißtrauen? Zur DDR-Spezifik des Umgangs mit Arbeitsmigranten. In: Zwengel, Almuth (Hg.). Die „Gastarbeiter" der DDR. Politischer Kontext und Lebenswelt. Münster, LIT, 3–20.

KEYNOTE

„WAS HINTER UNS LIEGT UND WAS VOR UNS LIEGT, IST WINZIG IM VERGLEICH ZU DEM, WAS IN UNS LIEGT. ES IST UNS MÖGLICH, DEN SOZIALEN ZUSAMMENHALT ZU FÖRDERN UND ES LIEGT AN UNS, ZU EINEM ‚WIR' ZU WERDEN."

BRIAN N. WILLIAMS

Die globale Gesellschaft am Scheideweg zwischen Vergangenheit und Gegenwart – wie geht es weiter?

Brian N. Williams (Batten School of Leadership and Public Policy an der University of Virginia)

In seiner Keynote[1] betrachtet Brian N. Williams am Beispiel der US-amerikanischen Polizeiarbeit den sozialen Zusammenhalt in der US-amerikanischen Gesellschaft und fragt, wie es möglich ist, eine sozial kohäsive Gesellschaft innerhalb der USA hervorzubringen. Er stellt dar, warum es welche Risse innerhalb der Gesellschaft gibt und zeigt, wie diese sich auswirken, um am Ende globale Schlussfolgerungen für Forschung, Engagement und Praxis abzuleiten.

Empfohlene Zitierung:

Williams, Brian N. (2022). Die globale Gesellschaft am Scheideweg zwischen Vergangenheit und Gegenwart – wie geht es weiter? In: Institut für Demokratie und Zivilgesellschaft (Hg.). Wissen schafft Demokratie. Tagungsband zur Online-Fachtagung „Gesellschaftlicher Zusammenhalt & Rassismus", Band 11. Jena, 130–137.

Schlagwörter:

Sozialer Zusammenhalt, soziale Spaltung, Rassismus, administrativer Rassismus, Polizeigewalt, Zivilgesellschaft, Engagement

---

[1] Die englische Keynote wurde transkribiert und ins Deutsche übersetzt, ein herzliches Dankeschön dafür gilt Anja Koemets. Im Anschluss haben die Herausgeber:innen das Transkript redaktionell bearbeitet (insbes. gekürzt und sprachlich/stilistisch geglättet).

Soziale Spaltung am Beispiel der US-amerikanischen Polizeiarbeit

In meinem Beitrag möchte ich zunächst eine Definition für sozialen Zusammenhalt vorlegen: Es geht um Verbundenheit und Solidarität unter Gruppen innerhalb der Gesellschaft, die sich auf das Gefühl von Zugehörigkeit zu einer Gesellschaft oder Gemeinschaft beziehen. Das wiederum hängt davon ab, dass reale, authentische Beziehungen zwischen Mitgliedern dieser Gesellschaft oder Gemeinschaft geführt werden. Wenn ich an sozialen Zusammenhalt denke, denke ich an folgende Zielvorstellungen: Ein Ideal ist es, eine Vorstellung von sozialer Balance zu erreichen. Dabei ist die Verteilungsgerechtigkeit (englisch: equity) zentral, nicht die einfache Gleichheit (englisch: equality). Ein weiteres Ideal ist die Eliminierung von Stigmata, Marginalisierung und Exklusion von Menschen. Diese Prozesse ziehen soziale Brüche nach sich, die unsere Gemeinschaften und Gesellschaften beeinflussen. Dieses Ideal geht einher mit dem Gedanken, das Wohlergehen aller zu maximieren, sodass Menschen selbstverwirklicht leben können und werden können, was sie werden wollen – unabhängig von ihrem Hintergrund. Das bedeutet für mich das Erreichen einer konstruktiven Art von nationaler Identität bzw. einer lokalen oder kommunalen Art der Identität. Sozialer Zusammenhalt ist ein am Menschen orientierter Prozess, bei dem es allen voran darum geht, wie wir kollaborativ eine Gesellschaft konstruieren, die für uns alle geschaffen ist. Wie können wir, bildlich gesprochen, ein Haus erschaffen, dass uns alle beherbergt? Es braucht uns alle in diesem Prozess, es gemeinsam zu konstruieren, Arbeit reinzustecken und sicherzustellen, dass es uns alle auf eine faire Weise beherbergt. Dieses Vorgehen spiegelt das Modell der Vereinigten Staaten wider, welches mit dem lateinischen Ausspruch „E pluribus unum" („Aus vielen eines") beschrieben ist. So weit die Theorie! Aber wie sieht es in der Praxis aus? Das beleuchte ich im Kontext des gegenwärtigen Zustands der beziehungsbasierten Polizeiarbeit in den Vereinigten Staaten.

> **Sozialer Zusammenhalt ist ein am Menschen orientierter Prozess, bei dem es allen voran darum geht, wie wir kollaborativ eine Gesellschaft konstruieren, die für uns alle geschaffen ist.**

Ein theoretisches Prinzip der Polizeiarbeit in den USA wird im Ethikkodex der International Association of Chiefs of Police (IACP)[2] deutlich. Im ersten Paragraf heißt es: „As a law enforcement officer, my fundamental duty is to serve the community; to safeguard lives and property; to protect the innocent against deception, the weak against oppression or intimidation and the peaceful against violence or disorder; and to respect the constitutional rights of all to liberty, equality and justice."[3]

Doch wo diese Theorie auf gegenwärtige Praxis trifft, sehen wir soziale Spaltung und einen Mangel an Harmonie. Wir sehen die soziale Spaltung konkret an den Menschen, die durch die Hand der Polizei ihr Leben verlieren – in diesem Fall Schwarze Männer und Frauen. Ich habe nur einige wenige ausgewählt.

---

[2] IACP (o.J.). Law Enforcement Code of Ethics. Online verfügbar unter https://www.theiacp.org/resources/law-enforcement-code-of-ethics (abgerufen am 03.05.2022).

[3] Übersetzung der Herausgeber:innen: „Als Gesetzeshüter ist es meine fundamentale Pflicht, der Gemeinschaft zu dienen; Leben und Eigentum zu schützen; die Unschuldigen vor Täuschung zu bewahren, die Schwachen vor Unterdrückung oder Einschüchterung und die Friedlichen vor Gewalt und Unruhe; und die Verfassungsrechte aller auf Freiheit, Gleichheit und Gerechtigkeit zu respektieren."

Von George Floyd haben Sie mit Sicherheit gehört. Aktuell haben wir ein laufendes Gerichtsverfahren aufgrund des Todes von Daunte Wright. Beide Fälle ereigneten sich im Bundesstaat Minnesota. Freddy Gray, Breonna Taylor, Eric Garner, Philando Castile, Michael Brown, Terence Crutcher – alle haben sie, verursacht durch die Polizei, in sehr fragwürdigen

Wir sehen soziale Spaltung konkret an den Menschen, die durch die Hand der Polizei ihr Leben verlieren – in diesem Fall Schwarze Männer und Frauen.

Situationen ihre Leben verloren. Das fordert das theoretische Prinzip heraus, welches dem Ethikkodex der IACP zugrunde liegt. Was wir sehen, ist die Realität und nicht das Ideal. Was wir erleben, ist soziale Spaltung. Wir sehen Brüche innerhalb des amerikanischen Hauses. Das erinnert mich an einen Satz Abraham Lincolns: „A house divided against itself cannot stand" [„Ein Haus, das gespalten ist, kann nicht stehen"].

Wenn wir also über diese soziale Spaltung nachdenken, sage ich nicht, dass es sich um eine Kausalität handelt. Aber ich glaube, dass es einen Zusammenhang gibt, wenn wir beispielsweise auf das Vertrauen in die Polizei schauen. Meinungsumfragedaten[4] in Bezug auf das Vertrauen in die Polizei, aufgeteilt nach weißen und Schwarzen Erwachsenen, zeigen einen Unterschied: Zwei unterschiedliche gelebte Erfahrungen, zwei unterschiedliche Wahrnehmungen, vielleicht zwei unterschiedliche Realitäten. Diese unterschiedlichen Wahrnehmungen der Realität haben nicht nur Auswirkungen auf die Polizeiarbeit, sondern auch auf das Vertrauen in andere US-amerikanische Institutionen. Das sind die Risse und Brüche, die sich auf das „Haus der USA" auswirken. Das beeinflusst den sozialen Zusammenhalt. Es spiegelt die soziale Spaltung wider.

Ich konstatiere dabei ein „Unvermögen der vollständigen Problemanerkennung", etwas, das ich den Eisbergeffekt nenne. An der Oberfläche mögen die Dinge anders aussehen, sehr viel positiver. Aber unter der Oberfläche sehen wir eine Masse, die sich negativ auswirken kann, und ich denke, das ist es, was wir derzeit erleben. Wir scheitern daran, die Größe und Komplexität des Eisbergs anzuerkennen. Wir erkennen nur die Dinge, die wir sehen können. Wenn wir über unsere demokratischen Institutionen, unsere Demokratien nachdenken, gibt es diese Annahme, dass sie nicht angreifbar seien. Aber am Eisberg-Beispiel wird deutlich, dass Strukturen, die wir nicht bedroht sehen, in der Tat sehr wohl bedroht und zerstört werden können – und zwar dann, wenn wir den Eisberg nicht in seiner Gesamtheit anerkennen. Wenn wir also über den aktuellen Stand der beziehungsorientierten Polizeiarbeit nachdenken, dann frage ich mich: Wie konnte es so weit kommen? Dafür blicke ich auf die Entstehungsgeschichte der amerikanischen Polizeiarbeit zurück. Die Polizeiarbeit wurde in den USA, historisch betrachtet, als Instrument zum Schutz von Profiten auf Kosten von Menschen eingesetzt. Das alles basiert auf dem Konzept der sozialen Ausgrenzung, bei dem Gesetze oder soziale Normen durchgesetzt wurden, die eine bestimmte Gruppe von Menschen ausschließen: die Versklavten, People of Color, Immigrant:innen – und zwar im Kontext der Überlegung, wie man Ordnung bewahrt in den zunehmend urbanisierten, industrialisierten Gemeinden des späten 19. Jahrhunderts, in die viele Menschen strömten, die als „Andere" wahrgenommen wurden. Daraus

---

[4] Jones, Jeffrey M. (2021). In U.S., Black Confidence in Police Recovers From 2020 Low. Online verfügbar unter https://news.gallup.com/poll/352304/black-confidence-police-recovers-2020-low.aspx [abgerufen am 20.06.2022].

resultierte eine Angst vor Immigration und Migration. Polizeiarbeit schien immer das Leben und die Freiheiten der einen auf Kosten der anderen zu schützen. Das ist das geteilte Narrativ, das ist die Herkunftsgeschichte amerikanischer Polizeiarbeit. Wenn wir jedoch einen genaueren Blick darauf werfen, können wir erkennen, dass die soziale Konstruktion von betroffenen Bevölkerungsgruppen entscheidend für diesen Prozess ist, der zu diesen historischen Schäden geführt hat. Diese Schäden der fernen und näheren Vergangenheit sind auch in der Gegenwart präsent. Soziale Konstrukte sind mächtig, wenn wir darüber nachdenken, denn es geht dabei vor allem um Sinnstiftung – doch auf Grundlage dieser sozialen Narrative werden bestimmte Bevölkerungsgruppen stigmatisiert oder dämonisiert und andere Bevölkerungsgruppen vergöttert. Im amerikanischen Kontext ist das meiner Ansicht nach unsere Realität gewesen. Und ich nehme an, im deutschen Kontext wird es ähnlich sein. Aus meiner Sicht handelt es sich hier um ein menschliches Problem. Es ist nicht auf ein Land oder einen Kontinent beschränkt. Unsere Realität ist Ausdruck sozialer Ungerechtigkeit. Diese ungerechten Praktiken sind auf der Grundlage sozialer Konstruktionen betroffener Bevölkerungsgruppen entwickelt und implementiert worden. Das hat zu historischem, aber auch zu gegenwärtigem Schmerz und Leid geführt.

Das administrative Übel

Der Schmerz- und Leidensweg wurde und wird durch Regierungsinstitutionen und den Prozess des Regierens begünstigt. Ich nutze hierfür den Begriff des administrativen Übels von Adams Balfour[5], das von zwei Gruppen von Akteur:innen ausgeht: intentionale Akteur:innen, die vorsätzlich handeln, und funktionale Akteur:innen, die funktional handeln. Intentionale Akteur:innen sind

> **Administrativer Rassismus umfasst die Art und Weise, wie Dienstleistungen erbracht werden, wie im Prozess der Leistungserbringung Rassismus Ergebnisse begünstigt, die insbesondere People of Color in den USA Schaden zufügen.**

die politischen Entscheidungsträger:innen, die konkrete Politik machen. Diese Politik wiederum ist durch die sozialen Konstruktionen, die auf bestimmte Bevölkerungsgruppen abzielen, geprägt und beeinflusst. Die Akteur:innen, die funktional handeln, verwirklichen die Entscheidungen, etwa Polizeibeamt:innen, die Gesetze durchsetzen. Aber wenn wir über das administrative Übel nachdenken, beschränkt es sich nicht nur auf Regierungsinstitutionen. Adams Balfour folgend, wird die Form des administrativen Übels durch private, gemeinnützige und glaubensbasierte Organisationen und Institutionen begünstigt oder unterstützt. Das administrative Übel ist ein Prozess, den bestimmte Bereiche unserer Gesellschaft unterstützen. Dies führt zum Konzept des administrativen Rassismus. Er umfasst die Art und Weise, wie Dienstleistungen erbracht werden, wie im Prozess der Leistungserbringung *Rassismus* Ergebnisse begünstigt, die insbesondere People of Color in den

---

[5] Williams, Brian N./Duckett, Brendin (2020). At the Juncture of Administrative Evil and Administrative Racism: The Obstacles and Opportunities for Public Administrators in the United States to Uphold Civil Rights in the Twenty-First Century. Online verfügbar unter https://www.researchgate.net/profile/Brian-Williams-5/publication/343011812_At_the_Juncture_of_Administrative_Evil_and_Administrative_Racism_The_Obstacles_and_Opportunities_for_Public_Administrators_in_the_United_States_to_Uphold_Civil_Rights_in_the_21_st (abgerufen am 04.05.2022).

USA Schaden zufügen. Was hier zum Ausdruck kommt, ist eine systemische und institutionalisierte Form des Rassismus, der in unsere Strukturen, unsere Politik und unsere Prozesse eingebettet ist. Wenn wir über administrativen Rassismus nachdenken, dann ist er das Ergebnis des Handelns, aber auch des Nichthandelns öffentlicher Verwaltungsbeamt:innen.

Die Herausforderung besteht darin, den Kreislauf der sozialen Konstruktionen zu durchbrechen: ein Kreislauf, bei dem sich die sozialen Konstruktionen auf die sozialen Normen auswirken, welche sich wiederum auf die politische Gestaltung öffentlicher Politik auswirken. Diese wirken sich auf die öffentlichen Organisationen aus, die wiederum die Umsetzung der beruflichen Praxis beeinflussen, die wiederum die öffentlichen Meinungen verstärken, die zu den sozialen Konstruktionen führen.

> **Es herrscht ein Mangel an Bewusstsein, Verständnis und Beachtung des administrativen Übels, des administrativen Rassismus und historischer Leiden, sozialer ausgrenzender Praktiken und sozialer Ungerechtigkeiten.**

Es ist ein Teufelskreis. In Hinblick auf die gegenwärtige beziehungsorientierte Polizeiarbeit in der USA sehe ich Gleichgültigkeit, basierend auf den sozialen Konstruktionen, die sich auf die öffentliche Wahrnehmung auswirken, basierend auf einem öffentlichen Regelwerk, das vom administrativen Übel kontaminiert wurde, basierend auf den professionellen Praktiken, die so sehr von administrativem Rassismus durchdrungen sind und zu Diskriminierung, Unterdrückung und Ungerechtigkeit führen – nicht nur in der Vergangenheit, sondern auch in der Gegenwart. Es herrscht ein Mangel an Bewusstsein, Verständnis und Beachtung dieser sozialen Konstruktionen, des administrativen Übels, des administrativen Rassismus und historischer Leiden, sozialer ausgrenzender Praktiken und sozialer Ungerechtigkeiten. All das mündet darin, dass die Probleme nicht angegangen werden.

Für die gegenwärtige Polizeiarbeit in den USA lassen sich einige Ansätze nennen, die diese Effekte abmildern: etwa mehr Beschäftigung mit dem sozialen Konstrukt *race* und insbesondere die Auseinandersetzung mit dem Begriff der „Black Crimmythology", also mit dem Mythos, dass Schwarzsein und Kriminalität miteinander verbunden sind. Es gibt Forschung, die sich Trauma und Epigenetik (also der Vererbung von Traumata durch Gene) widmet, sowie dem Begriff der „Identitätsfusion" im Zusammenhang mit *race*. Darüber hinaus schlüsseln Forscher:innen die polizeiliche Arbeit auf, führen Analysen auf der Makro-, Meso- und Mikroebene durch und versuchen, die Kultur und Subkultur der Polizeiarbeit und die Auswirkungen auf die Träger:innen der Uniform, aber auch auf diejenigen, die von den Träger:innen der Uniform geprägt werden, zu verstehen. Außerdem wird die Art und Weise in den Blick genommen, wie diese Institutionen und Organisationen aufgebaut sind – in Hinblick auf ihre Infrastruktur und Verwaltung.

Globale Schlussfolgerungen

Was folgen daraus nun für globale Schlussfolgerungen? Wohin geht die Reise für uns als globale Gesellschaft? Aktuell sehe ich uns – als globale Gesellschaft – an einem Scheideweg stehen, an dem man entweder in eine positive oder in eine negative Richtung gehen kann. Ich finde, dass wir

Forschung brauchen, die uns einen Weg nach vorn weist, um Dinge sichtbar zu machen, die wir nicht sehen und nicht vollends berücksichtigen. Wenn wir an den Eisberg zurückdenken, gibt es bestimmte Dinge, die wir sehen und andere, die zwar riesig sind, aber unter der Oberfläche liegen. Wir brauchen eine Forschung, die tatsächlich versteht und berücksichtigt, was unter der Oberfläche liegt. Wie könnten Möglichkeiten aussehen, sozialen Zusammenhalt auf den Weg zu bringen, die ein Verstehen des „Anderen", eine Würdigung des „Anderen" mit sich bringen. Wie lässt sich die Theorie in die Praxis umsetzen?

Wenn wir über Forschungsmöglichkeiten an diesem Scheideweg nachdenken, sehe ich bildlich gesprochen Bedarf für einen Thermometer-Ansatz, der es uns ermöglicht, die gegenwärtige Temperatur eines Umfelds zu messen. Aber wir sollten uns zudem einer Forschung zuwenden, die auch als Thermostat fungiert: Forschung, welche die Temperatur eines Umfelds aufrechterhalten und verändern kann, Forschung, die sozialen Zusammenhalt erschafft, aufrechterhält und befördert. Aber wie könnte das über verschiedene Disziplinen hinweg aussehen? Ebenso müssen wir Forschungsansätze nutzen, die es uns erlauben, an den Mängeln, die mit dem Defizit sozialen Zusammenhalts einhergehen, zu arbeiten und diese zu beseitigen. Wenn wir über soziale Spaltung nachdenken, könnten wir fragen: Ist es der Apfel, ist es das Fass oder ist es der Baum? Ich erwidere: Es ist der Einfluss des Bodens. Und weil es der Einfluss des Bodens ist, müssen wir uns einer Forschung zuwenden, die auf individuelle Aspekte schaut – den Apfel; auf organisatorische und institutionelle Aspekte – das Fass; auf systemische Aspekte – den Baum; und allen voran auf gesellschaftliche Aspekte – veranschaulicht durch den Boden. Aus meiner Sicht ist der Boden kontaminiert und somit ist alles, was in ihm gedeiht, ebenfalls kontaminiert. Das ist Teil unserer gesellschaftlichen DNA, wir sind dazu veranlagt, zu diskriminieren.

Es gibt aber auch einige praktische Auswirkungen in Hinblick auf den Scheideweg, an dem wir uns befinden: Es geht darum, wie wir sicherstellen können, dass sich Menschen in unserer Gesellschaft beteiligen, ihre Stimme und Erfahrungen einbringen, sich wirklich an der Teilung von Macht beteiligen – es geht um einen „Macht mit"-Ansatz anstatt eines „Macht über"-Ansatzes, der bestimmte Teile unserer Bevölkerung einschränkt und ausschließt. Wenn wir die Menschen in den Prozess einbeziehen wollen, müssen wir verstehen, dass die Menschen unterschiedliche Lebensrealitäten haben, beruflich wie persönlich. Wie passen wir uns also an, wie denken wir über öffentliche Versammlungen nach? Für wen sind sie gedacht? Wo finden sie statt? Zu welchen Zeiten finden sie statt? Eine weitere praktische Auswirkung geht auf folgendes afrikanisches Sprichwort zurück: „Wenn du schnell gehen willst, gehst du allein. Aber wenn du weit kommen willst, musst du zusammen gehen." Wie gehen wir also vor, um den sozialen Zusammenhalt zu stärken und zu erhalten? Gehen wir schnell oder gehen wir weit? Gehen wir allein oder gehen wir gemeinsam? Öffentliches Regieren und soziale Inklusion legen Letzteres nahe,

> **Es geht auch darum, wie wir sicherstellen können, dass sich Menschen in unserer Gesellschaft beteiligen, ihre Stimme und Erfahrungen einbringen, sich wirklich an der Teilung von Macht beteiligen – es geht um einen „Macht mit"-Ansatz anstatt eines „Macht über"-Ansatzes, der bestimmte Teile unserer Bevölkerung einschränkt und ausschließt.**

nämlich dass wir durch das gemeinsame Gehen weit kommen. Ich sehe momentan eine Gelegenheit, sich um eine bewusste Dekonstruktion und Rekonstruktion zu bemühen.

Wir befinden uns an einem Scheideweg zwischen Vergangenheit und Gegenwart. Wir können nicht rückwärtsgehen. Es gibt nur eine Richtung. Wenn wir nach rechts oder links gehen, kommen wir nicht voran. Das ist eine Sackgasse. Wir können nur vorwärtsgehen. Das erlaubt uns, nicht nur eine Ko-Konstruktion, sondern eine Poly-Konstruktion vorzunehmen, um einen Weg nach vorn zu finden, um tatsächlich einen sozialen Zusammenhalt zu erreichen, der notwendig ist. Natürlich spielt die Forschung eine wichtige Rolle in diesem Prozess, ebenso Politik und Praxis. An dieser Schnittstelle gibt es also einen Auftrag, eine Überzeugung in Bezug auf die Forschungsstrategien und die damit verbundene gemeinschaftliche Praxis, die ein Gefühl der gemeinsamen Verantwortung hervorhebt und das gemeinsame Verständnis davon befördert, dass all dies von der Bildung der Öffentlichkeit abhängt, um die bürgerlichen Fähigkeiten zu verbessern, die erforderlich sind, um das, was benötigt wird, mitzugestalten.

> **Wir befinden uns an einem Scheideweg zwischen Vergangenheit und Gegenwart. Wir können nicht rückwärtsgehen.**

In der Zwischenzeit sind viele Dinge nicht in Einklang – Kopf, Herz und Hände, unsere Forschung, unser Engagement, unsere Politik und unsere Praxis. Das hat zu einer Zersplitterung unserer Körperpolitik geführt, bei der der Kopf, also das intellektuelle Kapital, das Kapital des Fachwissens, losgelöst ist vom Herzen und Einfühlungsvermögen und losgelöst ist von den Händen, also dem angewandten Wissen und der Praxis. Das hat zu einer Fehlausrichtung geführt, die sich auf den sozialen Zusammenhalt auswirkt und zu sozialer Spaltung führt. Das Entscheidende ist, dass wir mit dem Herzen bei der Sache sind. Wenn wir also unsere Forschung, unsere Politik und unsere Praktiken mit unserem Herzen in Einklang bringen, geht es vor allem um Empathie, um die Wertschätzung des „Anderen". Dies kann ein Bewusstsein, ein Verständnis und eine Anerkennung hervorbringen, die nicht nur zu individuellem, sondern auch zu kollektivem Handeln führen. Es ist eine kollektive Herausforderung, ein globaler Auftrag, bei dem wir von Empathie zu Sympathie zu Mitgefühl übergehen, bei dem wir den Schmerz und das Leid anderer anerkennen, bei dem wir den Schmerz und das Leid anderer fühlen und bei dem wir auf den Schmerz und das Leid, das wir alle teilen, reagieren. Dazu gehören auch die Wissenschaftler:innen. Ich möchte an einen Ausspruch von Dr. Martin Luther King Jr. erinnern: „Wir müssen lernen, als Brüder [als Gesellschaft] zusammenzuleben oder zusammen als Narren unterzugehen." An diesem Punkt befinden wir uns – nicht nur in den USA, sondern weltweit. Als gläubiger Mensch und Optimist schließe ich mit einer positiven Bemerkung: Was hinter uns liegt und was vor uns liegt, ist winzig im Vergleich zu dem, was in uns liegt. Es ist uns möglich, den sozialen Zusammenhalt zu fördern und es liegt an uns, zu einem „Wir" zu werden.

Brian N. Williams, Prof. Dr., ist außerordentlicher Professor für Public Policy an der University of Virginia.

GESPRÄCH

„DAS WICHTIGSTE ÜBERHAUPT IST EIN BEWUSSTSEIN DAFÜR, DASS WIR UNS DIE KONFLIKTE, DIE WIR HABEN, REDLICH VERDIENT HABEN."

ALADIN EL-MAFAALANI

Wozu Rassismus?

Aladin El-Mafaalani (Autor „Wozu Rassismus – von der Erfindung der Menschenrassen bis zum rassismuskritischen Widerstand", Universität Osnabrück) im Gespräch[1] mit Amani Ashour (Institut für Demokratie und Zivilgesellschaft)

Auch in der deutschen Öffentlichkeit wird seit geraumer Zeit offen, kontrovers und hitzig über Rassismus debattiert. Im Gespräch mit Amani Ashour über sein neues Buch „Wozu Rassismus?" geht Aladin El-Mafaalani u. a. den Fragen nach, was „strukturelle" und „institutionelle" rassistische Diskriminierung bedeuten, wie sie definiert werden, was Rassismus mit gesellschaftlichem Zusammenhalt zu tun hat und welche Rolle Konflikte und Konfliktfähigkeit dabei spielen.

Empfohlene Zitierung:

El-Mafaalani, Aladin/Ashour, Amani (2022). Wozu Rassismus? Aladin El-Mafaalani im Gespräch mit Amani Ashour. In: Institut für Demokratie und Zivilgesellschaft (Hg.). Wissen schafft Demokratie. Tagungsband zur Online-Fachtagung „Gesellschaftlicher Zusammenhalt & Rassismus", Band 11. Jena, 140–149.

Schlagwörter:

Wissenschaft, Rassismus, Rassismusforschung, strukturelle Diskriminierung, Gesellschaftlicher Zusammenhalt

---

[1] Das Gespräch wurde transkribiert, ein herzliches Dankeschön dafür gilt Paul Warringsholz. Im Anschluss haben die Herausgeber:innen das Transkript redaktionell bearbeitet (insbes. gekürzt und sprachlich/stilistisch geglättet).

Amani Ashour

Ich freue mich sehr, Sie im Rahmen der Fachtagung „Gesellschaftlicher Zusammenhalt & Rassismus" begrüßen zu dürfen und mit Ihnen über Ihr kürzlich erschienenes Buch „Wozu Rassismus – von der Erfindung der Menschenrassen bis zum rassismuskritischen Widerstand" sprechen zu dürfen. Sie schreiben, dass Sie „Wozu Rassismus" geschrieben haben, um einem größer und dadurch niveauloser werdenden Diskurs eine wissenschaftlich fundierte Basis zu geben. Gab es einen weiteren spezifischen Anlass, der dazu geführt hat, dass Sie das Buch geschrieben haben oder hat sich das Projekt länger angebahnt?

Aladin El-Mafaalani

Ja, es stimmt schon, im Buch rekonstruiere ich das leidige Thema einer jeden Bewegung bzw. von jeder Form von Mainstreaming: dass das Diskursniveau meist sinkt, dadurch dass mehr Menschen an einem Diskurs teilhaben. Das ist logisch, eigentlich fast schon notwendig. Der Mord an George Floyd im Mai 2020 war der zentrale Auslöser dafür, dass der Diskurs in Deutschland ein Mainstream-Thema wurde, und so habe ich mich mit den Rahmenbedingungen in Deutschland beschäftigt, die die intensive Auseinandersetzung begünstigten.

Amani Ashour

Zentral in Ihrem Buch ist der Blick auf strukturelle Diskriminierung, die an drei Merkmalen festgemacht werden kann: Es geht nicht um Individuen, sondern um Strukturen; es geht also auch nicht um Intentionen von Individuen, sondern um die Wirkung von Abläufen und Prozessen; und es gibt in der Gesellschaft kein Jenseits der diskriminierenden Strukturen. Die institutionelle Diskriminierung ist ein Sonderbereich innerhalb der strukturellen Diskriminierung. Sie beschreiben anhand festgelegter Kriterien, wie man ein Risikoprofil für Institutionen erstellen könnte. Warum so ein Vorschlag und können Sie das Risikoprofil genauer beschreiben?

Aladin El-Mafaalani

Ich unterscheide drei strukturelle Bereiche: kulturelle Strukturen, ökonomische Strukturen und normative Strukturen. Es lässt sich metaphorisch als Wellenbewegung beschreiben: Jeder Fels ist eine Institution und es geht darum nachzuvollziehen, wie das Strukturelle an der Institution bricht. Das Strukturelle ist in jeder Institution deshalb anders wirksam, weil jede Institution anders ist und dieses Anderssein, bezogen auf die allgemeinen Rahmenbedingungen, systematisiere ich mittels fünf Clustern. Institutionen unterscheiden sich in vielerlei Hinsicht und meiner Meinung nach ist die Funktion bzw. der Auftrag einer Institution am entscheidendsten. Nehmen wir als Beispiel die Polizei oder andere Sicherheitsbehörden: Hier ist der Auftrag nicht Gerechtigkeit oder Fairness, vielmehr geht es primär um die Wiederherstellung oder Aufrechterhaltung von Sicherheit und Ordnung und es gilt das Verhältnismäßigkeitsprinzip.

Dieses Prinzip besagt im verwaltungsrechtlichen Sinne, dass Ungerechtigkeiten systematisch in Kauf genommen werden, aber dass sie verhältnismäßig sein sollen. Daran merkt man, dass Fairness und Gerechtigkeit kein Kriterium sind, sondern eigentlich nur Bremsen – klar, man muss Fairness und Gerechtigkeit ein bisschen berücksichtigen, aber der Auftrag ist ein anderer und das ist automatisch ein großes Risiko. Und: Es gibt Vorurteile in der Gesellschaft und Menschen mit Macht beurteilen andere Menschen – in unserem Beispiel ohne den Fokus Fairness und Gerechtigkeit. Hinzu kommen ökonomische Strukturen: Diejenigen, die von Rassismus betroffen sind, sind häufiger in prekären Lagen und deshalb häufiger in Kontakt mit der Polizei. Das wiederum führt zu einem zusätzlichen Problem. Am zweitwichtigsten sind Prozesse und ganz besonders, wie transparent Prozesse sind. Wenn Prozesse wie bei der Polizei oder anderen Sicherheitsbehörden intransparent sind und Ungleichverhältnisse haben, ist das noch mal ein großes Risiko – und zwar unabhängig davon, wer Innenminister ist, wer die Polizisten sind usw. Das Risikoprofil dieser Institution ist enorm, es leuchtet rot – und zwar immer. Übrigens würde ich nirgendwo grün sehen, aber es gibt andere Institutionen, bei denen es weniger stark ausgeprägt ist.

> **Wenn Prozesse wie bei der Polizei oder anderen Sicherheitsbehörden intransparent sind und Ungleichverhältnisse haben, ist das ein großes Risiko – und zwar unabhängig davon, wer Innenminister ist, wer die Polizisten sind usw.**

Amani Ashour

Spannend finde ich auch, wie Sie Privilegien im Erkennen von Diskriminierung deuten. Privilegien sind bei Ihnen nicht nur Vorteile, die Privilegierte haben, sondern auch wichtig für Diskriminierte, um zu erkennen, wie sie diskriminiert werden. Ich zitiere Sie nun: „Privilegierte PoCs können nicht nur latente Form von Rassismus identifizieren, sondern für sie ist auch die Intention nachrangig. Während also offener und auch intendierter Rassismus von allen wahrgenommen und problematisiert werden würde, ist latenter und/oder nicht-intendierte Rassismus weitgehend nur hochgebildeten und statushöheren PoC als solcher zugänglich." (El-Mafaalani 2021: 95) „Es setzen sich also in aller Regel nicht die Benachteiligten gegen Benachteiligung ein, sondern hochgebildete und statushohe Menschen, die einer benachteiligten Gruppe angehören oder ein benachteiligendes Merkmal aufweisen." (ebd.: 133) Können Sie diesen Ansatz ausführen?

Aladin El-Mafaalani

Es lässt sich historisch konstatieren: Diejenigen, die am stärksten ausgegrenzt werden, rebellieren in der Regel nicht, sie prägen in der Regel nicht die Diskurse und selbst das Protestieren geht über einen längeren Zeitraum nicht von der diskriminierten Gruppe aus. Akteure, die eine solche Bewegung antreiben, sodass es nachhaltig zu sozialem Wandel und Veränderungen kommt, sind in aller Regel Personengruppen, die in irgendeiner Hinsicht privilegiert waren. Nehmen wir wieder ein Beispiel, die „Black Lives Matter"-Bewegung: Das sind BPoCs, also überwiegend Schwarze Menschen, aber tendenziell hoch gebildet und häufig ökonomisch in einer sehr guten Position. Das bedeutet nicht, dass der „Black Lives Matter"-Diskurs deswegen disqualifiziert wäre, aber die richtig Ausgegrenzten verstehen die Diskussion tendenziell eher nicht. Das hat nichts mit Rassismus zu tun. Es wäre auch bei feministischen Diskussionen so, dass eine alleinerziehende Mutter, bei der es akut existenziell an allem mangelt, nicht mitbekommt, was für eine Diskussion über das Gendern geführt wird. Es ist interessant, dass sie das nicht mitbekommen und wenn sie es mitbekommen, dass sie es nicht verstehen – und daran sieht man, wie unsere Gesellschaft ist: Das ist kein Defizit von rassismuskritischen oder feministischen Akteuren, sondern so ist unsere Gesellschaft. Man muss Bestimmtes geschafft und erreicht haben, um in der Lage zu sein, Diskurse mitzuführen, Öffentlichkeit herzustellen usw. Man braucht einen sozialen Status, damit die anderen einem überhaupt zuhören und dann muss man auch noch ein Kollektiv bilden. Und wenn man das alles macht, dann wird man Gegenstand der Kritik à la: „Ihr macht Identitätspolitik!" So wird der Diskurs noch mehr zu einem Rand-Diskurs, wo es um fragmentierte Interessen geht, und leider passiert es dann sehr häufig, dass der Klassenkonflikt, der in jedem dieser Diskurse stecken könnte, abgespalten wird.

Amani Ashour
Sie schreiben, dass es die weißen Männer gibt, die das Privileg haben, in keine Kategorie gedrängt zu werden. Was genau ist das Problem mit den „alten weißen Männern" oder mit dieser Formulierung?

Aladin El-Mafaalani
Die Formulierung ist nicht sinnvoll, wenn man sie wörtlich meint. Man muss sich im Klaren darüber sein, die offene Gesellschaft, die wurde auch ermöglicht von alten weißen Männern, also darum geht es nicht, sondern es ist ein Bild dafür, dass man in keiner Kategorie steckt. Ein Beispiel: Wenn ein weißer Mann aggressiv ist, weil Menschen eben manchmal aggressiv sind, dann ist das kein Symptom für eine schwere Erkrankung, sondern das ist eine typische Variante menschlichen Verhaltes. Bin ich aber aggressiv, ist das ein „Aladin". Bei mir gibt es eine kollektive Kategorie, bei weißen Männern gibt es diese kollektive Kategorie nicht. Daran sieht man, dass sie historisch gesehen die dominante Gruppe sind, und diese Gruppe hat jetzt ein Problem. Die Gruppe fühlt Verlust und das ist nicht ganz verkehrt. Jüngere, heute sozialisierte Jungs und Männer kommen damit tendenziell besser klar. Aber nehmen wir jetzt wirklich die Figur alter weißer Männer: Sie müssen damit leben, dass sie sich nicht mehr wie ein Elefant im Porzellanladen verhalten können und dass sie jetzt auch tun müssen, was alle anderen schon immer gemacht haben: vorsichtig sein. Wenn man aber bisher sein Leben geführt hat und nie vorsichtig sein musste, sondern ganz im Gegenteil lospreschen konnte und sogar noch belohnt wurde, dann hat man jetzt ein Problem. Das Thema Vorsicht können wir vielleicht noch später aufgreifen.

Stellen wir uns nur vor, wie das früher war: In einem Raum oder an einem Tisch waren zehn weiße Männer und da endete meine Freiheit, wo die andere anfing. Die Männer dachten aber recht ähnlich, deswegen kamen sie sich nicht so sehr in die Quere und hatten viel Beinfreiheit und Armfreiheit. Heute sind nicht mehr 10, sondern 25 am Tisch und darunter sind Frauen und PoCs – unterschiedliche

Menschen mit unterschiedlichen Interessen. Jetzt gibt es also mehr als doppelt so viele Enden ihrer Freiheit und das fühlt sich für die Gruppe, die bisher rumwirbeln konnte, ohne jemandem direkt ins Gesicht zu hauen, an, als könnten sie nicht mehr sagen, was sie sagen möchte. Das, was jetzt passiert, bedeutet: Symbolische Privilegien gehen tatsächlich verloren, zum Teil auch materielle. Als Soziologe würde ich zusammenfassen: Na klar, alle kommen gut damit zurecht, wenn wir einer anderen Person gegenüber entgegenkommend sind, weil wir es wollen, aber wenn die Verhältnisse uns dazu zwingen, dass wir einen kleineren Spielraum haben und den anderen entgegenkommen müssen, und eben nicht weil wir es gewollt haben, dann haben Menschen damit ein Problem.

Amani Ashour
Ich möchte auf Ihr Angebot eingehen, über „Vorsicht" zu sprechen. Was kann man denn alles unter „Vorsicht" verstehen?

Aladin El-Mafaalani
In offenen Gesellschaften werden Konflikte wahrscheinlicher. Das muss man verstehen, sonst sind wir die ganze Zeit unglücklich, weil wir andauernd Konflikte sehen und denken, es läuft etwas verkehrt. Dabei ist es genau richtig. Zugleich hängen offene Gesellschaften davon ab, dass die Menschen das nicht ausreizen. Wenn wir andauernd mit vielen Menschen jedes Mal anecken und jedes Mal aufs Neue anecken, dann haben wir bald alle viele blaue Flecken. Wenn das noch 10, 20, 30 Jahre so weitergeht, liegt eine

> **In offenen Gesellschaften werden Konflikte wahrscheinlicher. Das muss man verstehen, sonst sind wir die ganze Zeit unglücklich, weil wir andauernd Konflikte sehen und denken, es läuft etwas verkehrt. Dabei ist es genau richtig.**

sehr ungemütliche Zeit vor uns. Das bedeutet: Vorsicht im Sinne von Vorsicht vor unnötigen Streitereien und Konflikten. In einer offenen Gesellschaft sollte so wenig wie möglich „nicht gesagt werden dürfen", aber man sollte so wenig wie möglich von dem, was man dürfte, ausreizen, weil wir sonst permanent einen Overload haben. Der gesellschaftliche Zusammenhalt lebt von Konflikten und deswegen sollte man Konflikte annehmen, sich sogar über manche freuen, denn diese Konflikte sind auch entstanden, weil bestimmte emanzipatorische Bewegung so erfolgreich waren. Wichtig zu bedenken ist dabei: Wir müssen uns darüber klar sein, dass wir in einer ungerechten Gesellschaft leben. Und wenn wir ein Problem mit dem Bestehenden haben, dann liegt das auch am Zusammenhalt, der das Bestehende so lange zusammengehalten hat. Das Aufbrechen und Thematisieren rassistischer Strukturen hat also einen Großteil des gesellschaftlichen Zusammenhalts erodieren lassen. Die Vorstellung, gesellschaftlicher Zusammenhalt sei per se etwas Gutes, geht aus meiner Perspektive letztlich am eigentlichen Problem vorbei.

Amani Ashour
Müssen wir also konfliktfähiger werden und dafür umdefinieren, was Konflikte für uns bedeuten?

Aladin El-Mafaalani
Absolut! Das Wichtigste überhaupt ist ein Bewusstsein dafür, dass wir uns die Konflikte, die wir haben, redlich verdient haben – und zwar nicht aus Blödheit, vielmehr war es harte Arbeit, dahin zu

kommen. Mir fallen wenige gesellschaftliche Konflikte ein, die nicht vor dem Hintergrund von echt positiven Entwicklungen entstanden sind. Ich finde den Begriff Konflikt viel besser als Polarisierung oder Spaltung. Immer, wenn Menschen über Spaltung und Polarisierung sprechen, erscheinen mir die Begriffe wenig hilfreich und analytisch unpräzise, aber klar: Wenn solche Begriffe oder Diagnosen kommen, dann handelt es sich häufig um Konflikte. Konflikte sind Resultat echter Prozesse. Wir müssen einsehen, dass die offene Gesellschaft eine Gesellschaft ist, um das mit Ulrich Beck zu sagen, die permanent mit ungewollten Nebenwirkungen, medizinisch gesprochen, klarkommen muss. Die offene Gesellschaft erreicht ihre Ziele, doch das Problem ist: Es gibt so viele Nebeneffekte, an die keiner vorher gedacht hat, dass die offene Gesellschaft permanent mit Nebenfolgen konfrontiert ist und gar nicht mehr erkennt, was alles Geniales passiert ist. Die Vordenker der offenen Gesellschaft hätten nie geglaubt, dass wir mal in so einer Gesellschaft leben werden, nicht nur in Hinblick auf Wohlstand, sondern auch in Hinblick auf die Liberalität!

Konflikte sind also überwiegend Ergebnis positiver Entwicklungen einer integrativen offenen Gesellschaft. Wichtig dabei ist es, Konflikte auf eine günstige Weise auszutragen. Vorsichtig zu sein ist dafür sinnvoll, zudem braucht es eine komplexe Konfliktkultur, die in Deutschland noch nicht ausgeprägt ist. Das, was ich heute hier sehe, würde ich als hitzig geführte „Anstreitkultur" bezeichnen. In den USA dagegen hat viele Jahre eine Konfliktvermeidungsstrategie überwogen. Dadurch sind zwei parallele Welten entstanden, zwei parallele Diskurse. Manchmal gibt es in den USA Ereignisse, bei denen sich die Amerikaner:innen gegenseitig wahrnehmen, ansonsten haben die Menschen eigene Fernsehsender, eigene Algorithmen usw., alles läuft parallel. Die andere Seite wurde zu lange ignoriert, lächerlich gemacht, es wurden keine richtigen Diskurse geführt und deswegen gibt es eine wirklich auseinandergehende Lebensrealität.

> **Konflikte sind überwiegend Ergebnis positiver Entwicklungen einer integrativen offenen Gesellschaft. Wichtig dabei ist es, Konflikte auf eine günstige Weise auszutragen. Vorsichtig zu sein ist dafür sinnvoll, zudem braucht es eine komplexe Konfliktkultur.**

Amani Ashour
Wie hängen nun Strukturen und Individuen in dieser Diskussion zusammen?

Aladin El-Mafaalani
Das ist eine sehr komplexe Fragestellung, die kann ich so gar nicht beantworten. Unsere Gesellschaft krankt eher daran, die Teilhabe von vielen Menschen zu organisieren und zu ordnen und weniger daran, dass unsere Gesellschaft es nicht schafft, Teilhabe zu erzeugen. Das Grundgesetz erzeugt bestimmte Konflikte – nein, es löst sie nicht, sondern es erzeugt diese. Wir haben mit dem Grundgesetz einen analogen Algorithmus, der permanent Konflikte erzeugt, je näher wir uns dem Grundgesetz in der Empirie annähern, das ist unser Problem. Das Grundgesetz hilft bei der gesellschaftlichen Realität heute gar nicht, es hat diese ganzen Konflikte überhaupt erst zugelassen. Das sind die bereits angesprochenen Nebenfolgen. Menschen wie ich, die über 40 sind, haben die beschaulichen 80er-Jahre und dann die 90er-Jahre mitbekommen – und damit in der eigenen Biografie erlebt, wie sich diese enorme Entwicklung zur offenen Gesellschaft vollzogen hat. Frauen waren damals

kaum in Führungspositionen, heute sind sie es immer mehr. Die Art und Weise, wie über Sexualität und Geschlechter gesprochen wird, hat sich gewandelt, ebenso die Teilhabe von Migrant:innen. Wir sind eine offene und liberale Gesellschaft geworden im Vergleich zu den 90er-Jahren und das ist wirklich nicht lange her! Es gibt einen großen Harmoniedrang in Teilen der Bevölkerung und der beißt sich mit den Konflikten und geht mit dem Gefühl einher, dass der Zusammenhalt flöten geht. Ich bin mir nicht sicher, ob wir eine Krücke brauchen, einen Ersatz-Klebstoff. Vielleicht verstehen aber in zehn Jahren die dann 25- bis 35-Jährigen dieses Gefühl gar nicht mehr. Das wäre zumindest eine gute Auflösung, auf die wir heute vielleicht nicht kommen, weil wir glauben, wir bräuchten einen Ersatz. Die größte Herausforderung in diesem Jahrzehnt wird sein, wie Diskurse in einer fragmentierten digitalen Gesellschaft ausgetragen werden können. Die meisten Diskurse finden mittlerweile im Digitalen einen Anfang und ein Ende und schwappen dann in die analoge Welt. Die Art und Weise, wie die digitale Welt Einfluss auf Gesellschaft und gesellschaftlichen Zusammenhalt nimmt, ist meines Erachtens eine zentrale Frage.

Amani Ashour

Vielen Dank, dann möchte ich Ihnen gern noch Fragen aus dem Zoom-chat stellen. Die erste lautet: Über welche kollektive Idee kann denn solidarischer Zusammenhalt entstehen? Sind es Kategorien wie ‚Volk' oder ‚Nation' oder sind diese nicht per se durch Ausschlussgedanken eher ungünstig?

Aladin El-Mafaalani

Es gibt ein Problem, das Zygmunt Bauman beschrieben hat, am schönsten in seinem allerletzten Werk „Retrotopia" kurz vor seinem Tod: Früher stand die Zukunft für Hoffnung, heute steht sie für Horror. Zygmunt Bauman legt dar, dass alle Ideologien, die in der Vergangenheit wirksam waren, immer gegen etwas gerichtet waren – sei es Volk

> **Konflikte werden dann ein Problem, wenn wir keinen Kompass und kein Ziel haben.**

oder Nation. Er beschreibt, dass es selbst die Europäische Union nur deshalb gibt, weil sie das überzeugendste Argument war, um zusammenzuhalten gegen China usw. Auch die besten Zeiten, bspw. der sozialen Marktwirtschaft, war bezogen auf ein „Gegen". Eine große Herausforderung also ist, auch für die offene Gesellschaft, dass man eine neue Zukunftsperspektive braucht. Und Konflikte werden dann ein Problem, wenn wir keinen Kompass und kein Ziel haben. Wenn Menschen in der Gegenwart Konflikte sehen, dann gibt es Menschen, die sagen: „Früher war alles besser". Das ist die Krise unserer Zeit und der Grund, warum ich die Einschätzung der wichtigsten theoretischen Soziolog:innen im Augenblick teile, dass man daran ein gutes Indiz für einen Epochenwandel erkennt. Wenn andauernd Krisen kommen und nicht mehr gehen und niemand es schafft, eine Zukunftsvision zu entwerfen, sondern die Vergangenheit schön geredet wird – und das ist so eine Situation, in der wir alles erreicht haben, was wir erreichen wollten und nur noch Nebenfolgen zu bearbeiten haben –, spricht viel dafür, dass wir mitten im Epochenwandel, einer Zäsur stecken und nicht wissen können, was am Ende dabei rauskommt.

Amani Ashour

Eine weitere Frage im Chat lautet: Ist die zum Teil geäußerte Diagnose eines drohenden „conservative backlashes" in Deutschland unzutreffend?

Aladin El-Mafaalani
Konservative Akteure beschreibe ich als entscheidende Akteure in einer Gesellschaft, denn sie sind die Bremsen einer offenen Gesellschaft – und jeder weiß, man kann nur vernünftig fahren, wenn man sich nach den Bremsen richtet, nicht nach dem Gaspedal oder der PS-Zahl. Ein wirklich großes Problem in der offenen Gesellschaft besteht darin, und das nicht nur für Konservative, Traditionen zu bewahren. In meinem aktuellen Buch stelle ich deutlich heraus: Alles, was uns lieb und teuer ist, sogar die Aufklärung, die Entwicklung der Menschenrechte usw., ist in einer von Rassismus und Sexismus durchsetzen Zeit entstanden – im Prinzip wird jetzt alles umfassend kritisierbar. Ich würde in diesem Zusammenhang empfehlen, sich mit Natascha Strobls Buch „Radikalisierter Konservatismus" zu beschäftigen – eine zugespitzte und spannende Analyse, denn Natascha Strobl geht in ihrem Buch anhand chronologischer Darstellungen der Frage nach, wie die konservative Partei in den USA und die konservative Partei in Österreich so weit nach rechts rutschen konnten und was genau eigentlich in den konservativen Milieus und Parteien passiert. Der Backlash ist eine Option, aber er funktioniert ganz offensichtlich nicht überall gleichermaßen und deshalb würde ich ihn auf keinen Fall ausschließen.

Aladin El-Mafaalani ist Soziologe und Inhaber des Lehrstuhls für Erziehung und Bildung in der Migrationsgesellschaft an der Universität Osnabrück. Er ist dort sowohl am Institut für Erziehungswissenschaft als auch am Institut für Migrationsforschung und interkulturelle Studien (IMIS) angesiedelt. Gleichzeitig betreut er als Beauftragter des NRW Ministeriums für Kinder, Familie, Flüchtlinge und Integration (MKFFI) die „Koordinierungsstelle für muslimisches Engagement in NRW" und ist Mitglied des Beirats für Teilhabe und Integration des Landes NRW.

Aktuelles Buch von Aladin El-Mafaalani:

Wozu Rassismus? Von der Erfindung der Menschenrassen bis zum rassismuskritischen Widerstand

2021 | Verlag Kiepenheuer & Witsch, Köln
ISBN 978-3-462-00223-2 | 12 € (Paperpack)

Amani Ashour arbeitet seit 2020 am IDZ als wissenschaftliche Mitarbeiterin im Forschungsprojekt „Diversität – Engagement – Zusammenhalt" des FGZ. Seit Juni 2022 wird sie im Rahmen des Graduiertenkollegs „Jüdische und muslimische Lebenswelten" durch das ELES Studienwerk gefördert.

„DIE GRÖSSTE HERAUSFORDERUNG IN DIESEM JAHRZEHNT WIRD SEIN, WIE DISKURSE IN EINER FRAGMENTIERTEN DIGITALEN GESELLSCHAFT AUSGETRAGEN WERDEN KÖNNEN."

ALADIN EL-MAFAALANI

PODIUMSDISKUSSION

„WIR BRAUCHEN DIE WISSENSCHAFT UNBEDINGT, UM AUS UNSERER PERSPEKTIVE DER ERFAHRUNGSWELTEN WISSEN METHODISCH ABGESICHERT GENERIEREN ZU KÖNNEN."

TAHERA AMEER

Wissenschaftsbasierte Antirassismusarbeit – Handlungspotenziale für Politik, Institutionen und Zivilgesellschaft

Podiumsdiskussion[1] mit Katharina König-Preuss, Tahera Ameer, Martin Thüne & Cornelius Helmert

Ein zentrales Anliegen des IDZ ist es seit jeher, den Erkenntnis- und Wissenstransfer zwischen Wissenschaft, Politik, Institutionen und Zivilgesellschaft herzustellen. Daher lag der Fokus bei der Podiumsdiskussion „Wissenschaftsbasierte Antirassismusarbeit" auf dem Zwischen und widmete sich der Frage, wie Rassismusforschung in die Bereiche Politik, Institutionen und Zivilgesellschaft hineinwirken kann und nahm die Zusammenarbeit und mögliche offene Potenziale in den Blick. Das Podium bestand aus Katharina König-Preuss (Abgeordnete im Thüringer Landtag, Die LINKE), Tahera Ameer (Amadeu Antonio Stiftung) und Martin Thüne (Thüringer Fachhochschule für öffentliche Verwaltung, Fachbereich Polizei), die Moderation übernahm Cornelius Helmert, wissenschaftlicher Mitarbeiter am IDZ.

Empfohlene Zitierung:

König-Preuss, Katharina/Ameer, Tahera/Thüne, Martin/Helmert, Cornelius (2022). Wissenschaftsbasierte Antirassismusarbeit – Handlungspotenziale für Politik, Institutionen und Zivilgesellschaft. In: Institut für Demokratie und Zivilgesellschaft (Hg.). Wissen schafft Demokratie. Tagungsband zur Online-Fachtagung „Gesellschaftlicher Zusammenhalt & Rassismus", Band 11. Jena, 152–161.

Schlagwörter:

Wissenschaft, Zivilgesellschaft, Verwaltung, Wissenstransfer, Rassismus, Rassismusforschung

---

[1] Die Podiumsdiskussion wurde transkribiert, ein herzliches Dankeschön dafür gilt Paul Warringsholz. Im Anschluss haben die Herausgeber:innen das Transkript redaktionell bearbeitet (insbes. gekürzt und sprachlich/stilistisch geglättet).

Cornelius Helmert:
Ich möchte direkt einsteigen und Katharina König-Preuss als damaliges Mitglied der Thüringer Enquete-Kommission Rassismus fragen: Können Sie zu Beginn einordnen, wie es zur Enquete-Kommission kam, was die Idee dahinter war und vor allem, wie dort die Zusammenarbeit funktioniert hat?

Katharina König-Preuss:
Die Enquete-Kommission Rassismus war eine Folge aus den beiden NSU-Untersuchungsausschüssen. Die Idee: mit einer Enquete-Kommission Rassismus – und das sehr bewusst in einer Enquete-Kommission, um Wissenschaft, aber auch Sachverständige zu beteiligen – zu versuchen, an die Ursachen heranzugehen und Definitionen für Politik festzulegen. Die Kommission hat ein bisschen mehr als zwei Jahre mit Wissenschaft und Praxis, in Form von Sachverständigen-Anhörungen, gearbeitet. Aber wir hatten zum Beispiel auch die Landes-Schulelternsprecher:innen eingeladen, um zu erfahren, wie an Schulen mit rassistischen Vorfällen umgegangen wird und an welchen Stellen sich Lücken im Umgang, in der Behandlung, in der Sensibilisierung und überhaupt erst in der Wahrnehmung finden. Ich selbst habe viel gelernt in dieser Enquete-Kommission. Bis heute bin ich den Wissenschaftler:innen dankbar, die über zwei Jahre sehr viel Zeit investiert haben. Der Abschlussbericht hat sehr viele Maßnahmen für alle möglichen Bereiche empfohlen. Und jetzt kommt das Problem: Die Maßnahmen werden bis heute nicht umgesetzt. Es gibt vereinzelte Maßnahmen, die in die Umsetzung gekommen sind, mit sehr viel Druck aus der Politik. Das beste Beispiel dafür ist die unabhängige Anti-Diskriminierungsstelle, die es mittlerweile seit einigen Monaten in Thüringen gibt. Aber man muss schon sagen, dass die absolute Mehrheit der Maßnahmen nicht umgesetzt wurde und vermutlich auch erst mal nicht umgesetzt wird. Und das hat vor allem etwas mit Verwaltungshandeln auf Regierungsebene zu tun und mit einer fehlenden Priorisierung. Es wird einfach nicht ernst genommen, dass diese Maßnahmen mehr sind als ein politisch-wissenschaftliches Dokument. Ich finde, dass die rot-rot-grüne Landesregierung schon längst viel mehr hätte tun können. Und dazu muss man wissen, dass nur ein Teil der Maßnahmen überhaupt Geld benötigt. Bei vielen Maßnahmen geht es um ein anderes Handeln, um einen sensibilisierten Umgang und ein anderes Verständnis. Es ist erschreckend, dass das nicht gemacht wird und man fragt sich schon, welchen Sinn es noch hat, sich in unterschiedlichen Formen einzusetzen, wenn es Beschlusslagen gibt und diese nicht umgesetzt werden.

> **Der Abschlussbericht der Enquete-Kommission Rassismus hat sehr viele Maßnahmen für alle möglichen Bereiche empfohlen. Und jetzt kommt das Problem: Die Maßnahmen werden bis heute nicht umgesetzt.**

Cornelius Helmert:
Gibt es aus Ihrer Sicht bei der Zusammenarbeit in Form einer Enquete-Kommission Unterschiede zum sonstigen politischen Betrieb, in dem ja durchaus auch wissenschaftliche Perspektiven einbezogen werden?

Katharina König-Preuss:
Ja, einen großen, weil Politik sich aus Wissenschaft immer gern die Bereiche rauszieht, die dem eigenen politischen Handeln oder der eigenen Position entsprechen. Das bedeutet, dass die Parts

der Wissenschaft ausgeblendet werden, die möglicherweise im Widerspruch stehen – und das ist ein Unterschied zur Enquete-Kommission, weil die Wissenschaft hier direkt beteiligt ist. In dem Moment, wo Politik nur bestimmte Parts auswählt, steht der konsequente Widerspruch und der Verweis auf wissenschaftliche Studien, auf Ergebnisse sofort im Raum. Und das hat man aus meiner Sicht auch in der Enquete-Kommission gemerkt, dass Politik sich in Teilen sehr zurückgehalten hat – zum einen aufgrund fehlenden Wissens, zum anderen aber auch aufgrund einer Debattenebene, die ein Stück versachlichter war. Zwischen CDU, Rot-Rot-Grün und den jeweiligen Sachverständigen gab es eine Zusammenarbeit, die im sonstigen parlamentarischen Raum so nicht existiert.

Cornelius Helmert:
Sie haben kürzlich im Rahmen des zehnten Jahrestages der Selbstenttarnung des NSU einen Maßnahmenkatalog herausgebracht, in der unterschiedliche Forderungen erhoben wurden, die teilweise auch auf die Enquete-Kommission Bezug nehmen. Ich möchte die Forderung herausgreifen, dass der öffentliche Dienst diverser werden muss. Was meinen Sie damit und haben Sie konkrete Vorschläge, wie das geschehen kann?

Katharina König-Preuss:
Die Bediensteten im öffentlichen Dienst kommen mehrheitlich aus einer gesellschaftlichen Gruppe. Ich sage es mal platt: Es sind weiße, in Deutschland aufgewachsene Deutsche. Und damit sind natürlich von vornherein nur bestimmte Perspektiven vorhanden, oft ist überhaupt kein Verständnis da, dass Menschen, die von Rassismus und Antisemitismus betroffen sind, auf Probleme im Raum der öffentlichen Verwaltung stoßen – natürlich auch im Rest gesellschaftlichen Lebens, aber eben auch im Kontakt mit der öffentlichen Verwaltung. Die Hoffnung wäre, dass es aufgrund einer erhöhten Diversität eine Möglichkeit gibt, die Verwaltung offener, niedrigschwelliger, zugänglicher und für alle Menschen in Deutschland ansprechbarer zu machen. Zugleich möchte ich ein Stück weit davor warnen, dass sich Diversität auf Hautfarben begrenzt. Ich denke, es geht um viel mehr. Leider ist das Verständnis bei den Ministerien oft so, dass sie denken, wenn sie einen Mitarbeiter:eine Mitarbeiterin haben, die von Rassismus betroffen ist, wären damit alle Diversitätsansprüche erfüllt. Dem ist aber nicht so und ich glaube, da muss noch viel gearbeitet und nachgesteuert werden, dass sich die Sensibilität in den Regierungsbänken ändert und man eben nicht denkt, in dem Moment, wo People of Color da sind, ist alles erledigt und gut.

> **Die Bediensteten im öffentlichen Dienst kommen mehrheitlich aus einer gesellschaftlichen Gruppe. Und damit sind natürlich von vornherein nur bestimmte Perspektiven vorhanden, oft ist überhaupt kein Verständnis da, dass Menschen, die von Rassismus und Antisemitismus betroffen sind, auf Probleme im Raum der öffentlichen Verwaltung stoßen.**

Cornelius Helmert:
Herr Thüne, Frau König-Preuss hat die Polizei angesprochen und als ein Beispiel angeführt, wo der öffentliche Dienst diverser werden muss. Ist das eine Forderung, die Sie unterstützen würden?

Martin Thüne:

Das kann ich nur unterstützen, die Verwaltung generell, aber im Besonderen die Polizei ist eher homogen. Das ist eine Kritik, die man äußern muss und es ist an der Zeit, daran etwas zu ändern. Ich sage immer: Wieso stellen wir nicht viel mehr Leute mit unterschiedlichen Berufshintergründen ein, um für die Probleme, die wir haben, andere Perspektiven zu berücksichtigen? Wieso haben wir beispielsweise nicht Soziolog:innen oder Politikwissenschaftler:innen in den Dienststellen? Wieso arbeiten wir nicht stärker mit Sozialer Arbeit zusammen? Warum ist nicht in jeder größeren Polizeidienststelle ein kleiner Stab, und wenn es nur ein, zwei Leute sind, an Menschen, die die Polizeiführung beraten und ganz andere Einblicke geben?

Cornelius Helmert:

Auch Sie wurden in der Thüringer Enquete-Kommission angehört. Wie war Ihre Wahrnehmung in Hinblick auf die Zusammenarbeit zwischen Wissenschaft und Politik?

Martin Thüne:

Ich fand die Enquete-Kommission und die Arbeit, die dort geleistet wurde, enorm und finde es manchmal schade, dass das gar nicht so in einer breiten Öffentlichkeit rezipiert wird. Es war ein besonderes Setting: also die Zeit, die das Ganze in Anspruch genommen hat, viele Felder, die man sich angeschaut hat, viele Akteur:innen, die einbezogen waren. In der Sitzung, in der ich war, ging es um das Polizeifeld, da waren neben mir unter anderem Polizeigewerkschafter vertreten, dazu die Beratungsinstitution ezra, die in Thüringen hinlänglich bekannt ist, sowie Vertreter:innen aus Berlin von der Initiative KOP, die Fälle monitoren, bei denen Personen Diskriminierung durch Polizei erfahren, vor allem Racial Profiling. Ich fand das sehr spannend, aber die Art und Weise, wie die Diskussion geführt wurde, war mit einigen Gewerkschaftern schwierig. Da merkt man schon immer wieder, wie groß die Widerstände sind, wie stark die Beharrungskräfte sind und mir kommt es schon manchmal tatsächlich so vor, gerade im Polizeibereich, dass das fast schon so eine Art Kampf zwischen verschiedenen – ja man muss wirklich sagen – Kulturen ist. Also die einen, die alles so lassen wollen, wie es immer war und alle Kritik abbügeln und die Realität ignorieren. Das hat man in der Sitzung sehr gut gemerkt, weil da wurden Fälle geschildert, auch in Thüringen, aus Thüringen heraus, durch die Beratungsinitiative ezra, die ich in Teilen miterlebt habe durch meine dienstliche Tätigkeit, die wirklich stattgefunden haben und dann sitzen dort Leute von Polizeigewerkschaften, die das abstreiten und versuchen eben diejenigen, die das vortragen, verächtlich zu machen. Das war dann ein Punkt, an dem ich die Hand gehoben habe und gesagt habe, dass es so aus meiner Sicht nicht geht. Schließlich gibt es ja auch Studien, es gibt wenig, aber es gibt Material, es gibt viele Schilderungen, viele Initiativen und es liegt so viel auf dem Tisch. Das ist ein Punkt, der mich tatsächlich umtreibt, das ist genau das, was Frau König-Preuss gesagt hat für die Enquete-Kommission, aber das gilt für ganz viele andere Sachen: Wir haben für den Polizeibereich im Bund und in den Ländern so viele Maßnahmenvorschläge seit Jahren

> **Wir haben für den Polizeibereich im Bund und in den Ländern so viele Maßnahmenvorschläge seit Jahren und Jahrzehnten auf dem Tisch liegen. Dinge, die man einfach umsetzen könnte, die teilweise nicht mal was kosten, aber man macht es nicht. Ich finde das frustrierend.**

und Jahrzehnten auf dem Tisch liegen. Dinge, die man einfach umsetzen könnte, die teilweise nicht mal was kosten, aber man macht es nicht. Ich finde das frustrierend, vor allem für die Betroffenen. Die Enquete-Kommission hat jedenfalls viele gute Empfehlungen gemacht, auch für den Polizeibereich, und wenn ich das abgleiche, muss ich feststellen, dass nichts davon bis jetzt umgesetzt wurde. Ohne jetzt Bashing betreiben zu wollen, waren die Erwartungen auch vieler Wähler:innen an Rot-Rot-Grün hoch und realistisch, aber sie wurden nicht erfüllt. Wir haben diese Regierung jetzt sechs Jahre, also über eine Wahlperiode hinaus schon, und es ist offensichtlich schwierig, sich im politischen Raum überhaupt auf sehr kleine Ziele zu einigen. Das ist schade, denn die Möglichkeiten sind eigentlich gegeben. Und ich muss im Ländervergleich sagen, dass Thüringen eher hinter Standards zurückfällt, die woanders schon etabliert sind.

> **Im Ländervergleich fällt Thüringen eher hinter Standards zurück, die woanders schon etabliert sind.**

Cornelius Helmert:
Sie sind an der Schnittstelle sowohl forschend als auch lehrend in der Ausbildung von Polizist:innen tätig und haben als eine indirekte Folge der Enquete-Kommission ein Handlungskonzept zusammen mit Dr. Schellenberg von der LMU München entwickelt. Können Sie erläutern, was Sie da machen und wie Sie da eine wissenschaftliche Perspektive einbringen?

Martin Thüne
Frau Dr. Britta Schellenberg war ebenfalls als Sachverständige eingesetzt und wir haben uns im Rahmen der Enquete-Kommission kennengelernt. Wir haben in der Folge ein Bildungsmodul entwickelt, um im Polizeibereich für Hasskriminalität, Rassismus und Antisemitismus zu sensibilisieren. Das heißt, es geht um Aus- und Fortbildungen innerhalb der Polizei. Wir wollten keinen reinen Theorie-Input machen, weil es schon einiges gibt und man aus der Lernforschung weiß, dass die Effekte relativ schnell wieder verpuffen. Wir haben also ein Planspiel entwickelt und Fälle aufbereitet, die sich tatsächlich so zugetragen haben in Deutschland und in Thüringen. Diese Fälle spielen wir mit den Auszubildenden oder mit Polizeibeamt:innen durch und versuchen u. a., sie zu sensibilisieren, wie sie professionell ermitteln, um Hasskriminalität zu erkennen bzw. statisch klassifizieren zu können. Ein wesentliches Element dabei ist es auch, dass wir die Teilnehmenden dazu anhalten, verschiedene Rollen einzunehmen. Wir haben unterschiedliche Rollen-Biografien, u. a. auch Betroffenen-Biografien, und wir geben ihnen Zeit und viele Informationen, sich ernsthaft in diese Perspektive zu begeben.

Cornelius Helmert:
Frau Ameer, wie funktioniert aus Ihrer Sicht die Zusammenarbeit zwischen Wissenschaft und Zivilgesellschaft?

Tahera Ameer:
Wir brauchen die Wissenschaft unbedingt, um aus unserer Perspektive der Erfahrungswelten Wissen methodisch abgesichert und nachvollziehbar generieren zu können – also Wissen, das nicht anekdotisch ist oder als anekdotisch abgewertet wird, sondern methodisch abgesichert.

Dafür ist Wissenschaft wichtig. Deshalb war es schon immer das Bestreben, mit Wissenschaft eng zusammenzuarbeiten. Es besteht ein wichtiges Bedingungsverhältnis, weshalb es großartig ist, dass die Amadeu Antonio Stiftung und das IDZ gemeinsam einen Ort in direkter Zusammenarbeit geschaffen haben. So lässt sich in ein reziprokes Verhältnis eines Verständnisses gehen – also was wir in der Praxis erleben, was die Forschung erlebt, wie wir das befruchten können und wie wir vielleicht auch ein Forschungsdesign von Anfang an, das sage ich jetzt aus meiner Perspektive, an die Erfahrungen und den Wissensbestand der Zivilgesellschaft anpassen können. Diesen braucht die Zivilgesellschaft als Untermauerung ihres Erfahrungswissens, um politisch wirken zu können.

Cornelius Helmert:
Wie wirkt die Zusammenarbeit in der Praxis? Ist es ein Wissenstransfer zwischen den unterschiedlichen Organisationen oder ist es ein lineares Verhältnis, also produziert die Wissenschaft Wissen, das dann an die Zivilgesellschaft weitergegeben wird?

Tahera Ameer:
Grundsätzlich ist es die gesellschaftliche Verantwortung von Wissenschaft, für Menschen nachvollziehbar zu machen, was passiert. Das Verhältnis sollte nicht linear sein, also nicht in eine Richtung gehen, sondern in einem Wechselverhältnis stehen. Wir haben in den letzten Jahren häufig erlebt, dass z. B. Juden und Jüdinnen abgesprochen wird, dass sie bei Antisemitismus mitreden können, mit dem Argument, sie seien betroffen. Das ist immer wieder ein Argument, das kommt, und das Problem wird erst dann als echt wahrgenommen, wenn es wissenschaftlich beschrieben wird. Das ist natürlich nicht unsere zivilgesellschaftliche Perspektive. Wir brauchen in dem Wechselverhältnis unserer Erkenntnisse, unseres Wissens die wissenschaftliche Sprecherposition – nicht damit die Wissenschaft das sagt, was wir ohnehin sagen, vielmehr damit Wissen abgeglichen wird, weil wir ganz häufig als zivilgesellschaftliche Akteur:innen in einer defensiven Behauptungssituation sind. Wir wollen unser Erfahrungswissen untermauert wissen, um selbst überprüfen zu können, inwieweit unser Erfahrungswissen tatsächlich abbildbar ist. Zugleich ist es eine Illusion, dass die Wissenschaft ein objektives Bild zeichnet, weil auch Wissenschaft sich immer in einem gesellschaftlichen Machtverhältnis positioniert. Es knirscht immer dann, wenn eine Wissenschaftslogik mit einer politischen Logik oder mit einer betroffenen Opferperspektive nicht zusammengeht.

> **Es ist die gesellschaftliche Verantwortung von Wissenschaft, für Menschen nachvollziehbar zu machen, was passiert. Das Verhältnis sollte dabei nicht in eine Richtung gehen, sondern in einem Wechselverhältnis stehen.**

Cornelius Helmert:
Gibt es Wünsche oder Vorschläge an „die Wissenschaft" in der Zusammenarbeit mit der Zivilgesellschaft oder Betroffenen-Organisationen?

Tahera Ameer:
Ja, ich wünsche mir Transdisziplinarität. Und das heißt? Für mich heißt das, dass akademische und nicht-akademische Akteur:innen gemeinsam Wissen generieren und im emphatischen Sinne

bedeutet das: Zivilgesellschaft ist auch bei der Entwicklung der Fragestellung dabei. Zivilgesellschaft wird nicht befragt nach der Erbringung von Kontakten, sondern die Frage ist auch: Was ist eure Perspektive? Wo seht ihr die Herausforderungen? Grundsätzlich also ist von uns als Zivilgesellschaft immer der Wunsch, dass wir in der Entwicklung der Fragestellung mit dabei sind, dass wir bei der Diskussion und der Entstehung des Forschungsberichtes beteiligt werden, bei der Umsetzung der Forschung und bei den Vorstellungen der Ergebnisse. Wir haben in Zusammenarbeit mit Lola für Demokratie in Mecklenburg-Vorpommern eine Studie zu Homo- und Transfeindlichkeit gemacht und es war ganz klar – wenn wir die Leute nicht selbst beteiligen, die von Homo- und Transfeindlichkeit betroffen sind, und dann in der Erstellung und Präsentation der Ergebnisse diese zivilgesellschaftlichen Akteur:innen und ihre Betroffenenperspektive nicht integrieren, dann ist das kein transformatives Wissen. Die Frage, die uns leitete und die wir schon in der Zusammenarbeit gestellt haben, war also: Wie können wir transformatives Wissen, das heißt gesellschaftlich wirksames Wissen, schaffen? Und das wäre mein großer Wunsch: dass die Forschung selbst darüber reflektiert, wie ihre Haltung dazu ist, und nicht sagt, sie sei objektiv und damit auch nicht politisch involviert.

Cornelius Helmert:
Gesellschaftlich und teilweise auch politisch wird Rassismus häufig mit Rechtsextremismus verbunden und die Problematisierung vor allem bei der extremen Rechten gesehen, bei neonazistischen Chatgruppen oder Demonstrationen. Die wissenschaftliche Studienlage ist aber inzwischen seit Jahrzehnten eine andere: Der aktuelle Thüringen Monitor gibt an, dass über 40 % der Befragten Deutschland als in einem gefährlichen Maß überfremdet sehen. Frau König-Preuss, nehmen Sie diese Fokussierung auf Rechtsextremismus auch wahr? Und inwiefern steht dies der Möglichkeit, Rassismus in der Gesellschaft auf den Grund zu gehen, im Wege?

Katharina König-Preuss:
Es ist ein Problem, dass Rassismus viel zu oft im Bereich der extremen Rechten verortet wird. Dadurch, dass man ihn dort verorten kann, macht man sich selbst frei von Rassismus, oder hofft zumindest, sich davon frei machen zu können und nicht an die eigenen rassistischen Vorurteile oder an den Rassismus in eigenen Strukturen herangehen zu müssen. Am Beispiel des Thüringen Monitors kann ich konkret sagen: Die Thüringer Politik finanziert seit mittlerweile 21 Jahren jedes Jahr eine Studie, um zu erfahren, wie die Thüringer Bevölkerung eingestellt ist in Bezug auf Demokratie. Die Studie arbeitet seit Jahrzehnten heraus, dass ein großer Teil der Bevölkerung Deutschland für gefährlich überfremdet hält. Vonseiten der Politik folgt die tradierte Reaktion, eine Pressemitteilung herauszugeben, in der jeder nach politischer Präferenz seinen eigenen Fokus setzt. Dann folgt eine Aussprache im Landtag, in der die Ergebnisse mit der eigenen politischen Haltung reflektiert werden und in Diskurs und oftmals auch in politischen Streit mit dem politischen Gegner übergeht. Das war's. Und dann kommt im nächsten Jahr der nächste Thüringen Monitor. Es ist unfassbar, dass zwar Finanzen zur Verfügung gestellt werden, um Analysen und Forschung zu betreiben, dann aber mit den Ergebnissen nichts gemacht wird.

> **Es ist ein Problem, dass Rassismus viel zu oft im Bereich der extremen Rechten verortet wird. Dadurch, dass man ihn dort verorten kann, macht man sich selbst frei von Rassismus.**

Tahera Ameer:
Das möchte ich unterstreichen. Der wesentliche Punkt ist: Auf was legen wir den Fokus bzw. konkret am Beispiel des Thüringen Monitor: Was wird erhoben und was wird damit gemacht? Das eine ist, den Leuten immer wieder zu erzählen, wie sie eingestellt sind. Aber man muss dann auch Handlungsräume dafür finden, wie Menschen damit umgehen. Aus der zivilgesellschaftlichen Perspektive brauchen wir dringend eine Forschung, die die Perspektiven der Betroffenen auch in der Forschungslandschaft darlegt. Es muss vollkommen klar sein, dass hier ein Schwerpunkt liegen muss und es nicht „nur" um Einstellungsforschung gehen kann. Da geht es um politische Bildung, aber da geht es eben auch im Rahmen dieser Forschung darum, diese Perspektiven sichtbar zu machen.

Cornelius Helmert:
Wir haben nun eine umfassende Problemanalyse vorgenommen und ich frage mich: Warum werden beispielsweise die Maßnahmen der Enquete-Kommission Rassismus nicht umgesetzt?

Katharina König-Preuss:
Mein Antwortversuch, gerade in Bezug auf die Maßnahmen der Enquete-Kommission: Es wird nicht als Priorität gesehen. Ich kann es auch an einem anderen Beispiel zeigen: Wir haben für die 2018 beschlossene Studie zur Überprüfung der Todesopfer rechter Gewalt Mittel zur Verfügung gestellt im Thüringer Innenministerium, doch der Auftrag ist immer noch nicht ausgelöst. Das hat nichts mit Geld zu tun, das hat nichts damit zu tun, dass es kein Forschungsinstitut gibt. Das hat etwas mit dem fehlenden politischen Willen und einer fehlenden Prioritätensetzung zu tun. Und so erkläre ich mir das auch im Bereich der fehlenden Umsetzung der Maßnahmen der Enquete-Kommission Rassismus. Da fehlt die Sensibilisierung, da fehlt der Versuch, die Betroffenenperspektive ernst zu nehmen und dann kommt noch mit ins Spiel: Die Thüringer Landesregierung besteht aus in Deutschland sozialisierten, weißen, gut gestellten Menschen, die vielleicht ab und zu einen linkeren Blick haben, aber die nichts destotrotz keine Betroffenenperspektive in ihr politisches Handeln übertragen. Und das ist ein Problem.

Tahera Ameer:
Dass der politische Wille nicht da ist, hat einen Grund. Das liegt an den Machtstrukturen, an den Machtverhältnissen, an strukturellem Rassismus. Es interessiert niemanden, wie es Menschen geht, die von Rassismus betroffen sind. Man kann sie umbringen und es interessiert immer noch keinen. Deshalb wünsche ich mir, dass wir in der Forschung mehr über diese Betroffenheitssituation sprechen, um vermitteln zu können, wie lebensbedrohlich das jeden Tag in allen Formen ist – und damit meine ich nicht nur physische Gesundheit. So frustrierend das klingt, aber ich werde weiterhin dafür kämpfen und optimistisch bleiben.

> **Dass der politische Wille nicht da ist, hat einen Grund. Das liegt an den Machtstrukturen, an den Machtverhältnissen, an strukturellem Rassismus. Es interessiert niemanden, wie es Menschen geht, die von Rassismus betroffen sind.**

Martin Thüne:

Ich würde dazu noch ergänzen: Ich nehme nach wie vor wahr, gerade im Behördenkontext – da meine ich jetzt nicht nur Polizei – dass jeder Vorschlag, der Fortschritte enthält, als Angriff aufgefasst wird, als Fundamentalkritik an den letzten 30, 40 Jahren Behördenarbeit. Wir müssen aber eine positive Denke entwickeln. Wir könnten doch Vorreiter sein, lasst uns zusammensetzen und dann setzen wir tolle Maßnahmen um und sind dann mal nicht hintendran, sondern ganz vorne! Aber wenn man das sagt, fängt man sich häufig ein, das sei illusorisch. Mich würde ja sehr interessieren, wer von den politischen Verantwortlichen und Behörden und auch woanders wirklich die Empfehlungen der Ausschüsse gelesen hat. Und das auch immer mal wieder tut und abgleicht mit der Frage, was davon bisher umgesetzt wurde? Mein Vorschlag: Lasst uns etwas zusammen machen, lasst uns zusammen hinsetzen und einfach vorangehen.

> **Wir müssen eine positive Denke entwickeln. Wir könnten doch Vorreiter sein, lasst uns zusammensetzen und dann setzen wir tolle Maßnahmen um und sind dann mal nicht hintendran, sondern ganz vorne!**

Katharina König-Preuss, Diplom-Sozialpädagogin, ist seit 2009 Landtagsabgeordnete in Thüringen für die Partei DIE LINKE. Sie war u. a. parlamentarisches Mitglied in beiden Thüringer NSU-Untersuchungsausschüssen sowie in der Enquete-Kommission „Ursachen und Formen von Rassismus und Diskriminierung in Thüringen".

Tahera Ameer ist Vorstand der Amadeu Antonio Stiftung. Seit 2004 arbeitet sie zu den Schwerpunkten aktueller und historischer Antisemitismus und Rassismus.

Martin Thüne, Dr., ist Kriminologe und Polizeiwissenschaftler. Er forscht und lehrt an der Fachhochschule für öffentliche Verwaltung – Fachbereich Polizei in Meiningen.

Cornelius Helmert studierte Politikwissenschaft, Soziologie und Rechtswissenschaft an der FSU Jena. Seit 2021 ist er als wissenschaftlicher Mitarbeiter im IDZ im JUROP-Projekt in Kooperation mit der FSU Jena und der Universität Duisburg-Essen tätig.

SESSION V

RASSISMUS IN INSTITUTIONEN

„UNSER VERBUNDPROJEKT BAUT AUF ZWEI BEOBACHTUNGEN AUF: EINERSEITS DER STRUKTURELLEN UND KULTURELLEN VERFESTIGUNG UND ANDERERSEITS DER DIFFERENZIERUNG UND ERWEITERUNG VON RASSISMEN UND IHRER WAHRNEHMUNGEN."

GERT PICKEL & MATTHIAS MIDDELL

Rassismus in Institutionen – Gründe und Grundgedanken der Erforschung

Gert Pickel & Matthias Middell (Universität Leipzig)

Die Rassismusforschung gewinnt in den letzten Jahren auch in Deutschland an Aufmerksamkeit. Dies steht im Kontext einer wachsenden Sorge um den gesellschaftlichen Zusammenhalt und dessen Gefährdung durch extremistische Taten und Einstellungen. In der Konsequenz beschloss ein Kabinettsausschuss zur Bekämpfung von Rechtsextremismus und Rassismus einen Maßnahmenkatalog, zu dem die erweiterte empirische Untersuchung von Rassismus in verschiedenen Projektverbünden gehört. Einer dieser Verbünde widmet sich Rassismus in Institutionen und Behörden. Es geht um die Frage, inwieweit sich in der Praxis von Behörden Rassismen verfestigt haben, die über das Handeln einzelner Mitarbeiter:innen hinausgehen und wie diesen entgegenzutreten wäre, aber auch, welche Maßnahmen bereits dagegen ergriffen wurden und gegebenenfalls zu Lernprozessen zwischen Institutionen führen sollten. Neben der Erhebung, was überhaupt als Rassismus angesehen wird, widmen sich verschiedene Fallstudien in einem Verbundprojekt am Forschungsinstitut Gesellschaftlicher Zusammenhalt erstmals in der Breite unterschiedlichen Behörden und legen verlässliche Studienergebnisse zum Rassismus in Institutionen vor.

Empfohlene Zitierung:

Pickel, Gert/Middell, Matthias (2022). Rassismus in Institutionen – Gründe und Grundgedanken der Erforschung. In: Institut für Demokratie und Zivilgesellschaft (Hg.). Wissen schafft Demokratie. Tagungsband zur Online-Fachtagung „Gesellschaftlicher Zusammenhalt & Rassismus", Band 11. Jena, 164–175.

Schlagwörter:

Rassismus, Institutionen, Vorurteile, Politik

Einleitung – Rassismus in Institutionen[1]

Die Auseinandersetzung mit Rassismus hat in den letzten Jahren auch in Deutschland deutlich an Fahrt aufgenommen. So wie amerikanische Debatten und Konzepte der kritischen Rassismusforschung und *race theory* den Weg nach Deutschland fanden, führten verschiedene Ereignisse, speziell die Erkenntnisse aus den NSU-Prozessen bis hin zu einer Serie von Anschlägen in

> **Die Auseinandersetzung mit Rassismus hat in den letzten Jahren auch in Deutschland deutlich an Fahrt aufgenommen.**

der allerjüngsten Vergangenheit, für die eine rassistische Motivation offensichtlich wurde, in Teilen der deutschen Bevölkerung und bei einer steigenden Zahl von Politiker:innen zu einer *Sensibilisierung* für das Thema Rechtsextremismus und Rassismus.[2] So wurde die rechtsextreme und rechtspopulistische Strategie der Mobilisierung über Rassismus erkennbar, die in ethnozentrisches und nationalistisches Denken eingeschrieben ist (Balibar und Wallerstein 1990; Hall 2018; Messerschmidt 2018). Parallel gelangten bislang nur unter Historiker:innen und in Nichtregierungsorganisationen, die der kritischen Rassismusforschung verbunden sind, diskutierte Problemlagen der deutschen Erinnerungskultur in den öffentlichen Diskurs. Dazu zählen die Auseinandersetzung mit der deutschen Kolonialgeschichte und rassistische Diskriminierung in und durch Institutionen des Alltagslebens (Attia und Keskinkilic 2018; Lutz und Gawarecki 2005; Arndt et al. 2022). Diese deutschen Entwicklungen verliefen nicht im luftleeren Raum. Befunde der Agency for Fundamental Human Rights (FRA) oder der European Commission against Racism and Intolerance (ECRI) identifizierten Rassismus als grundsätzliches Problem in Europa – und damit auch in Deutschland. Internationale und nationale Umfragestudien hatten ja bereits länger über die Verbreitung von Vorurteilen und Vorstellungen sozialer Ungleichwertigkeit sowie Diskriminierungserfahrungen von Minderheiten berichtet (z. B. Beigang et al. 2017; Decker und Brähler 2020; Pickel et al. 2019; Zick et al. 2021). Diese Erkenntnisse einer stetigen Existenz von Vorurteilen, Ressentiments und Rassismus nahm 2017 der Nationale Aktionsplan gegen Rassismus auf und markierte die hohe Relevanz der Bekämpfung von Rassismus für die Demokratie in Deutschland.

Neben dieser erhöhten Aufmerksamkeit für den Begriff und das Phänomen Rassismus rückte die Frage nach einer Differenzierung rassistischer Phänomene stärker in den Blick. Speziell mit Bezug auf Übergriffe der Polizei in den USA, aber auch aufgrund wiederkehrender Hinweise von Minderheitenvertreter:innen auf systematische Ungleichbehandlungen und Rassismus in Behörden und öffentlichen Institutionen in Deutschland (Arndt et al. 2022) wurde die Frage formuliert, inwieweit nicht nur ein individueller, von Einzelpersonen ausgehender Rassismus beobachtet werden muss, sondern ein struktureller, in die Gesellschaft eingetragener, übergreifender und tradierter Rassismus sowie ein institutioneller Rassismus, der sich in den Institutionen des Staates als Struktur und Kultur verankert hat (El-Mafaalani 2020, 72–84).

---

[1] Das am Forschungsinstitut Gesellschaftlicher Zusammenhalt angesiedelte Verbundvorhabens „Rassismus als Gefährdung des gesellschaftlichen Zusammenhalts im Kontext ausgewählter gesellschaftlich-institutioneller Bereiche" wird durch das Bundesministerium des Inneren und der Heimat gefördert.

[2] So wurden Beiträge der *critical race theory* (z. B. Delgado und Stefancic 2017) und Übersetzungen öffentlichkeitswirksamer Bücher mit rassismuskritischer Perspektive ins Deutsche trugen zur Sensibilisierung bei (Eddo-Lodge 2017; Sow 2018; Thomas 2018).

Struktureller, institutioneller Rassismus – und Rassismus in Institutionen

In Bezug auf *strukturellen Rassismus* wurde auf dessen historische Verankerung hingewiesen, die unter den veränderten Rahmenbedingungen einer Einwanderungsgesellschaft mehr und mehr zutage tritt (Alexopoulou 2020; Arndt 2017). Historisch etablierte Normvorstellungen und Kategorisierungen dienen damit auch heute noch als Anker für die Konstruktion gesellschaftlicher Kategorien, die Exklusionsprozesse und Machtverhältnisse in der Gesellschaft verstetigen (Middell und Pickel 2021, 5). Religiöse und koloniale Entwicklungen formten nach Fredrickson (2002, 46) die zwei Kernlinien des „modernen Rassismus" – Anti-Schwarzen Rassismus und Antisemitismus (auch Messerschmidt 2018, 61–66). Allein die Gruppe der von Rassismus betroffenen Personen hat sich erweitert und differenziert. Mittlerweile wurden weitere Gruppen als Adressat:innen rassistischer Diskriminierung seitens der Mitglieder der Dominanzgesellschaften hinzugefügt (Muslim:innen, Sinti:zze und Rom:nja, Asiat:innen usw.; auch Benz 2019, 62; Melter und Mecheril 2011). Inwieweit auch ein historisch verwurzelter Antislawismus nicht nur den exklusionistischen und diskriminierenden Diskursen und Praxen hinzuzurechnen ist, sondern auch ins Feld der vielfältiger werdenden Rassismen zugehört, bleibt noch zu erforschen.

> **Historisch etablierte Normvorstellungen und Kategorisierungen dienen damit auch heute noch als Anker für die Konstruktion gesellschaftlicher Kategorien, die Exklusionsprozesse und Machtverhältnisse in der Gesellschaft verstetigen.**

Unser Projekt baut also auf zwei Beobachtungen auf, nämlich einerseits der strukturellen und kulturellen Verfestigung und andererseits der Differenzierung und Erweiterung von Rassismen und ihrer Wahrnehmungen. Damit geht eine Dynamisierung einher, die auch bisher eingeübte Muster des Kampfes gegen und der Bewältigung von Rassismus auf den Prüfstand zu stellen zwingt. Die Beobachtung dieser Dynamisierung kann nicht auf die deutsche Gesellschaft beschränkt werden, denn erkennbar vollzieht sie sich in einem transnational und transregional verflochtenen Raum, in dem sowohl (alte und neue) rassistische Stereotype zirkulieren als auch (alte und neue) Formen des Widerstandes gegen rassistische Diskriminierung aufeinander Bezug nehmen und Bündnisse anstreben.

Diese Formen einer strukturellen Konsistenz von Rassismus gilt als Ausgangspunkt für die Praktiken und Kulturen von Rassismus in Institutionen. Es etablieren sich dort „organisationelle Regeln, Verfahren und Routinen", die das Handeln von Mitarbeiter:innen in Behörden lenken und beeinflussen (El-Mafaalani 2020, 72; auch Better 2008, 13; Ward und Rivera 2014). Ihr Ziel ist es, die Stabilität der Institution und damit ihr prinzipiell gleichartiges Funktionieren über längere Zeiträume zu gewährleisten. Dies trifft jedoch auf die Veränderungen in der Gesellschaft und ihrer Zusammensetzung durch Migration ebenso wie auf die oben angesprochene Dynamisierung des Verständnisses von Diskriminierung allgemein und von Rassismus im Speziellen. Im Ergebnis trifft die Konsolidierung von zwischen Gruppen der Gesellschaft bestehenden Machtverhältnissen – und damit *institutioneller Rassismus* – auf die Notwendigkeit der Anpassung an neue Verhältnisse und neue

Wahrnehmungen der Verhältnisse. Hieraus ergibt sich das Spannungsverhältnis für Institutionen, zugleich Stabilität der Funktionserfüllung und Anpassung an ein geändertes Umfeld (gewähr-)leisten zu müssen. Erste empirische Studien konnten diese Spannung vor allem im schulischen Raum identifizieren, wo ein solcher institutioneller Rassismus Gefahr läuft, sozialisatorisch weitergegeben zu werden (Gomolla und Radtke 2009; Gomolla et al. 2018; Fereidonni 2016). Es ist zu vermuten, dass auch in anderen Institutionen und öffentlichen Behörden ähnliche Beobachtungen zu machen sind. Allerdings ist in der Praxis der institutionelle Rassismus oft schwer von individuellem Rassismus zu unterscheiden, der über Personen in Institutionen wandert (Terkessidis 1998). Beide Möglichkeiten der Verortung von beobachteten Rassismus münden in Auseinandersetzungen zwischen Personen und Gruppen, die institutionellen Rassismus identifizieren, und solchen, meist Vertreter:innen der Behörden, die dies als Vorverurteilung der eigenen Mitarbeiter:innen ansehen und auf Einzelfälle und individuellen Rassismus verweisen. Solche Auseinandersetzungen entbrannten immer wieder auch in Deutschland zwischen Vertreter:innen der Zivilgesellschaft und Vertreter:innen öffentlicher Ämter, bis hin zu Minister:innen und Behördenleiter:innen. Sie stellten sich immer wieder bei besonders brisanten und in der Öffentlichkeit schnell skandalisierten Vorgängen, z. B. des sogenannten *Racial Profilings* als polizeiliche Alltagspraxis, vor die Institutionen und rechtfertigten deren Verhalten (z. B. Baile et al. 2019; Thompson 2020).

Vor dem Hintergrund dieser Entwicklungen wird sowohl die Notwendigkeit zu praktischem Handeln gegen Rassismus als auch der Bedarf nach Informationen hinsichtlich der Verbreitung und Verankerung von Rassismus in Institutionen deutlich. Hat sich die Situation hinsichtlich der Messung rassistischer Vorurteile und Diskriminierung in den letzten Jahrzehnten deutlich verbessert, ohne aus Sicht der Betroffenen von Rassismus befriedigend zu sein, stehen genauere Kenntnisse über die Verbreitung von Rassismus in öffentlichen Institutionen noch fast vollständig aus (u. a. Beigang et al. 2017; Decker und Brähler 2020; Zick et al. 2021). Letzteres ist in zweierlei Hinsicht unbefriedigend: So muss erstens von öffentlichen Institutionen nicht nur erwartet werden, dass sie den Menschenrechtskonventionen und dem Grundgesetz entsprechend allen Personen gegenüber ohne Vorurteile und rassistische Voreingenommenheit agieren, sondern auch, dass sie allen Formen rassistischer Diskriminierung aktiv entgegentreten. Zweitens ist unter der Annahme, dass Bedienstete in Behörden ähnliche Vorstellungen wie andere Menschen in der Gesellschaft haben, die Beobachtung einer teils weitreichenden Verankerung von Vorurteilen und Rassismen in der deutschen Bevölkerung ein Hinweis auf Probleme öffentlicher Wahrnehmung, die bearbeitet werden müssen (Zick 1997). So schwanken aus Umfragen gewonnene Aussagen zum antimuslimischen Rassismus zwischen 20 und 50 % Zustimmung, Antiziganismus kann ebenso bei 50 % der Befragten in Deutschland verortet werden, wie die Hälfte der befragten Deutschen sich vom Islam bedroht fühlt. Auf der Seite der Betroffenen ist die Situation noch dramatischer. 57 % der Berliner:innen, also Bewohner:innen einer Stadt, die als besonders weltoffen

> **Es muss von öffentlichen Institutionen nicht nur erwartet werden, dass sie den Menschenrechtskonventionen und dem Grundgesetz entsprechend allen Personen gegenüber ohne Vorurteile und rassistische Voreingenommenheit agieren, sondern auch, dass sie allen Formen rassistischer Diskriminierung aktiv entgegentreten.**

angepriesen wird, bekannten, schon mindestens einmal Opfer von Diskriminierung geworden zu sein (Pickel et al. 2019, 47–49). 85 % aller Jüd:innen und 47 % aller Muslim:innen haben nach Angabe der Studien der Agency for Fundamental Human Rights (FRA 2018, 59–64; SVR 2018, 13–14) bereits Diskriminierung erfahren. Belastbare Ergebnisse zu diesem Thema für Deutschland und verschiedene Betroffenengruppen sind über die geplanten Betroffenenbefragungen des Nationalen Diskriminierungs- und Rassismusmonitors (NaDiRa) des Deutschen Zentrums für Integrations- und Migrationsforschung (DeZiM) zu erwarten, die gleichermaßen Teil des 89-Punkteplans der Bundesregierung mit Maßnahmen unterschiedlicher Ausrichtung zur Bekämpfung von Rassismus und Rechtsextremismus sind (vgl. den Beitrag von Ates et al. in diesem Band).

Rassismus und gesellschaftlicher Zusammenhalt

Eingebettet in diesen Aktionsplan findet auch unsere Untersuchung von Rassismus in Institutionen statt. Diese wird von Forscher:innen aus acht Standorten des Forschungsinstituts Gesellschaftlicher Zusammenhalt im Verbundprojekt „Rassismus als Gefährdung des gesellschaftlichen Zusammenhalts im Kontext ausgewählter gesellschaftlich-institutioneller Bereiche" (InRa) übernommen. Ziel ist es zu klären, inwieweit Rassismus in Institutionen existiert, welche Erscheinungsformen er gegebenenfalls

> **Ziel ist es zu klären, inwieweit Rassismus in Institutionen existiert, welche Erscheinungsformen er gegebenenfalls aufweist, welche Motive und welche strukturellen Gründe ihm zugrunde liegen können und wie er sich vermeiden lässt.**

aufweist, welche Motive und welche strukturellen Gründe ihm zugrunde liegen können und wie er sich vermeiden lässt (Middell und Pickel 2021, 4). Dabei legt das Projekt sein Augenmerk auf die potenziell pluralen Formen von Rassismus in Institutionen. Es wird versucht, einen differenzierten und mehrperspektivischen Blick auf Rassismus vorzunehmen, der zum einen den Betroffenen von Rassismus gerecht wird, zum anderen aber einen tieferen Einblick in die Rahmenbedingungen, Einstellungen und Gemütszustände von Behördenmitarbeiter:innen unter der Diskurslage Rassismus zulässt. Differenziert ist der Zugang auch, weil er unterschiedliche rassistische Zuschreibungen ernst nimmt und in den Grundgedanken eines auf Differenzbildung und Machtabsicherung ausgerichteten Rassismusbegriffs einordnet (Bojadzijev 2018; Fredrickson 2002, Geulen 2017; Memmi 1982; Lavorano 2019; Rommelspacher 2009).

In welchem Verhältnis steht nun Rassismus zum gesellschaftlichen Zusammenhalt? Geht man davon aus, dass Rassismus auf Betonung von Differenz, Konstruktion von Kategorien und Gruppen sowie Machtverhältnissen beruht, dann stellt er mit Blick auf eine Gemeinschaft eine grundsätzliche Herausforderung für den gesellschaftlichen Zusammenhalt dar. So sorgt Rassismus für eine zuschreibungsbasierte Differenzierung und Differenzbildung in der Gesellschaft, die gesellschaftlichen Zusammenhalt erschwert. Zudem untergraben rassistische Vorstellungen und Vorurteile das soziale Vertrauen in Gemeinschaften und produzieren nicht nur ein „Wir und die Anderen", sondern erhalten auch bestehende Machthierarchien in der Gesellschaft (Allport 1979, 48–50, 153; Benedict 2019, 140–150). Die Legitimation dieser oft traditionell verankerten Machtverhältnisse in der Gesellschaft benötigt Differenzkonstruktionen, die Gleichwertigkeit oder gleichwertige Teilhabe zu verhindern suchen. Genau dies unterläuft aber nun die Grundlage einer gemeinschaftlichen Zusammenhaltskonstruktion. Die Schädlichkeit von Rassismus auf der individuellen Ebene für die Demokratie konnte bereits mehrfach belegt werden (Pickel et al. 2020, 105; Kailitz et al. 2021). So liegt als Grundannahme nahe: Rassismus in seinen vielfältigen Ausprägungen spaltet die Gesellschaft und gefährdet auf diese Weise den gesellschaftlichen Zusammenhalt. Werden diese Differenzbildungen und damit Rassismus in Institutionen reproduziert, so verschärft dies die Spaltung und beschädigt zum Beispiel Prozesse der Bindung von Mitgliedern aus Minderheiten oder eben der betroffenen Gruppen an die Gesellschaft. Bedeutsam ist, dass als Referenzpunkt dieses Zusammenhalts die Gesamtgesellschaft in der Form einer pluralen Einwanderungsgesellschaft gilt und nicht eine über ethno-nationalistische Vorstellungen verengte „Volksgemeinschaft".

> **Als Grundannahme liegt nahe: Rassismus in seinen vielfältigen Ausprägungen spaltet die Gesellschaft und gefährdet auf diese Weise den gesellschaftlichen Zusammenhalt. Werden diese Differenzbildungen und damit Rassismus in Institutionen reproduziert, so verschärft dies die Spaltung.**

Auf diesem pluralistischen Zusammenhalt bezieht sich in der Regel ein demokratisches Institutionensystem. So sind öffentliche Institutionen in einer Demokratie angehalten, grundgesetzlich garantierte Freiheitsrechte, aber auch den Anspruch auf Gleichbehandlung vor dem Gesetz und Teilhabechancen für alle im gleichen Umfang sicherzustellen. Gerade letzteres wird durch das Eindringen rassistischer Vorstellungen und Verankerungen infrage gestellt. Beobachtungen von rassistischer Diskriminierung in der Gesellschaft wie in institutionellen Vorgängen widersprechen diesen im Grundgesetz verankerten demokratischen Grundrechten. Wenn rassistische Exklusionsprozesse befördert werden, muss der demokratische Staat schützend einschreiten. Problematisch wird dies, wenn Rassismus in staatlichen Behörden selbst verankert ist, sei es über Einzelpersonen (als individueller Rassismus), sei es über historisch gewachsene Kulturen und Gewohnheiten oder strukturelle Vorgaben (struktureller und institutioneller Rassismus). Eine solche Intervention auf Grundlage empirischer Befunde zu leisten, die im Zuge methodenkontrollierter wissenschaftlicher Verfahren gewonnen werden und nicht auf Basis geschönter oder skandalisierender Annahmen, gehört zu den Geschäftsgrundlagen demokratischer Regierungen in Wissensgesellschaften.

Projekt: Institutionen und Rassismus

Wie soll das *Projekt zu Institutionen und Rassismus* nun umgesetzt werden? Es liegt in der Natur der Sache, dass am Anfang eines Projektes meist nur Fragestellungen und Hypothesen, Überlegungen zum Projektdesign und Willensbekundungen zu den angestrebten Zielen abgegeben werden können. Gleichwohl gehört eine solch frühe Darstellung des Vorhabens zur Transparenz öffentlich finanzierter Forschung, denn auch zu einem späteren Zeitpunkt müssen sich die Ergebnisse an den in Aussicht gestellten Resultaten messen lassen. Auf die bereits skizzierten Forschungsfragen reagieren wir mit einem ungewöhnlich breit angelegten Design, dass acht Standorte einbezieht, die jeweils eine besondere Sensibilität für ihre regionalen Konstellationen und eine exzellente Vernetzung in das Untersuchungsfeld aufgrund ihrer Vorerfahrung mitbringen. Dies erleichtert die empirischen Zugänge. Der Verbund bringt dabei Wissenschaftler:innen zusammen, die Erfahrungen mit sehr unterschiedlichen Forschungsmethoden einsetzen und diese damit auch untereinander kritisch betrachten und dadurch schärfen. Nicht weniger als 22 Fallstudien versprechen ein breit gefächertes Bild von ganz unterschiedlichen Institutionen und möglichen Affinitäten zu rassistischen Diskriminierungen im Alltag und in der Behördenkultur. Die Dynamisierung der Rassismusvorstellungen wird durch eine internationale Vergleichsperspektive und durch Rückgriffe auf historische Vorbilder erfassbar. Forscher:innen aus den Bereichen Vorurteils- und Umfrageforschung, kritische Rassismusforschung, politische Einstellungsforschung, Rechts-, Geschichts-, Erziehungs- und Kulturwissenschaften arbeiten zusammen. So wie gesellschaftliche Diskurse und Normen zu Rassismus in Institutionen Thema ist, werden Verwaltungsbehörden, Sicherheits- und Justizbehörden und auch Behörden aus den Bereichen Arbeit, Wohnen und Gesundheit untersucht. Verschiedene Teilprojekte versuchen sich an Vergleichsstudien zwischen Behörden, um Spezifika einzelner Behörden wie auch *Best-Practice*-Programme zum Umgang mit rassistischer Diskriminierung auszumachen. Hier geht es darum, Unterschiede in der Existenz und Bearbeitung von Rassismus zu kartografieren und zu diskutieren und daraus Empfehlungen für eventuelle institutionelle Veränderungsprozesse in den Behörden abzuleiten.

> **Verschiedene Teilprojekte versuchen sich an Vergleichsstudien zwischen Behörden, um Spezifika einzelner Behörden wie auch Best-Practice-Programme zum Umgang mit rassistischer Diskriminierung auszumachen.**

Entsprechend ruht unser Vorhaben auf drei Säulen, die gut miteinander verbunden werden sollen, u. a. durch eine intensive gemeinsame Diskussion und regelmäßige Formate der Ergebnisvorstellung. In *Säule eins* wird der Ausgangspunkt unserer Untersuchung des Rassismus in Institutionen näher beleuchtet: die Dynamisierungen der Wissens- und Diskursproduktion zu Rassismus. „Diese Dynamisierungen stehen im Kontext verstärkter Mobilitäten und der damit zusammenhängenden (oft hochgradig polarisierten) Neuaushandlungen des Selbstverständnisses der deutschen Gesellschaft als Ergebnis rezenter Migrationen und Verflechtungen." (Middell und Pickel 2021, 13) Aber auch das Wandern von Begrifflichkeiten und Konzepten zur Diagnose von Rassismus sowie das wachsende Empowerment der Zivilgesellschaft, bei Erkenntnissen einer Fortdauer bis Zunahme von Vorurteilen, Stereotypen und darauf aufbauendem Rassismus kommen in dieser ersten Säule zur Sprache. *Säule zwei* bündelt die konkreten Studien zum Zusammenspiel institutioneller Settings und sozialer wie individueller Dispositionen mit Bezug auf Rassismus in Behörden. Dies umfasst die Praktiken, Handlungsabläufe und Routinen mit rassistischem Risikopotenzial wie auch in Bezug auf Rassismus entgegenwirkenden Prozeduren (Meldestellen, Vertrauenspersonen usw.). In der dritten Säule sind jene Teilprojekte zusammengefasst, die sich mit Lernprozessen zwischen Institutionen(-typen), Regionen und Ländern befassen. Da Rassismus nicht ohne die von Rassismus Betroffenen untersucht werden kann und im Austausch mit anderen Expert:innen behandelt werden soll, ist eine enge Zusammenarbeit und ein regelmäßiger Austausch mit *Akteur:innen der Zivilgesellschaft* vorgesehen. Dieser findet an verschiedenen Orten und Themen in Form von partizipativer Forschung statt, nutzt aber auch die zivilgesellschaftliche Expertise in anderen Formen. Wichtig ist uns, möglichst viele verschiedene Betroffenengruppen einzubeziehen und eine breite Behördenvielfalt zu berücksichtigen, um die Komplexität des Phänomens, dem diese Studie gewidmet ist, angemessen abbilden zu können. Zugleich ist die Studie zu Rassismus in Institutionen nur ein Baustein aus dem Maßnahmenkatalog des Kabinettsausschusses zur Bekämpfung von Rechtsextremismus und Rassismus und stellt somit nur einen Ausschnitt der Forschung zu Rassismus dar. In der Konsequenz gilt es unsere eigenen Befunde mit anderen mit Rassismus befassten Organisationen und Personen zu diskutieren und kooperativ Ergebnisse abzugleichen und auszutauschen.

Statt eines Fazits – Probleme der Rassismusforschung

Die Untersuchung von Rassismus in Institutionen, sei es in Form eines von Individuen ausgehenden diskriminierenden Verhaltens und/oder Redens, sei es ein in die Regularien von Institutionen mehr oder weniger fest eingesunkener institutioneller Rassismus, ist zweifelsohne eine bedeutende Aufgabe von Forschung und Politik. Sie ist in Deutschland überfällig. Eine zunehmende Literatur und erste Lehrbücher zum Thema zeigen das anwachsende wissenschaftliche Interesse (Arndt 2020; Bent 2019; Lavorno 2019). Gleichzeitig besteht immer noch ein Manko, was empirische Studien angeht, die rassistische Diskriminierung, Zuschreibungen und institutionelle Anfälligkeiten für Rassismus abbilden. Mit Studien zu institutionellem Rassismus in der für die Weitergabe von Rassismus so wichtigen Sozialisationsinstanz Schule wurden erste Schritte unternommen (Gomolla und Raschke 2009), die genauere Betrachtung anderer Institutionen muss folgen.

> **Da Rassismus nicht ohne die von Rassismus Betroffenen untersucht werden kann und im Austausch mit anderen Expert:innen behandelt werden soll, ist eine enge Zusammenarbeit und ein regelmäßiger Austausch mit Akteur:innen der Zivilgesellschaft vorgesehen.**

Belastbare Fallstudien und empirische Forschungsergebnisse sind die Voraussetzung für eine angemessene Formulierung adäquater politischer Antworten und für eine durch Aufklärung angetriebene Einstellungsänderung, die auf empirisch plausibilisierte Problembeschreibungen reagieren. Will man dies umsetzen, so wird schnell deutlich, dass die entsprechende Forschung nicht unerhebliche Herausforderungen birgt. Keineswegs ist es selbstverständlich, dass sich Institutionen der Forschung öffnen. Wer will sich schon gern unter dem Vorwurf, rassistisch zu sein, untersuchen lassen? Dies bringt methodische Schwierigkeiten für eine empirische Rassismusforschung mit sich. Dazu gehört das erhöhte Risiko sozialer Erwünschtheit bei Auskünften oder einer massiven Diskrepanz zwischen der Wahrnehmung von Situationen und Handlungen zwischen Betroffenen und Behördenmitarbeiter:innen. Inwieweit es möglich ist, im Zusammenspiel zwischen Forschung mit Betroffenen und mit Behördenmitarbeiter:innen das Phänomen Rassismus in Institutionen zu entschlüsseln, wird sich zeigen. Auf jeden Fall ist für diesen Versuch Flexibilität und Risikobereitschaft erforderlich. Wir gehen davon aus, dass Untersuchende und Untersuchte das gemeinsame

Anliegen teilen, die Gefahr einer gesellschaftlichen Spaltung durch Rassismus zu verringern. Aber auch dort, wo unser Projekt vielleicht auf Schwierigkeiten stößt, lässt sich etwas für spätere Projekte lernen: über die Ursachen und Erscheinungsformen solcher Schwierigkeiten und zugleich über (hoffentlich erfolgreiche) Bemühungen, sie zu bewältigen.

Gert Pickel ist Professor für Religions- und Kirchensoziologie an der Theologischen Fakultät der Universität Leipzig. Zudem ist er einer der beiden Leiter des seitens des Bundesministeriums des Inneren und der Heimat geförderten Verbundvorhabens „Rassismus als Gefährdung des gesellschaftlichen Zusammenhalts im Kontext ausgewählter gesellschaftlich-institutioneller Bereiche" sowie PI in der seitens des BMBF finanzierten Verbundstudie „Radikaler Islam – Radikaler Anti-Islam".

Matthias Middell ist Professor für Kulturgeschichte am Global and European Studies Institute der Universität Leipzig und Direktor des Forschungszentrums „Global Dynamics". Zu seinen neueren Buchpublikationen gehören: The Routledge Companion to the French Revolution in World History (London, 2015, mit Alan Forrest); The Routledge Handbook of Transregional Studies (London, Narrating World History after the Global Turn: The Cambridge World History (Leipzig, 2021); Empires reconfigured (Leipzig, 2021, mit Alessandro Stanziani).

Literatur

Alexopoulou, Maria (2020). Deutschland und die Migration. Geschichte einer Einwanderungsgesellschaft wider Willen. Ditzingen, Reclam.

Allport, Gordon W. (1979): The Nature of Prejudice. New York, Perseus.

Arndt, Cecil/Baja, Hafida/Lohmann, Maike/Wagner, Constantin (2022): „Gegen die (weiße) Wand?" Zur Thematisierung von strukturellem Rassismus in Behörden. In: Birgül Demirtas/Adelheid Schmitz/Constantin Wagner (Hg.). Rassismus in Institutionen und Alltag der Sozialen Arbeit. Ein Theorie-Praxis-Dialog. Weinheim, Beltz Juventa, 75–92.

Arndt, Susan (2017). Rassismus. Eine viel zu lange Geschichte. In: Karim Fereidooni/ Meral Al (Hg.). Rassismuskritik und Widerstandsformen. Wiesbaden, Springer VS, 29–54.

Arndt, Susan (2020). Rassismus. Die 101 wichtigsten Fragen. München, C.H. Beck.

Attia, Iman/Keskinkilic Ozan Z. (2018). Rassismus und Rassismuserfahrung. Entwicklung – Formen – Ebenen. In: Institut für Demokratie und Zivilgesellschaft (Hg.). Wissen schafft Demokratie. Jena, IDZ, 116–125.

Baile, Mohamed/Dankwa, Serena/Naguib, Tarek/Purtschert, Patricia/Schillinger, Sarah (2019). Racial Profiling. Struktureller Rassismus und antirassistischer Widerstand. Bielefeld, transkript.

Balibar, Etienne/Wallerstein, Immanuel (1990). Rasse, Klasse, Nation. Ambivalente Ansichten. Hamburg, Argument Verlag.

Beigang, Steffen/Fetz, Karolina/Kalkum, Dorina/Otto, Magdalena (2017). Diskriminierungserfahrungen in Deutschland. Ergebnisse einer Repräsentativ- und einer Betroffenenbefragung. Antidiskriminierungsstelle des Bundes. Baden-Baden, Nomos.

Benedict, Ruth (2019 [1940]). Race. Science and Politics. Atlanta, University of Georgia.

Benz, Wolfgang (2019). Alltagsrassismus. Feindschaft gegen „Fremde" und „Andere". Frankfurt a.M., Wochenschau-Verl.

Better, Shirley (2008). Institutional Racism. A Primer on Theory and Strategies for Social Change. Maryland, Rowan & Littlefield. (2. ed)

Bojadzijev, Manuela (2018). Konjunkturen der Rassismustheorie in Deutschland. In: Naika Foroutan/ Christian Geulen/ Susanne Illmer/ Klaus Vogel/ Susanne Wernsing (Hg.). Das Phantom „Rasse". Zur Geschichte und Wirkungsmacht von Rassismus. Köln, Böhlau, 47–62.

Decker, Oliver/Brähler, Elmar (2020). Autoritäre Dynamiken. Alte Ressentiments – neue Radikalität. Leipziger Autoritarismus-Studie 2020. Gießen, Psychosozial-Verlag.

Delgado, Richard/Stefancic, Jean (2017). Critical Race Theory. New York, University Press.

Eddo-Lodge, Reni (2017). Why I´M no longer talking about Race. London, Bloomsbury.

El-Mafaalani (2020). Wozu Rassismus? Von der Erfindung von Menschenrassen bis zum rassismuskritischen Widerstand. Köln, KIWI.

Fereidooni, Karim (2016). Diskriminierungs- und Rassismuserfahrungen im Schulwesen. Eine Studie zu Ungleichheitspraktiken im Berufskontext. Wiesbaden, Springer VS.

FRA (2018). Exceptions and Perceptions of Antisemitism. Second survey on discrimination and hate against Jews in the EU. Brüssel, European Commission.

Fredrickson, George M. (2002). Racism: A short history. Princeton, University Press.

Geulen, Christian (2017). Geschichte des Rassismus. München, Beck.

Gomolla, Mechthild/Kollender, Ellen/Menk, Marlene (2018). Rassismus und Rechtsextremismus in Deutschland. Figurationen und Interventionen in Gesellschaft und staatlichen Institutionen. Weinheim, Beltz Juventa.

Gomolla, Mechthild/Radtke, Frank-Olaf (2009). Institutionelle Diskriminierung: Die Herstellung ethnischer Differenz in der Schule. Wiesbaden: Verlag für Sozialwissenschaften.

Hall, Stuart (2018). Ideologie, Identität, Repräsentation. Ausgewählte Schriften 4. Hamburg, Argument Verlag, 108–166.

Kailitz, Steffen/Pickel, Gert/Genswein, Tobias (2021). Sachsen zwischen Integration und Desintegration. Politisch-kulturelle Heimaten. Wiesbaden, Springer VS.

Lavorano, Stephanie (2019). Rassismus. Ditzingen, Beck.

Lutz, Helma/Gawarecki, Kathrin (2005). Kolonialismus und Erinnerungskultur. In: Helma Lutz/Kathrin Gawarecki (Hg.). Kolonialismus und Erinnerungskultur. Die Kolonialvergangenheit im kolonialen Gedächtnis der deutschen und niederländischen Einwanderungsgesellschaft. Münster, Waxman, 9–22.

Melter, Claus/Mecheril, Paul (2011) (Hg.). Rassismuskritik: Band 1: Rassismustheorie und Rassismusforschung. Schwalbach, Wochenschau Verlag.

Memmi, Albert (2000) [1982]. Racism. Minnesota, University of Minnesota.

Messerschmidt, Astrid (2018). Alltagsrassismus und Rechtspopulismus. In: Mechtild Gomolla/ Ellen Kollender/ Marlene Menk (Hg.). Rassismus und Rechtsextremismus in Deutschland. Figurationen und Interventionen in Gesellschaft und staatlichen Institutionen. Weinheim, Beltz Juventa, 80–92.

Middell, Matthias/Pickel, Gert (2021). Forschungsantrag zum Verbundvorhaben: Rassismus als Gefährdung des gesellschaftlichen Zusammenhalts im Kontext ausgewählter gesellschaftlich-institutioneller Bereiche. Leipzig, Forschungsinstitut Gesellschaftlicher Zusammenhalt.

Pickel, Gert/Pickel, Susanne/Yendell, Alexander (2020). Zersetzungspotentiale einer demokratischen politischen Kultur: Verschwörungstheorie und erodierender gesellschaftlicher Zusammenhalt? In: Oliver Decker/ Elmar Brähler (Hg.). Autoritäre Dynamiken. Alte Ressentiments – neue Radikalität. Gießen, Psychosozial-Verlag, 89–118.

Pickel, Gert/Reimer-Gordinskaya, Katrin/Decker, Oliver (2019). Der Berin-Monitor 2019. Vernetzte Solidarität – Fragmentierte Demokratie. Springe, zu Klampen.

Rommelspacher, Birgit (2009). Was ist eigentlich Rassismus? In: Paul Mecheril/ Claus Melter (Hg.). Rassismustheorie und -forschung. Schwalbach, Wochenschau Verlag, 25–38.

Sow, Noah (2018). Deutschland Schwarz Weiss. Der alltägliche Rassismus. Norderstedt, Norderstedt Books on demand.

SVR (Sachverständigenrat deutscher Stiftungen für Integration und Migration) (2018). Wo kommen Sie eigentlich ursprünglich her? Diskriminierungserfahrungen und phänotypische Differenz in Deutschland. Policy Brief des SVR-Forschungsbereich 2018-1. Berlin, SVR.

Terkessidis, Mark (1998). Psychologie des Rassismus. Wiesbaden, VS Verlag für Sozialwissenschaften.

Thompson, Vanessa Eileen (2020). Racial Profiling, institutioneller Rassismus und Interventionsmöglichkeiten. Online verfügbar unter https://www.bpb.de/gesellschaft/migration/kurzdossiers/308350/racial-profiling-institutioneller-rassismus-und-interventionsmoeglichkeiten (abgerufen am 17.05.2022).

Ward, James D./Rivera, Mario A. (2014). Institutional Racism. Organizations & Public Policy. New York, Peter Lang.

Zick, Andreas (1997). Vorurteile und Rassismus – Eine sozialpsychologische Analyse. Münster, Waxmann.

Zick, Andreas/Küpper, Beate (2021). Die geforderte Mitte. Rechtsextreme und Demokratiegefährdende Einstellungen in Deutschland 2020/21. Bonn, Dietz Verlag.

„DIE MEHRHEIT DER BEVÖLKERUNG IN DEUTSCHLAND ERKENNT RASSISMUS ALS EIN PROBLEM AN UND STIMMT ZU, DASS RASSISMUS DEN ALLTAG UND DIE STRUKTUREN DER GESELLSCHAFT PRÄGT."

MERIH ATES, SUÉ GONZALEZ HAUCK, FELICIA LAZARIDOU & JILL PÖGGEL

Vorstellung des Nationalen Diskriminierungs- und Rassismusmonitors (NaDiRa)

Merih Ates, Sué Gonzalez Hauck, Felicia Lazaridou & Jill Pöggel (Deutsches Zentrum für Integrations- und Migrationsforschung DeZIM e.V.)

Das DeZIM-Institut wurde von der Bundesregierung beauftragt, die Ursachen, das Ausmaß und die Folgen von Rassismus in Deutschland zu untersuchen und auf Grundlage unterschiedlicher Datenquellen evidenzbasierte Handlungsempfehlungen zu entwickeln. Zu diesem Zweck wurde der Nationale Diskriminierungs- und Rassismusmonitor (NaDiRa) aufgebaut. NaDiRa versteht Rassismus als ein historisch verankertes gesellschaftliches Verhältnis, weshalb struktureller und institutioneller Rassismus im Mittelpunkt der Betrachtung stehen und aus einer Gesamtbevölkerungs- und Betroffenenperspektive untersucht werden. Um die Betroffenenperspektive zu stärken, wurde ein zivilgesellschaftlicher Begleitprozess implementiert, bei dem migrantische und von Rassismus betroffene Organisationen in den Forschungsprozess miteinbezogen werden. Das Forschungsteam wurde aus unterschiedlichen Wissenschaftsdisziplinen rekrutiert, um verschiedene gesellschaftliche Themenfelder und Institutionen analysieren zu können, z. B. das Mediensystem und die Berichterstattung, das Gesundheitswesen oder das Rechts- und Beratungssystem in Deutschland. Insgesamt zeichnet sich NaDiRa somit durch ein interdisziplinäres, multi-methodisches (quantitativ, qualitativ, partizipativ) und rassismuskritisches Forschungsparadigma aus.

Empfohlene Zitierung:

Ates, Merih/Gonzalez Hauck, Sué/Lazaridou, Felicia/Pöggel, Jill (2022). Vorstellung des Nationalen Diskriminierungs- und Rassismusmonitors (NaDiRa). In: Institut für Demokratie und Zivilgesellschaft (Hg.). Wissen schafft Demokratie. Tagungsband zur Online-Fachtagung „Gesellschaftlicher Zusammenhalt & Rassismus", Band 11. Jena, 176–187.

Schlagwörter:

Diskriminierungs- und Rassismusmonitor (NaDiRa), Struktureller Rassismus, Institutioneller Rassismus, DeZIM-Institut

Einleitung und theoretischer Zugang

Rassismus ist nicht nur das Vorhandensein verzerrter Einstellungen und Vorurteile gegenüber „Ausländern" oder „Fremden" (Terkessidis 2004), sondern vielmehr ein historisch gewachsenes, gesellschaftliches Verhältnis (Attia 2013), welches durch den Prozess der Herunterstufung (*Inferiorisierung*) migrantischer und rassifizierter Communitys charakterisiert ist (Auma 2018). Dieser Prozess kann über vier zentrale Elemente definiert werden: Verschiedene Personengruppen werden auf Basis imaginierter – biologischer und/oder kultureller – Merkmale definiert (*Kategorisierung*); den Menschen werden auf Basis ihrer Gruppenzuordnung kausal und deterministisch gewisse Eigenschaften zugeordnet, wodurch sie als eine vermeintlich homogene Gruppe dargestellt werden (*Rassifizierung*); die Zuschreibung von Eigenschaften folgt bipolaren Codes wie „Wir" (gut, fleißig, rational) und „die Anderen" (böse, faul, emotionsgetrieben) (*Hierarchisierung*); durch Rassismus hervorgebrachte materielle Ungleichheiten und Ungerechtigkeiten werden durch die Prozesse der Kategorisierung, Rassifizierung und Hierarchisierung legitimiert (*Legitimierung*). Rassismus weist somit immer eine materielle und ideologisch-diskursive Dimension auf (Bonilla-Silva 2015) und bietet somit den konzeptionellen Rahmen für eine Kultur, in der rassistische Normen, Einstellungen, Prozesse, Schemata und Denkweisen zusammenwirken (Childs et al. 2017). Rassifizierung als Prozess geht dabei immer mit einer biokulturellen Essenzialisierung eines „Wir" gegenüber den „Anderen" (z. B. „Einheimische" und „Ausländer") einher, die über eine Imagination von Abstammung generationenübergreifend wirkmächtig bleibt. Aufgrund unterschiedlicher politischer Umstände, historischer Ereignisse und zivilgesellschaftlicher Widerstandsdynamiken (Heinz et al. 2014) bestehen auch kontextspezifische Abweichungen – es gibt also „Konjunkturen des Rassismus" (Demirović und Bojadžijev 2002).

> **Rassismus weist immer eine materielle und ideologisch-diskursive Dimension auf und bietet somit den konzeptionellen Rahmen für eine Kultur, in der rassistische Normen, Einstellungen, Prozesse, Schemata und Denkweisen zusammenwirken.**

Der Nationale Diskriminierungs- und Rassismusmonitor (NaDiRa) folgt hier dem Selbstverständnis, auf rassismuskritischer Forschung in Deutschland aufzubauen und diese durch theoretische, multi-methodische und interdisziplinäre Forschung weiter fortzuführen und in der Breite zu stärken. Rassismuskritik wird dabei nicht als eine „polizeiliche Überführungspraxis" von rassistischen Einstellungen verstanden, sondern als Analyse rassistischer Gesellschaftsverhältnisse und ihrer institutionellen und interaktiven Kontextualisierungen (Mecheril 2021).

Rassistische Prozesse laufen häufig subtil und indirekt ab, weshalb auch von verdecktem Rassismus (*covert racism*) gesprochen wird (Nail et al. 2003). Das funktioniert, indem a) materielle Ungleichheiten nicht auf die rassistischen Gesellschaftsverhältnisse zurückgeführt werden, sondern auf mangelnde Leistungsbereitschaft und -fähigkeit rassifizierter Personengruppen (*colour-blind racism*) (Bonilla-Silva 2015); b) offensichtliche rassistische Taten und Einstellungen als Tabu geächtet, aber zeitgleich rassifizierte Communitys als kulturell nicht passungsfähig zur eigenen Dominanzgesellschaft dargestellt werden (*symbolic und modern racism*) (Henry und Sears 2008).

Damit wird Rassismus kulturell chiffriert, weitestgehend geleugnet oder als ein gesellschaftliches Randphänomen abgetan.

Rassismus wird in der Regel vor allem dann öffentlich und politisch thematisiert, wenn es zu (offenkundig) rassistisch motivierten gewaltvollen Übergriffen (*overt racism*) kommt. Dies ist zuletzt auf schmerzhafte Weise durch die antisemitischen und rassistischen Anschläge in Halle und Hanau sowie den brutalen Mord am Schwarzen US-Amerikaner George Floyd durch Polizisten deutlich geworden. Rassistische Morde und Anschläge sind in Deutschland kein neues Phänomen, wenn wir z. B. an Hoyerswerda, Rostock-Lichtenhagen, Mölln und Solingen oder an den Terror des NSU erinnern. Was allerdings neu war, ist der Erfolg der anti-rassistischen Mobilisierung sowie der explizite Fokus auf die strukturellen Komponenten von Rassismus. Zum Beispiel konnte Black Lives Matter weltweit mobilisieren und eine bisher ungekannte Solidaritätswelle auslösen und die Verbliebenen von Hanau haben mit ihrer Initiative 19. Februar nicht zugelassen, dass erneut die These des Einzeltäters strukturellen Rassismus verdecken konnte. Auch wenn offen rassistische Gewaltakte für diese Mobilisierung auslösend waren, rückte die strukturelle Dimension rassistischer Vergesellschaftung somit verstärkt ins öffentliche Bewusstsein.

> **Rassismus wird in der Regel vor allem dann öffentlich und politisch thematisiert, wenn es zu (offenkundig) rassistisch motivierten gewaltvollen Übergriffen (overt racism) kommt.**

Vor diesem Hintergrund setzte die damalige Bundesregierung unter Kanzlerin Angela Merkel auch auf Druck von migrantischen Selbstorganisationen einen Kabinettsausschuss zur Bekämpfung von Rechtsextremismus und Rassismus ein und verabschiedete einen Maßnahmenkatalog. In diesem Rahmen wurde das DeZIM-Institut damit beauftragt, ein Diskriminierungs- und Rassismusmonitoring aufzubauen. Ziel von NaDiRa ist es, den Grundstein für ein dauerhaftes Diskriminierungs- und Rassismusmonitoring in Deutschland zu legen. Hierfür sollen auf Basis unterschiedlicher Datenquellen verlässliche Aussagen über Ursachen, Ausmaß und Folgen von Rassismus getroffen werden, um darauf aufbauend evidenzbasierte Maßnahmen gegen Rassismus entwickeln zu können. Dabei sollen sowohl die Gesamtbevölkerung als auch rassifizierte Gruppen, also Bevölkerungsgruppen, die potenziell von Rassismus betroffen sind (Betroffenenperspektive), untersucht werden. Diese Betroffenenperspektive wird in unterschiedlicher Weise berücksichtigt und zieht sich durch alle NaDiRa-Teilprojekte. Die unterschiedlichen Teilprojekte und der zivilgesellschaftliche Begleitprozess sind in thematische Module gegliedert, die Struktur des NaDiRa, die Inhalte und methodischen Zugänge der einzelnen Module werden im folgenden Kapitel beschrieben. Wir schließen mit einem Ausblick.

Struktur des NaDiRa

Modul 1: Theoretische Grundlagen des NaDiRa

Modul 1 beschäftigt sich mit theoretischen Grundlagen, die für alle Module des NaDiRa relevant sind. Es bietet einen regelmäßigen Reflexionsraum, in dem modulübergreifende Themen miteinander diskutiert und Konzepte geschärft werden. Konkret findet die gemeinsame theoretische Reflexion, die in diesem Theoriemodul koordiniert wird, in Form von wöchentlichen Diskussions- und Lesekreisen, internen Workshops sowie einer öffentlichen Ringvorlesung statt. Eine zentrale Analysekategorie ist dabei die Unterscheidung zwischen latenten und manifesten Rassismen und deren Ineinandergreifen. Aufbauend auf der Auseinandersetzung von Bergmann und Erb (1991) mit latentem Antisemitismus besteht eine zentrale modulübergreifende Fragestellung darin, welche latenten und manifesten Erscheinungsformen verschiedener Rassismen sich mit welchen Forschungsmethoden erschließen lassen. Latente rassistische Dispositionen, die aufgrund von Tabuisierung aus der Öffentlichkeit und auch aus dem Bewusstsein verbannt sind, lassen sich nicht mit klassischen Befragungen erheben. Diskursanalysen und andere Methoden, die in den qualitativ arbeitenden Modulen angewendet werden, sollen daher den Survey unter anderem auch in diesem Aspekt ergänzen. Neben dem Zusammenhang zwischen latenten und manifesten Erscheinungsformen verschiedener Rassismen beschäftigt sich die Theoriearbeit mit generativen Eigenschaften der Rassismen, also beispielsweise deren Rolle bei der Erzeugung rassistischer Kategorien, rassistischen Wissens und rassistischer Normen sowie mit Funktionen von Rassismen, etwa bei der Legitimation von Ungleichheit.

> **Neben dem Zusammenhang zwischen latenten und manifesten Erscheinungsformen verschiedener Rassismen beschäftigt sich die Theoriearbeit mit generativen Eigenschaften der Rassismen, also beispielsweise deren Rolle bei der Erzeugung rassistischer Kategorien, rassistischen Wissens und rassistischer Normen.**

Modul 2: Datenerhebung, Methodik des Surveys und Experimente

NaDiRa baut derzeit einen Online-Access Panel (NaDiRa.panel) auf, um langfristig die Ursachen, das Ausmaß und die Folgen von Rassismus in Deutschland quantitativ monitoren zu können. Ab dem Jahr 2023 werden wir vier Mal jährlich online Erhebungen durchführen. Damit können wir jederzeit auf kurzfristige gesellschaftliche Debatten und Ereignisse reagieren und mithilfe empirischer Daten zu einer Versachlichung von Debatten beitragen. Durch wiederkehrende Befragungsinhalte werden wir mittel- bis langfristig einen Datensatz generieren, mit dem wir über einen längeren Zeitraum gesellschaftliche Entwicklungen beobachten und analysieren können.

Das Besondere am NaDiRa.panel ist, dass es auf einer zweistufigen Stichprobe basiert. Die Stichprobenziehung beruht auf Zufallsstichproben aus Registern von Einwohnermeldeämtern. Die Grundgesamtheit besteht aus Personen im Alter von 18 bis 65, die ihren Hauptwohnsitz im Frühjahr 2022 in Deutschland gemeldet haben und in Privathaushalten leben. In der ersten Stufe der Stichprobenziehung werden Gemeinden ausgewählt und in der zweiten Stufe die Zielpersonen. Sowohl die Gesamtbevölkerungsperspektive als auch die Betroffenenperspektive werden beim NaDiRa.panel berücksichtigt. Für gezielt ausgewählte Bevölkerungsgruppen, die von Rassismus betroffen sind, erfolgt bei der Stichprobenziehung ein Oversampling. Das heißt, dass sie im Vergleich zur Bevölkerungsverteilung überproportional stark vertreten sind. Für die Identifikation zu den ausgewählten Gruppen werden die Namen analysiert und entsprechenden Herkunftsländern zugeordnet (onomastisches Verfahren). Da durch die Onomastik nicht alle Bevölkerungsgruppen identifiziert werden können, die von Rassismus betroffen sind, beschränken wir uns für die Initialerhebung auf drei Herkunftsgruppen: Menschen mit einem Namen aus Ländern, die mehrheitlich muslimisch geprägt sind, Menschen mit einem Namen die süd-, südost- und ostasiatischen Herkunftsländern zugeordnet werden und Menschen mit einem Namen die den Regionen westliches, östliches, südliches und zentrales Afrika zugeordnet werden. Sowohl für die Gesamtbevölkerung als auch für die ersten beiden Betroffenengruppen können wir auf Basis des Stichprobendesigns generalisierbare Aussagen treffen. Für die dritte Gruppe ist unsere Aussagekraft deutlich eingeschränkter. Wir können mit dieser Stichprobe keine generalisierbaren Aussagen über Schwarze, afrikanische oder afrodiasporische Menschen in Deutschland treffen, u. a. weil sie mithilfe der Onomastik nicht immer identifiziert werden können. So schreibt der Afrozensus, dass „aufgrund der afrikanischen und afrodiasporischen Geschichte der letzten Jahrhunderte zahlreiche Schwarze, afrikanische und afrodiasporische Menschen Nachnamen mit europäischen Bezügen tragen" (Aikins et al. 2020, 56–57). Deshalb verzichtet der Afrozensus bewusst auf die Onomastik. Für NaDiRa stellt die Onomastik besonders für die Schwarze, afrikanische oder afrodiasporische Communitys nur einen ersten Schritt dar. Auf diesen könnte für die Zukunft mit weiteren Verfahren aufgebaut werden, z. B. eine netzwerkbasierte, probabilistische Stichprobenziehung (Respondent-Driven Sampling). Ein weiterer Kritikpunkt an der Onomastik verweist darauf, dass es sich hierbei um eine Fremdzuschreibung (*Kategorisierung*) von Menschen handelt. Diesem berechtigten Kritikpunkt tragen wir insoweit Rechnung, dass wir allen Befragten die Möglichkeit geben, sich selbst zu definieren (*Selbstidentifikation*), was auch den Kriterien der Antidiskriminierungsstelle zur Erhebung von Antidiskriminierungsdaten entspricht (Baumann et al. 2018).

Für die Initialerhebung sind Fragen zu Demografie, sozialer Ungleichheit, Vertrauen in politische Institutionen, Wohlbefinden und Gesundheit geplant. Ein Schwerpunkt der Befragung liegt auf der Diskriminierungs- und Rassismuserfahrung der Befragten. Neben der intersektionalen Diskriminierungserfahrung in unterschiedlichen Alltagskontexten soll vor allem auf Erfahrungen im institutionellen Kontext des Gesundheitswesens fokussiert werden. Dieser institutionelle Kontext soll für jede Erhebungswelle des NaDiRa OAP rotieren. Zusätzlich werden Fragen zur sozialen Identität gestellt. Neben der Selbstidentifikation zu einer rassifizierten Gruppe wird nach der subjektiv wahrgenommenen Fremdzuschreibung und dem Zugehörigkeitsgefühl gefragt. Rassistische Wissensbestände und Vorurteile werden ebenfalls erhoben.

> **Neben der intersektionalen Diskriminierungserfahrung in unterschiedlichen Alltagskontexten soll vor allem auf Erfahrungen im institutionellen Kontext des Gesundheitswesens fokussiert werden.**

Zusätzlich haben wir ein Survey-Experiment (Vignettenstudie) durchgeführt, um Wahrnehmungen und Reaktionen zu untersuchen, wenn rassifizierte und nicht-rassifizierte Personen im Gesundheitskontext negativ behandelt werden. Weitere Survey- und Feldexperimente sollen ein fester Bestandteil des NaDiRa sein.

Modul 3: Institutionelle Prozesse und Rassismus

In der ersten Phase des NaDiRa wird Rassismus im institutionellen Kontext des deutschen Gesundheitswesens im Rahmen von zwei Teilprojekten näher in den Blick genommen. Das erste Teilprojekt setzt hierfür den Fokus auf Mediziner:innen durch eine wissenssoziologische Untersuchung von Rassismus in der ärztlichen Ausbildung. Dabei soll Rassismus auf den verschiedenen

In einem Teilprojekt werden mithilfe einer partizipativen Studie Community-Perspektiven auf Rassismus in der Gesundheitsversorgung erarbeitet. Die Ausformulierung der Forschungsfragen, die Umsetzung des Forschungsprojektes sowie die Interpretation der Ergebnisse geschieht in enger Zusammenarbeit mit Co-Forschenden aus zwei Communitys.

Wissensebenen des Prozesswissens (z. B. Alltagsabläufe), technischen Wissens (z. B. medizinische Inhalte) und Deutungswissens (z. B. latente „a-priori"-Normen) erfasst werden. Zu diesem Zweck werden zum einen Lehrmaterialien aus dem Medizinstudium in Deutschland sowie der „Nationale kompetenzbasierte Lernzielkatalog Medizin" stichprobenartig analysiert. Zum anderen werden Interviews mit von Rassismus betroffenen Ärzt:innen und Medizinstudent:innen durchgeführt. Im zweiten Teilprojekt werden mithilfe einer partizipativen Studie Community-Perspektiven auf Rassismus in der Gesundheitsversorgung erarbeitet. Die Ausformulierung der Forschungsfragen, die Umsetzung des Forschungsprojektes sowie die Interpretation der Ergebnisse geschieht hierfür in enger Zusammenarbeit mit Co-Forschenden aus zwei Communitys (muslimisch markierten Menschen und Menschen aus Schwarzen Communitys). Im Zentrum des Projekts stehen zudem sechs Fokusgruppendiskussionen, die sowohl durch eine Grounded-Theory-Analyse als auch durch partizipative Interpretationssitzungen mit den Peer Researchern ausgewertet werden.

Modul 4: Medienmonitoring

Das vierte Modul des NaDiRa besteht aus einem Medienmonitor, der den Wandel in der öffentlichen Auseinandersetzung mit Rassismus in deutschen Medien seit 1987 nachzeichnet und analysiert. Der inhaltsanalytische und zeitlich umfassende Rahmen bietet eine wichtige mediale Kontextualisierung des gesamten Rassismusmonitors. Dieses Projekt wird im Rahmen einer Kooperation des DeZIM-Instituts in Berlin mit dem Interdisziplinären Zentrum für Integrations- und Migrationsforschung in Duisburg-Essen durchgeführt.

Das Modul konzentriert sich auf vier thematische Schwerpunkte und ihre Veränderungen in den letzten drei Jahrzehnten: a) die Salienz von Debatten über Rassismus; b) die Akteur:innen, die diese Debatten geprägt haben; c) die zentralen Konflikte, die in den Debatten verhandelt worden sind, sowie d) das Framing, also die verschiedenen ‚Problemdefinitionen', die in den Debatten zum Ausdruck gekommen sind. Als Datengrundlage dienen zum einen der Textkorpus „MigPress" („Ein Zeitungskorpus für die Migrations- und Integrationsforschung"), der bis in das Jahr 2000 reicht, sowie die Archive der Frankfurter Allgemeinen Zeitung (FAZ), der Süddeutschen Zeitung (SZ) sowie der tageszeitung (taz), um die Zeitspanne von 1987 bis 2022 zu analysieren. Die so zusammengestellten

Texte werden zum einen computergestützt quantitativ ausgewertet, zum anderen wird die Analyse anhand ausgewählter Episoden qualitativ vertieft.

Modul 5: Rechtliche Grundlagen und Beratungsstrukturen

Modul 5 besteht aus den beiden Teilmodulen „Recht" und „Beratungsstrukturen" und ergänzt das methodische Spektrum des Rassismusmonitors durch juristische Fallanalysen und eine Bestandsaufnahme zivilgesellschaftlicher Beratungsstrukturen. Gemeinsam ist den beiden Teilmodulen die zentrale Fragestellung, welche Möglichkeiten bestehen, um sich gegen Rassismus zu wehren und welchen Hürden von Rassismus Betroffene dabei begegnen. Dabei geht es zunächst um die Frage, welches Verständnis von Rassismus der Arbeit in verschiedenen Rechtskontexten sowie Beratungsinstitutionen zugrunde liegt und welche Leerstellen und Ausschlüsse in diesem Rahmen produziert werden. Vor allem die Frage nach dem Umgang mit explizit rassistischen Taten einerseits und strukturellen Formen des Rassismus andererseits steht hierbei im Fokus. Die juristische Fallanalyse konzentriert sich darauf zu klären, welche Definitionen von Rassismus und rassistischer Diskriminierung deutsche Gerichte in ihrer Urteilspraxis zugrunde legen und wie sich diese zu europarechtlichen und völkerrechtlichen Vorgaben verhalten.

> **Die juristische Fallanalyse konzentriert sich darauf zu klären, welche Definitionen von Rassismus und rassistischer Diskriminierung deutsche Gerichte in ihrer Urteilspraxis zugrunde legen und wie sich diese zu europarechtlichen und völkerrechtlichen Vorgaben verhalten.**

Hierfür ist auch die Frage relevant, auf welche Weise die argumentativen Hürden errichtet werden, die es erschweren, Rassismus vor Gericht zu thematisieren. Eine zentrale Rolle spielt dabei die Figur des „objektiven Beobachters" oder des „objektiven Dritten", die von Gerichten herangezogen wird, um eine vermeintlich neutrale Position einzunehmen. Neben der juristischen Fallanalyse sollen die praktischen Probleme und Ambivalenzen der Beratungsarbeit näher in den Blick genommen werden. Unabhängige Beratungsstellen sind zentrale Akteur:innen an der Schnittstelle von Rechtsdurchsetzung einerseits und der Perspektive der von Rassismus Betroffenen andererseits, sie fokussieren also das Spannungsverhältnis von gelebter Realität und institutionellem Rahmen. Dabei navigieren sie ein breites Aufgabenfeld, das von der fallspezifischen Betreuung über die statistische Dokumentation und Bildungsarbeit bis zur politischen Intervention und Prozessen der zivilgesellschaftlichen Stärkung reicht. Gleichzeitig sind Ressourcen in der Regel sehr begrenzt, sodass Ambivalenzen dauerhaft ausgehandelt werden müssen. Die in rassismuskritischer Beratungsarbeit entwickelten Perspektiven und Lernprozesse dienen für dieses Projekt als Grundlage für die Evaluation existierender rechtlich-politischer Möglichkeiten in Deutschland, sich gegen Rassismus zu wehren. Eines der Scharniere zwischen den beiden Teilmodulen bildet eine intensive Befassung mit dem Prozess rund um den antisemitischen und rassistischen Anschlag vom 9. Oktober 2019 in Halle.

Modul 6: Zivilgesellschaftlicher Begleitprozess

Der zivilgesellschaftliche Begleitprozess dient dazu, die Wissensproduktion im NaDiRa zu demokratisieren und an den Bedürfnissen der von Rassismus betroffenen Menschen auszurichten. Zu diesem Zweck tritt ein aus Vertreter:innen von Migrant:innenorganisationen besetzter Fachkreis kontinuierlich mit den Forschenden in Dialog. Der Fachkreis spiegelt die im NaDiRa behandelten Themen und Fragen in die migrantischen Communitys zurück und ermöglicht somit Diskussionsräume. Darüber hinaus prüft er, ob die Forschungsfragen für Betroffene relevant sind, die Forschungsergebnisse die praktische Arbeit unterstützen können und es weitere Themen gibt, die auf die Agenda gesetzt werden sollten. Die unterschiedlichen Formate der Beteiligung oder themenbezogene Austauschrunden mit Forschenden verstehen sich als Angebote an interessierte Organisationen, die sich mit ihrer Expertise am NaDiRa beteiligen möchten. Der Fachkreis wird laufend über diesen Prozess informiert und erhält Informationen zu Aktuellem aus der NaDiRa-Geschäftsstelle. In den Fachkreis aufgenommen werden migrantische Organisationen, diasporische Organisationen, neue deutsche Organisationen sowie Organisationen/Institutionen, die schwerpunktmäßig zum Thema (Anti-)Rassismus arbeiten. Um sicherzustellen, dass über die Zeit hinweg effektive Partizipation durch zugängliche und inklusive Strukturen gewährleistet wird, erarbeitet das Modul, das den zivilgesellschaftlichen Begleitprozess koordiniert, Richtlinien, die stets einzuhalten sind und an denen sich die gegenseitigen Erwartungen des NaDiRa Teams einerseits und zivilgesellschaftlicher Organisationen andererseits ausrichten können.

> **Der zivilgesellschaftliche Begleitprozess dient dazu, die Wissensproduktion im NaDiRa zu demokratisieren und an den Bedürfnissen der von Rassismus betroffenen Menschen auszurichten.**

Ausblick

Die Einbettung des NaDiRa in das DeZIM-Institut stellt die Grundlage dafür dar, dass eine nachhaltige Forschungsinfrastruktur geschaffen werden kann, um Rassismus systematisch und verstetigt in Deutschland untersuchen zu können. Dabei profitiert NaDiRa nicht nur von der Infrastruktur und Expertise innerhalb des DeZIM-Institutes, sondern ebenso von der DeZIM-Forschungsgemeinschaft. Der Forschungsgemeinschaft gehören zahlreiche Einrichtungen an, die in Deutschland Migration und Integration erforschen. Flankierend zum NaDiRa baut die DeZIM-Forschungsgemeinschaft derzeit einen „Forschungsverbund Diskriminierung und Rassismus" (FoDiRa) auf.

2021 wurde NaDiRa im Wesentlichen aufgebaut und zeitgleich die Auftaktstudie „Rassistische Realitäten: Wie setzt sich Deutschland mit Rassismus auseinander?" verwirklicht und im Mai 2022 veröffentlicht.[1] „Rassistische Realitäten" ist die erste repräsentative Befragung in Deutschland, die rassistische Einstellungen, Rassismuserfahrungen und die Auseinandersetzung mit Rassismus differenziert

---

[1] Vgl. www.rassismusmonitor.de/studie-rassistische-realitaeten.

untersucht. Dazu gehört die Wahrnehmung und Bewertung von Alltagsrassismus, strukturellem Rassismus und die Verankerung rassistischer Wissensbestände. Eine Kernaussage ist, dass die Auseinandersetzung mit dem Thema Rassismus in Deutschland allgegenwärtig ist. Die Mehrheit der Bevölkerung in Deutschland erkennt somit Rassismus als ein Problem an und stimmt zu, dass Rassismus den Alltag und die Strukturen der Gesellschaft prägt. Zugleich ist zu konstatieren: Rassistische Wissensbestände (z. B. die Vorstellung, dass es verschiedene menschliche Rassen gibt) sind tief in der Gesellschaft verankert, die Debatten um Rassismus erzeugen Reflexe der Abwehr. Dennoch deuten die Ergebnisse der Auftaktstudie darauf hin, dass eine Mehrheit der Bevölkerung in Deutschland bereit ist, sich gegen Rassismus zu engagieren. Diese Themen und Erkenntnisse fließen in die NaDiRa-Hauptstudie ein und werden in den nächsten Jahren immer wieder aufgegriffen, um sozialen Wandel zu untersuchen.

> **Die Ergebnisse der Auftaktstudie deuten darauf hin, dass eine Mehrheit der Bevölkerung in Deutschland bereit ist, sich gegen Rassismus zu engagieren.**

Seit 2022 befindet sich die erste Hauptstudie des NaDiRa in der Durchführungsphase. Im Frühjahr 2023 wird die Veröffentlichung des 1. NaDiRa-Berichtes erwartet. Alle zwei Jahre soll ein solcher Bericht angefertigt und an die Bundesregierung übergeben werden.

Merih Ates, Dr. rer. pol., ist wissenschaftlicher Mitarbeiter im NaDiRa am DeZIM in Berlin. Er ist Mitglied im Vorstand der DGS-Sektion Medizin- und Gesundheitssoziologie. Forschungsschwerpunkte: Gesundheit und gesundheitliche Ungleichheit aus einer population health und rassismuskritischen Perspektive, Demografie und soziale Ungleichheit, Makrosoziologie.

Sué González Hauck, Dr. iur., ist wissenschaftliche Mitarbeiterin im NaDiRa am DeZIM in Berlin. Forschungsschwerpunkte: Rassismuskritische, feministische und postkoloniale Theorien des nationalen und internationalen Rechts.

Felicia Lazaridou, MSc., ist wissenschaftliche Mitarbeiterin im NaDiRa am DeZIM in Berlin und Ko-Sprecherin des Netzwerks Rassismusforschung. Sie ist Psychologin und Promotionsstudentin an der Charité-Universitätsmedizin Berlin. Forschungsschwerpunkte: Rassismus, soziale und kollektive psychische Gesundheit, qualitative und quantitative Methoden.

Tanita Jill Pöggel, Dr. phil., ist wissenschaftliche Mitarbeiterin im NaDiRa am DeZIM in Berlin. Forschungsschwerpunkte: Antirassismus, Erinnerungspolitik, Protestgeschichte, Politische Theorie.

Literaturverzeichnis

Aikins, Muna AnNisa/Bremberger, Teresa/Aikins, Joshua Kwesi/Gyamerah, Daniel/Yıldırım-Caliman, Deniz (2020). Afrozensus 2020. Perspektiven, Anti-Schwarze Rassismuserfahrungen und Engagement Schwarzer, afrikanischer und afrodiasporischer Menschen in Deutschland. Each One Teach One (EOTO) e.V; Citizens For Europe. Berlin. Online verfügbar unter https://afrozensus.de/reports/2020/Afrozensus-2020-Einzelseiten.pdf (abgerufen am 21.03.2022).

Attia, Iman (2013). Privilegien sichern, nationale Identität revitalisieren. Journal für Psychologie. Online verfügbar unter https://journal-fuer-psychologie.de/article/view/258 (abgerufen am 21.03.2022).

Auma, Maureen Maisha (2018). Rassismus: Eine Definition für die Alltagspraxis. Berlin, RAA Berlin.

Baumann, Anne-Luise/Egenberger, Vera/Supik, Linda (2018). Erhebung von Antidiskriminierungsdaten in repräsentativen Wiederholungsbefragungen. Bestandsaufnahme und Entwicklungsmöglichkeiten. Antidiskriminierungsstelle des Bundes. Online verfügbar unter https://www.antidiskriminierungsstelle.de/SharedDocs/downloads/DE/publikationen/Expertisen/erhebung_von_antidiskr_daten_in_repr_wiederholungsbefragungen.pdf?__blob=publicationFile&v=2 (abgerufen am 21.03.2022).

Bergmann, Werner/Erb, Rainer (1991). Antisemitismus in der Bundesrepublik Deutschland. Ergebnisse der empirischen Forschung von 1946-1989. Wiesbaden, VS Verlag für Sozialwissenschaften.

Bonilla-Silva, Eduardo (2015). The Structure of Racism in Color-Blind, "Post-Racial" America. American Behavioral Scientist 59 (11), 1358–1376. https://doi.org/10.1177/0002764215586826.

Childs, Adrienne L./Libby, Susan Houghton/Bindman, David (2017). The black figure in the European imaginary. Winter Park, Florida/London/London, The Cornell Fine Arts Museum Rollins College; D Giles Limited.

Demirović, Alex/Bojadžijev, Manuela (Hg.) (2002). Konjunkturen des Rassismus. Münster, Westfälisches Dampfboot.

Deutsches Zentrum für Integrations- und Migrationsforschung (DeZIM) (2022): Rassistische Realitäten: Wie setzt sich Deutschland mit Rassismus auseinander? Auftaktstudie zum Nationalen Diskriminierungs- und Rassismusmonitor (NaDiRa), Berlin.

Heinz, Andreas/Müller, Daniel J./Krach, Sören/Cabanis, Maurice/Kluge, Ulrike P. (2014). The uncanny return of the race concept. Frontiers in human neuroscience 8, 836. https://doi.org/10.3389/fnhum.2014.00836.

Henry, P. J./Sears, David O. (2008). Symbolic and Modern Racism. In: John H. Moore (Hg.). Encyclopedia of race and racism. Detroit, Macmillan Reference USA, 111–112.

Initiative 19. Februar (2022). Online verfügbar unter 19feb-hanau.org (abgerufen am 21.03.2022).

Mecheril, Paul (2021). Begehren, Familienähnlichkeiten, postpositivistische Analyse – von Rassismusforschung zu rassismuskritischer Forschung. Kommentar zur RfM-Debatte 2021. Rat für Migration e.V. Online verfügbar unter https://rat-fuer-migration.de/2021/11/11/rfm-debatte-2021-kommentar-paul-mecheril/ (abgerufen am 21.03.2022).

Nail, Paul R./Harton, Helen C./Decker, Brian P. (2003). Political orientation and modern versus aversive racism: tests of Dovidio and Gaertner's (1998) integrated model. Journal of personality and social psychology 84 (4), 754–770. https://doi.org/10.1037/0022-3514.84.4.754.

Terkessidis, Mark (2004). Die Banalität des Rassismus. Migranten zweiter Generation entwickeln eine neue Perspektive. Bielefeld, transcript.

„EINE KERNAUSSAGE DER NADIRA-AUFTAKTSTUDIE ‚RASSISTISCHE REALITÄTEN' IST: DIE AUSEINANDERSETZUNG MIT DEM THEMA RASSISMUS IN DEUTSCHLAND IST ALLGEGENWÄRTIG."

MERIH ATES, SUÉ GONZALEZ HAUCK, FELICIA LAZARIDOU & JILL PÖGGEL

„DAS RECHT IST EIN ZENTRALES INSTRUMENT, AUF DAS DER KABINETTSAUSSCHUSS FÜR DIE PRÄVENTION UND DIE BEKÄMPFUNG DES RECHTSEXTREMISMUS SETZT."

ISABELLE STEPHANBLOME & STEFAN KROLL

Zusammenhalt, Rassismus und Recht – Erwartungen an das Recht als Instrument zur Bekämpfung von Extremismus und Rassismus

Isabelle Stephanblome & Stefan Kroll (Leibniz-Institut Hessische Stiftung Friedens- und Konfliktforschung)

Nach dem rechtsextremistischen Anschlag von Hanau richtete die Bundesregierung im März 2020 einen Kabinettsausschuss zur Bekämpfung von Rechtsextremismus und Rassismus ein. Im Mai 2021 verabschiedete die Bundesregierung den Abschlussbericht des Kabinettsausschusses, der ein Maßnahmenpaket mit 89 Maßnahmen umfasst. Zahlreiche der Maßnahmen sehen die Schaffung bzw. Erneuerung rechtlicher Instrumente vor. Das Recht ist damit ein zentrales Instrument, auf das der Kabinettsausschuss für die Prävention und die Bekämpfung des Rechtsextremismus setzt. In diesem Beitrag werden die Bezugnahmen auf Recht im Maßnahmenpaket als Ausdruck der politischen Erwartungen an das Recht analysiert. Der Beitrag diskutiert am Beispiel der Debatte über ein „Gesetz zur Stärkung und Förderung der Wehrhaften Demokratie" Erwartungen an rechtliche Instrumente und ordnet diese ein. Es wird gezeigt, dass das Recht in der Rassismusprävention mit Erwartungen konfrontiert wird, die es potenziell überfordern kann. Diese Überforderung kann zu Enttäuschungen bei den von Rassismus Betroffenen und der Gesellschaft insgesamt führen.

Empfohlene Zitierung:

Stephanblome, Isabelle/Kroll, Stefan (2022). Zusammenhalt, Rassismus und Recht – Erwartungen an das Recht als Instrument zur Bekämpfung von Extremismus und Rassismus. In: Institut für Demokratie und Zivilgesellschaft (Hg.). Wissen schafft Demokratie. Tagungsband zur Online-Fachtagung „Gesellschaftlicher Zusammenhalt & Rassismus", Band 11. Jena, 188–199.

Schlagwörter:

Wehrhafte Demokratie, Extremismusbekämpfung, Rechtsfunktionen, Kabinettsausschuss

Einleitung

Im Nachgang des rassistischen Anschlags in Hanau im Februar 2020 richtete die Bundesregierung einen Kabinettsausschuss zur Bekämpfung von Rechtsextremismus und Rassismus ein. Im Mai 2021 wurde der Abschlussbericht des Kabinettsausschusses vorgestellt (Bundesregierung 2021), der die Ergebnisse der Arbeit zusammenfasst. Wesentlicher Bestandteil ist ein Maßnahmenpaket, das in den Jahren 2021 bis 2024 mehr als eine Milliarde Euro für insgesamt 89 Maßnahmen zur Verfügung stellt. Die Maßnahmen zielen darauf, das gesellschaftliche Bewusstsein für Rassismen zu vergrößern, die Opfer besser zu schützen, die Prävention auszuweiten und die Forschung zu vertiefen. Dabei sehen viele der 89 Maßnahmen die Schaffung bzw. Erneuerung rechtlicher Instrumente vor. In den Dokumenten ist das Recht, neben der politischen Bildung und der Forschung, ein zentrales Instrument, auf das der Kabinettsausschuss für die Prävention und die Bekämpfung von Rechtsextremismus und Rassismus Bezug nimmt. Der vorliegende Beitrag legt einen Fokus auf die Erwartungen, die hier an das Recht gestellt werden.

Die Aufmerksamkeit für den Kabinettsausschuss war von Beginn an hoch. In diesem Zusammenhang waren es insbesondere auf das Recht bezogene öffentliche Debatten, die ein besonderes Interesse erfuhren. Eine dieser Debatten wird in diesem Beitrag genauer betrachtet: das Vorhaben eines „Gesetzes zur Stärkung und Förderung der Wehrhaften Demokratie" („Wehrhafte-Demokratie-Gesetz"). Die Debatte ist als Fall deshalb besonders geeignet, weil in ihr Recht, Rassismus und Zusammenhalt kulminieren und hier eine intensive – und mit einer konkreten Veränderungsperspektive verbundene – gesellschaftliche Auseinandersetzung stattgefunden hat. Das Ziel des Beitrags besteht darin, die Erwartungen zu beschreiben und einzuordnen, die an das Recht gestellt werden. Es wird untersucht, inwieweit die politischen Erwartungen an das Recht über einen Kernbereich zentraler Rechtsfunktionen hinausgehen.

Gesellschaftlicher Zusammenhalt, Rassismus und Recht – ein Spannungsfeld

Die Bundesregierung setzt neben der Forschung und der politischen Bildung auf das Recht als ein Instrument zur Bekämpfung des Rechtsextremismus und Rassismus. Es geht dabei nicht nur um die strafrechtliche Aufarbeitung von rechtsextremistischen Straftaten, die individuelle Schuldfragen betrifft. Initiativen des Maßnahmenpakets wie das „Wehrhafte-Demokratie-Gesetz" sind auch mit den Erwartungen an eine präventive Wirkung des Rechts verknüpft. Die Gesetzesinitiative steht beispielhaft dafür, wie Rassismus- und Extremismusprävention und die Förderung des gesellschaftlichen Zusammenhalts miteinander verbunden werden.

> **Die Bundesregierung setzt auch auf das Recht als ein Instrument zur Bekämpfung des Rechtsextremismus und Rassismus. Initiativen des Maßnahmenpakets wie das „Wehrhafte-Demokratie-Gesetz" sind mit Erwartungen an eine präventive Wirkung des Rechts verknüpft.**

Der gesellschaftliche Zusammenhalt ist seit einigen Jahren ein zentraler Begriff politischer Debatten. Insbesondere verbunden mit Diagnosen gesellschaftlicher Krisen werden Gefährdungen des Zusammenhalts beschrieben und Forderungen zu dessen Stärkung formuliert (Salheiser et al. 2020, 195). In den politischen Debatten kommen ganz unterschiedliche Verständnisse des gesellschaftlichen Zusammenhalts und normative Erwartungen an den gesellschaftlichen Zusammenhalt zum Ausdruck (Forst 2020, 43). Wie dieser Beitrag zeigt, soll hier auch Recht anknüpfen, dass in seiner gesellschaftlichen Rolle nicht auf eine Ordnungs- und Sanktionsfunktion beschränkt, sondern darüber hinaus eine auch stärker sozial gestaltende Funktion entfalten soll. Hier zeigen sich Eigenschaften des Rechts als eine besonders verbindliche und in sich geschlossene normative Ordnung. Recht als Mittel zur Förderung des gesellschaftlichen Zusammenhalts bietet damit eine langfristige Absicherung normativer Erwartungen, kodifiziert dabei aber ein spezifisches Zusammenhaltsverständnis, das über Formen der Kontrolle und Rechtspflege abgeschlossen wird. Recht selbst dient hier als verbindendes Element zur Einbindung in und Förderung von Gemeinschaft. Als „soziales Herrschaftsinstrument" (Rehbinder 1973, 354) transportiert Recht so auch Haltungen und Wertvorstellungen und ist somit immer auch Ausdruck von Machtstrukturen.

Das verdeutlicht sich schließlich auch im Verhältnis von Recht und Rassismus. Recht als Instrument der Rassismusbekämpfung kann Teil des Kampfes und Mittel zur Emanzipation sein, und gleichzeitig „war und ist [Recht] an der Etablierung und Legitimierung rassistischer Kategorien und rassistischer Diskriminierung und Gewalt beteiligt" (Liebscher 2021, 460). Auch wenn wir dies im Rahmen des Beitrags nicht umfassend ausführen können, müssen „das Recht" und seine Akteur:innen zunächst eigene Rassismen erkennen und benennen, um gegen Rassismus wirksam werden zu können. Das Ziel des Beitrags ist also im Folgenden, ein solch reflexives Verständnis von Recht auf die durch den Kabinettsausschuss vorgeschlagenen Maßnahmen anzuwenden, insbesondere auf die Initiative zu einem „Wehrhafte-Demokratie-Gesetz". Wir argumentieren nicht, dass das Recht als Präventionsinstrument ungeeignet ist. Wir sind aber der Auffassung, dass die spezifischen Eigenschaften des Rechts in dieser Debatte noch stärker reflektiert werden sollten.

> **Wir argumentieren nicht, dass das Recht als Präventionsinstrument ungeeignet ist. Wir sind aber der Auffassung, dass die spezifischen Eigenschaften des Rechts in dieser Debatte noch stärker reflektiert werden sollten.**

Erwartungen an das Recht als Instrument der Rassismus- und Rechtsextremismusbekämpfung durch den Kabinettsausschuss

Im Abschlussbericht des Kabinettsausschusses ist Recht eine tragende Säule der Maßnahmen gegen Rechtsextremismus und Rassismus. In Kapitel VI wird explizit die „Stärkung der rechtlichen Rahmenbedingungen" benannt und bereits angedeutet, welche Erwartungen von der Bundesregierung an legislative Maßnahmen gestellt werden: Durch sie „sollen demokratische Prozesse gefördert und Diskriminierungen entgegengewirkt werden, aber auch die Verfolgung von rechtsextremistischen und rassistischen Straftaten erleichtert und Betroffene besser geschützt werden"

(Bundesregierung 2021, 25). Betrachtet man die Dokumente des Kabinettsausschusses mit Blick auf die Rolle von Recht, so lassen sich darin fünf Erwartungstypen identifizieren. Diese Typologie ist nicht trennscharf, sie dient in erster Linie einer Systematisierung, welche die dahinter liegenden Erwartungen und Rechtsfunktionen deutlich machen soll. Die Erwartungstypen umfassen daher Steuerungspotenziale des Rechts ebenso wie Reflexion über das Recht.

> **Betrachtet man die Dokumente des Kabinettsausschusses mit Blick auf die Rolle von Recht, so lassen sich darin fünf Erwartungstypen identifizieren. Die Erwartungstypen umfassen Steuerungspotenziale des Rechts ebenso wie Reflexion über das Recht.**

Der erste Typ betont die *Veränderung staatlicher (Rechts-)Strukturen*. Das betrifft die Anpassung von Straftatbeständen sowie institutionelle Erweiterungen, etwa eine neue Meldestelle für Hasskriminalität im Internet beim BKA (vgl. BGBL. I 2021, S. 4250).[1] Mit Recht sollen neben staatlichen aber auch zivilgesellschaftliche Strukturen ausgebaut werden. Das wird vor allem beim hier diskutierten „Wehrhafte-Demokratie-Gesetz" deutlich, das durch eine verbindliche Rechtsgrundlage Sicherheit für Akteur:innen in der Rassismus- und Rechtsextremismusprävention schaffen soll. In allen diesen Bereichen wird von Gesetzesänderungen erwartet, dass sie das institutionelle Gerüst aus Staat und Gesellschaft im Kampf gegen Rassismus ausbauen und stärken. Recht nimmt hier vor allem eine Gestaltungsfunktion ein, die gerade im Strafrecht auch ein Zwangselement umfasst.

Der zweite Erwartungstyp, der durch den Kabinettsausschuss formuliert wird, betrifft die *Durchsetzung und Effektuierung bereits bestehender (Rechts-)Strukturen*. Hier gehen die Erzeugnisse des Ausschusses vor allem auf das vorhandene Antidiskriminierungsrecht ein. Durch legislative Nachbesserungen und stärkere Bekenntnisse zur bestehenden Normenordnung soll die Diskrepanz zwischen geschriebenem Recht und einer, nach wie vor von Diskriminierung geprägten, Rechtswirklichkeit geschmälert werden. Dadurch sollen die emanzipatorischen Potenziale von Recht aktiviert werden.

Die dritte und vierte Gruppe an Erwartungen kreisen um *Sensibilisierung* – einerseits durch *angepasste Rechtssprache* und andererseits durch *Bildung in der Justiz*. Adressat:innen sind sowohl Bürger:innen, Gesetzgebung als auch Rechtsprechung. Die hier formulierte Erwartung an das Recht zielt auf die Gestaltungsfunktion von Recht bzw. Rechtssprache und berücksichtigt, dass das Recht durch seinen autoritativen Charakter und Wesen als „Staat in Aktion" (Becker und Zimmerling 2006, 12) in seiner Sprache selbst rassistisch geprägte Denkmuster verstetigen kann.

Auf der anderen Seite soll durch die Verankerung entsprechender Inhalte im rechtswissenschaftlichen Studium sowie Fortbildungen für Richter:innen intra-institutionell eine Sensibilisierung der Justiz stattfinden. So sollen auch diejenigen, die das Recht anwenden, gezielt dafür geschult werden, (eigene) Rassismen zu erkennen und antirassistische Potenziale rechtlicher Normen zu entfalten.

---

[1] Dieser Passus wurde allerdings von Google und Meta gerichtlich angegriffen und das zuständige VG Köln gab den Internetkonzernen am 01.03.2022 in erster Instanz recht, da die Meldepflicht „wegen Verstoßes gegen unionsrechtliche Vorschriften unanwendbar" sei (Aktenzeichen 6 L 1277/21 und 6 L 1354/21). vgl. Pressemitteilung des VG Köln: https://www.vg-koeln.nrw.de/behoerde/presse/Pressemitteilungen/05_01032022/index.php.

Anknüpfend an die Änderung staatlicher Strukturen durch Recht soll durch die gesetzgeberischen Maßnahmen auch die *Aktivierung einer wehrhaften (Zivil-)Gesellschaft und die Förderung demokratischer Prozesse* gelingen. Dieser Erwartungstyp adressiert in erster Linie die Bürger:innen, die durch rechtliche Rahmensetzung in ihrem Engagement für die Demokratie gestärkt und

> **Es wird einmal mehr augenscheinlich, was Recht nicht leisten kann bzw. wovon es notwendigerweise abhängig ist: von der Akzeptanz seiner Adressat:innen.**

geschützt werden sollen. Insbesondere durch das vorgesehene „Wehrhafte-Demokratie-Gesetz" soll Planungssicherheit geschaffen und Unterstützung langfristig zugesagt werden. Vom Recht wird insofern erwartet, geteilte Überzeugungen zum Ausdruck zu bringen und grundlegende Werte des demokratischen Miteinanders nach außen zu tragen. An dieser Stelle wird aber auch einmal mehr augenscheinlich, was Recht nicht leisten kann bzw. wovon es notwendigerweise abhängig ist: von der Akzeptanz seiner Adressat:innen.

Die Debatte zum „Wehrhafte-Demokratie-Gesetz"

In der Öffentlichkeit fiel die Bewertung des Kabinettsausschusses insgesamt positiv aus, allerdings mahnten vor allem Migrant:innen-Organisationen an, dass es nicht bei Lippenbekenntnissen bleiben dürfe und an einigen Stellen konkrete Zielvorgaben ausgeblieben seien (vgl. Knobbe/Dilmaghani 2021). Der Kabinettsausschuss sei als politische „Notbremse" (Ataman 2020) auch daran zu messen, was er in die Tat umsetze. Das Recht wurde in diesem Zusammenhang in der medialen Debatte vor allem als Ausdruck von Ernsthaftigkeit und Verbindlichkeit gewertet (vgl. Ataman 2020).

Um den Fokus auf die Rolle von Recht im Diskurs rund um den Kabinettsausschuss zu zentrieren, wird im Folgenden die Auseinandersetzung um ein „Wehrhafte-Demokratie-Gesetz" betrachtet, in der Recht, Rassismus und Zusammenhalt kulminieren. Anhand dieser Kontroverse lassen sich Erwartungen, die durch den Kabinettsausschuss an das Recht in der Extremismus-Bekämpfung gestellt wurden, präzisieren und kontrastieren.

a. Erwartungen aus der Politik

Bereits drei Jahre vor der Konstituierung des Kabinettsausschusses warb vor allem die SPD-Fraktion für ein Gesetz, das „Demokratieförderung und Extremismusprävention weiter ausbauen und verstetigen" sollte (SPD-Bundestagsfraktion 2017, 2). Ein solches Gesetz, das auch Träger der Präventionsarbeit immer wieder gefordert hatten (vgl. Anhörung Landtag NRW 2018, APr 17/164), wurde aber bis 2020 nicht mit Aussicht auf eine Umsetzung diskutiert. Mit dem Kabinettsausschuss gab es einen erneuten Anlauf als „Gesetz zur Stärkung und Förderung der Wehrhaften Demokratie".

Dieser Titel klingt ambitioniert und macht bereits erste politische Erwartungen erkennbar. Wehrhafte Demokratie „per Gesetz" (Müller 2020) mutet zunächst schief an, inhaltlich wird jedoch schnell deutlich, worauf damit gezielt wird. Vor allem die Fortschreibung und der Ausbau der Förderung einschlägiger zivilgesellschaftlicher Initiativen und Organisationen, die sich für die Demokratie und gegen Extremismus einsetzen, stehen im Mittelpunkt der Initiative. Deren Finanzierung solle langfristig zugesagt und damit die Bindung an Projektzyklen und Förderrichtlinien aufgelöst werden. Im Mai 2021 haben das Bundesministerium für Familien, Senioren, Frauen und Jugend (BMFSFJ) und das Bundesministerium des Innern, für Bau und Heimat (BMI) zwölf Eckpunkte für ein solches Gesetz vorgelegt. Während der Schwerpunkt des Kabinettsausschusses auf dem Phänomenbereich Rechtsextremismus und Rassismus lag, wird in den Eckpunkten auf jegliche Form des Extremismus und der Demokratie-Ablehnung abgestellt. In der Einleitung werden „[g]ewaltbereite Extremisten und Islamisten, Rassisten und Antisemiten, Anhänger von Verschwörungsmythen und Gegner der Demokratie" (BMFSFJ 2021, 1) als Bedrohung für die freiheitlich-demokratische Grundordnung (fdGO) benannt, die Demokratieförderung, Extremismusprävention und politischen Bildung dringend notwendig machten.

Der rote Faden dabei ist die fdGO, die es mittels des anvisierten Gesetzes zu schützen gelte. Gerade in diesem Zusammenhang argumentiert das BMFSFJ mitunter abstrakt und mit einigem Pathos, wenn es auf die Lehren aus den Zeiten der Weimarer Republik oder die Bedrohung der „offenen Gesellschaften des Westens" (BMFSFJ/BMI 2021, 1) abstellt.[2] In jedem Fall wird deutlich, dass das Ziel die „Stärkung der Resilienz unserer Demokratie"

> **Der wertegebundene Begriff der fdGO ist nicht unproblematisch. Aus den Reihen der politischen Bildung wurde angemahnt, die starke Betonung der fdGO hinterlasse „den Eindruck eines homogenisierenden, obrigkeitsstaatlichen Zungenschlags" (Widmaier 2020, 16).**

(BMFSFJ/BMI 2021, 1) sein soll, was aber auch durch die Einsicht abgefedert wird, dass man dabei letztendlich immer von den Bürger:innen, deren Mitwirkung und Akzeptanz abhängig ist. Die Aufgabe des Gesetzes liege daher vor allem darin, „Engagement besser und zuverlässig zu unterstützen" (BMFSFJ/BMI 2021, 2). Konkret sind neben dem Aspekt der Förderung auch der Auftrag zur Erforschung von Extremismen (Eckpunkt 4 und 5), die Stärkung von Vereinswesen, Ehrenamt und Bundesfreiwilligendienst (Eckpunkte 6, 8 und 9) sowie Erweiterungen im Strafrecht (Eckpunkte 10 und 12) umfasst. Den Eckpunkten ist zudem deutlich der Streit zwischen SPD und Union anzusehen. Letztere sträubte sich immer wieder, Gesetzesentwürfen zuzustimmen, da die Sorge bestand, dass mit staatlichen Mitteln undemokratische Organisationen unterstützt würden. Daher sollten Empfänger:innen sich vorab zur fdGO bekennen müssen (vgl. Groß 2021). Eine solche „Extremismusklausel" hatte es bereits 2011 gegeben, sie wurde nach der Kritik, dass Initiativen so unter „Generalverdacht" gestellt würden, jedoch wieder gestrichen (vgl. Steffen 2021). Dieser Sorge der Union – die auch in konservativen Kommentaren widerhallte (vgl. Schneider 2020) – wird durch die Forderung eines Bekenntnisses zur fdGO in den Eckpunkten Rechnung getragen. Der Begriff der fdGO verdeutlicht auch die starke Werteorientierung in diesem Zusammenhang. Die Figur ist normativ geprägt und historisch aufgeladen (vgl. Gusy 1980, 280ff.). Auch ein „Wehrhafte-Demokratie-Gesetz" soll, neben dem Schutz und der Verlässlichkeit für Engagierte in der Demokratieförderung, diese Werte und Haltungen transportieren. Dieser wertegebundene Begriff der fdGO

---

[2] Dazu kritisch: Schulz, Sarah (2021) in: FR.

ist allerdings nicht unproblematisch. Seine Verwendung als Exklusions-Marker wird in Teilen der Literatur kritisch diskutiert (vgl. Schulz 2015). Auch aus den Reihen der politischen Bildung wurde angemahnt, die starke Betonung der fdGO hinterlasse „den Eindruck eines homogenisierenden, obrigkeitsstaatlichen Zungenschlags" (Widmaier 2020, 16). Die Bekenntnispflicht in den Eckpunkten macht insofern deutlich, dass die staatliche Unterstützung an klare Prämissen geknüpft wird.

b. Erwartungen aus Zivilgesellschaft und Öffentlichkeit

Aus der Zivilgesellschaft erfuhr das Vorhaben nichtsdestotrotz besondere Unterstützung, als sich 68 Personen aus Wissenschaft, Medien, Stiftungen und Organisationen unter Federführung des Wissenschaftszentrum Berlin für Sozialforschung (WZB) in einem offenen Brief an Bundeskanzlerin Merkel wandten (WZB 2020). In dem Schreiben wurde nachdrücklich gefordert, den Ausbau der Förderung von Extremismusprävention und Demokratieförderung gerade nicht nur auf Richtlinien-Ebene umzusetzen, sondern „in Form einer eigenen parlamentsgesetzlichen Grundlage" (ebd., 2) zu verankern. Die Autor:innen formulierten damit gleich mehrere Erwartungen an eine legislative Regelung: von der kodifizierten Form gehe das „Signal [aus], dass der zivilgesellschaftliche Einsatz für eine lebhafte und wehrhafte Demokratie und gegen jede Form von Extremismus vom Staat nicht nur in hohem Maße wertgeschätzt, sondern auch auf struktureller Ebene unterstützt wird – und zwar wirkungsorientiert, verlässlich, langfristig und sichtbar" (ebd.). Es geht primär um die Verstetigung und Institutionalisierung von Förderung zivilgesellschatlicher Akteur:innen. Dahinter liegend, sind aber auch die hier benannte Sichtbarkeit und die an anderer Stelle angeführte Wertschätzung, die von einem Gesetz ausginge, interessante Aspekte, die weit über die traditionellen Rechtsfunktionen hinausgehen. Auch die Rechtssicherheit und Systematisierung, die von einer gesetzlichen Regelung ausgehen soll, wird mehrmals betont. Insofern findet sich hier vor allem die Vorstellung von Recht als Strukturierungsleistung wieder, die auch im Kabinettsausschuss deutlich wurde. Auch die Amadeu Antonio Stiftung sowie die Bildungsstätte Anne Frank haben öffentlich ein Gesetz zur Förderung der Wehrhaften Demokratie gefordert (Amadeu-Antonio-Stiftung 2020; Beck 2021). Beide Organisationen haben betont, dass der Kabinettsausschuss ohne eine rechtliche Vereinbarung zur Förderung der wehrhaften Demokratie substanzlos bleibe.

Allerdings geriet das Projekt „Wehrhaftes-Demokratie-Gesetz" abermals ins Stocken. Obwohl sich im Nachgang des Kabinettsausschusses noch ein Gelingen abzeichnete, fiel das Projekt in den letzten Sitzungen des Kabinetts Merkel doch noch vom Tisch und wurde in die nächste Legislatur geschoben. Medial wurde das auf Streitigkeiten in der Großen Koalition zurückgeführt und vor dem Hintergrund der zentralen Stellung des Gesetzes im Maßnahmenkatalog des Kabinettsausschuss scharf kommentiert (etwa: Gathmann et al. 2021). Im Koalitionsvertrag zwischen SPD, Grünen und FDP wurde nun jedoch angedeutet, dass das Vorhaben unter der

> **Im Koalitionsvertrag zwischen SPD, Grünen und FDP wurde nun jedoch angedeutet, dass das Vorhaben unter der neuen Regierung einen erneuten Anlauf erfahren könnte (SPD/B'90/FDP 2021, 11,120); am 25.02.2022 haben BMFSFJ und BMI ein gemeinsames Diskussionspapier zur Erarbeitung eines „Demokratiefördergesetzes" veröffentlicht.**

neuen Regierung einen erneuten Anlauf erfahren könnte (SPD/B'90/FDP 2021, 11,120) und am 25. Februar 2022 haben BMFSFJ und BMI ein gemeinsames Diskussionspapier zur Erarbeitung eines „Demokratiefördergesetzes" veröffentlicht. Im Vergleich zu den Eckpunkten der Großen Koalition wird hier begrifflich etwas abgerüstet und wieder mehr Gewicht auf die Bedrohung durch Rechtsextremismus und Rassismus gelegt. Das Papier ist der Aufschlag für einen Beteiligungsprozess, an dem Akteur:innen aus Zivilgesellschaft und Wissenschaft mitwirken und gemeinsam einen Gesetzesentwurf erarbeiten sollen. In dem Diskussionspapier wird einmal mehr der Rechtsform eine gewichtige Rolle attestiert und vor allem auf Planungssicherheit und Strukturierung hingewiesen. Man weist auf den Missstand der aktuellen Strukturen hin und betont, dass erst durch eine gesetzliche Verstetigung ein „Beitrag zur Förderung des wichtigen zivilgesellschaftlichen Engagements für demokratische Werte sowie zur Gestaltung von Vielfalt" (ebd., 3) geleistet werden könne.

c. Was kann ein „Gesetz zur Stärkung und Förderung der Wehrhaften Demokratie" leisten?

Zusammenfassend wurden mehrere Erwartungen von Politik und Zivilgesellschaft an ein „Wehrhafte-Demokratie-Gesetz" herangetragen: Es sollte eine langfristige Struktur für die Förderung von Extremismusprävention und Demokratieförderung schaffen und den Beteiligten so Planungssicherheit und Schutz geben. Dabei ist besonders interessant, welche Relevanz die Rechtsform in dieser Debatte hatte. Von der Verrechtlichung der Förderung sollte eine Symbolkraft ausgehen,

> **Vom Recht wurde über die Gestaltungsfunktion hinaus eine Schutz-, Anerkennungs- und Kontrollfunktion erwartet.**

die Wertschätzung und Sichtbarkeit für die Engagierten vermittelt. Der Einsatz für die Demokratie solle so auf ein rechtliches Fundament gestellt, aber damit auch eng an die Zielsetzung der fdGO gebunden werden. Das Bekenntnis von Staat ebenso wie Zivilgesellschaft zu jener Grundordnung und die damit verbundenen Wertungen sollten so zum Ausdruck gebracht werden. Gleichzeitig wurde damit also auch eine Abgrenzung vollzogen. Vom Recht wurde hier insofern über die Gestaltungsfunktion hinaus eine Schutz-, Anerkennungs- und Kontrollfunktion erwartet. Ob ein „Wehrhafte-Demokratie-Gesetz" bzw. der neue Anlauf als „Demokratiefördergesetz" diese Fülle an Erwartungen in Verbindung mit dem ambitionierten Ziel, „die" wehrhafte Demokratie gesetzlich zu stärken, letztlich erfüllen kann, bleibt zu beobachten.

Fazit

Am Ende dieses Beitrags steht anstelle einer Antwort eine Frage: Was ist Recht im ambivalenten Spannungsfeld von Rassismus und gesellschaftlichem Zusammenhalt im Stande zu leisten? Stellen die Erwartungen, die dem Recht in der Debatte um den Kabinettsausschuss und speziell in der Auseinandersetzung mit einem „Wehrhafte-Demokratie-Gesetz" entgegengebracht wurden, eine Überforderung dar? Die Möglichkeiten des Rechts im Kontext der Extremismusbekämpfung sind begrenzt. Insofern kann es nur eines von verschiedenen Werkzeugen im Repertoire der Prävention sein. Diese Einsicht spiegelt sich auch in der Zielausgabe der Bundesregierung im Abschlussbericht wider, die einen „breiten Politikansatz" (Bundesregierung 2021, 3) für ein Gelingen voraussetzt. Das Ziel der Gestaltung einer wehrhaften Demokratie durch Gesetzgebung ist immer auch von der Akzeptanz der Bürger:innen und deren Eintreten für eine solche wehrhafte Demokratie abhängig. Neben dieser notwendigen Bedingung ist ebenso wichtig zu erkennen, dass im konkreten Verhältnis gesellschaftlicher Zusammenhalt, Rassismus und Recht Ambivalenzen bestehen, sodass das Recht hier auch seine eigene Positionierung reflektieren muss. Recht kann im Maßnahmenpaket zur Bekämpfung von Rassismus und Rechtsextremismus somit nicht als Allzweckwaffe eingesetzt werden. Auch gesellschaftlicher Zusammenhalt kann nicht mittels Gesetz hergestellt werden.

> **Recht kann im Maßnahmenpaket zur Bekämpfung von Rassismus und Rechtsextremismus nicht als Allzweckwaffe eingesetzt werden. Auch gesellschaftlicher Zusammenhalt kann nicht mittels Gesetz hergestellt werden.**

Die Analyse hat gezeigt, dass sich das „Wehrhafte-Demokratie-Gesetz" nicht darin erschöpft, zivilgesellschaftlichen Initiativen eine langfristige Absicherung zu ermöglichen. Die Gesetzesinitiative zielt auch auf die Haltungen und Praktiken sowohl der Adressat:innen der zivilgesellschaftlichen Maßnahmen als auch deren Akteur:innen. Das entspricht einer Erwartung an das Recht, die dessen gesellschaftliche Rolle nicht in einer Ordnungs- und Sanktionsfunktion erschöpft sieht, sondern darüber hinaus eine auch stärker sozial gestaltende und den Zusammenhalt fördernde Funktion erkennt. Ob dies letztlich das Recht überfordert und dadurch gesellschaftliche Enttäuschungen produziert werden, müssen weitere Forschungen zeigen.

Isabelle Stephanblome ist wissenschaftliche Mitarbeiterin am Leibniz-Institut Hessische Stiftung Friedens- und Konfliktforschung im Programmbereich „Transnationale Politik" und dort Mitglied der Forschungsgruppe Radikalisierung. Sie arbeitet im BMBF-geförderten Verbundprojekt KURI (Konfigurationen im gesellschaftlichen und politischen Umgang mit dem radikalen Islam) zu Themen im Spannungsfeld von Recht und Politik.

Stefan Kroll, Dr., ist Leiter des Querschnittsbereichs Wissenschaftskommunikation und wissenschaftlicher Mitarbeiter im Programmbereich „Internationale Institutionen" am Leibniz-Institut Hessische Stiftung Friedens- und Konfliktforschung. Seine Arbeitsschwerpunkte liegen im Bereich der interdisziplinären Normen- und Institutionenforschung, des Wissenstransfers und der politischen Bildung für Themen der Friedens- und Konfliktforschung.

Literaturverzeichnis

Amadeu-Antonio-Stiftung (2020). Stellungnahme zum Vorhaben eines Demokratieförderfgeseztes. Online verfügbar unter https://www.amadeu-antonio-stiftung.de/stellungnahme-zum-vorhaben-eines-demokratiefoerdergesetzes-63699/ (abgerufen am 02.12.2021).

Ataman, Ferda (2020). Gut gemeinte Maßnähmchen. Online verfügbar unter https://www.spiegel.de/politik/deutschland/rassismuskabinett-nur-gut-gemeint-a-dd56c42d-4293-4256-b17b-1053e0cd4a81 (abgerufen am: 18.11.2021).

Beck, Volker (2021). Vorschlag für ein Wehrhafte Demokratie-Gesetz. Online verfügbar unter: https://www.bs-annefrank.de/fileadmin/content/Downloads/Wehrhafte_Demokratie-Gesetz_Abstract.pdf. (abgerufen am 02.12.2021).

Becker, Michael/Zimmerling, Ruth (2006). Politik und Recht. (Politische Vierteljahresschrift – Sonderheft 36/2006). Wiesbaden, VS Verlag.

Bundesministerium für Familie, Senioren, Frauen und Jugend (BMFSFJ) und Bundesministerium des Inneren, für Bau und Heimat (BMI) (2022). Diskussionspapier von BMFSFJ und BMI für ein Demokratiefördergesetz. Online verfügbar unter https://www.bmi.bund.de/SharedDocs/downloads/DE/veroeffentlichungen/nachrichten/2022/diskussionspapier-demokratiefoerdergesetz.pdf?__blob=publicationFile&v=4. (abgerufen am: 03.03.2022)

Bundesministerium für Familie, Senioren, Frauen und Jugend (BMFSFJ) and Bundesministerium des Innern, für Bau und Heimat (2019). Maßnahmenpaket gegen Rechtsextremismus und Hasskriminalität. Online verfügbar unter https://www.bmj.de/SharedDocs/Artikel/DE/2019/103019_Maßnahmenpaket_Kabinett.html (abgerufen am 04.11.2021).

Bundesregierung (2020). Maßnahmenkatalog des Kabinettsausschusses zur Bekämpfung von Rechtsextremismus und Rassismus. Online verfügbar unter: https://www.bundesregierung.de/resource/blob/974430/1819984/4f1f-9683cf3faddf90e27f09c692abed/2020-11-25-massnahmen-rechtsextremi-data.pdf?download=1 (abgerufen am 04.11.2021).

Bundesregierung (2021). Abschlussbericht des Kabinettsausschusses zur Bekämpfung von Rechtsextremismus und Rassismus. Online verfügbar unter: https://www.bmi.bund.de/SharedDocs/downloads/DE/veroeffentlichungen/themen/sicherheit/abschlussbericht-kabinettausschuss-rechtsextremismus.pdf?__blob=publicationFile&v=2 (abgerufen am 2610.2021).

Forst, Rainer (2020). Gesellschaftlicher Zusammenhalt. Zur Analyse eines sperrigen Begriffs. In: Nicole Deitelhoff/Olaf Groh-Samberg/Matthias Middellet (Hg.). Gesellschaftlicher Zusammenhalt – Ein interdisziplinärer Dialog. Frankfurt a.M., Campus Verlag, 41–53.

Gathmann, Florian/Knobbe, Martin/Müller, Ann-Katrin (2021). GroKo-Streit stoppt Kampf gegen Rechts. Online verfügbar unter https://www.spiegel.de/politik/deutschland/rechtsextremismus-groko-streit-stoppt-kampf-gegen-rechts-a-b99269fe-0002-0001-0000-000176982977 (abgerufen am 29.11.2021).

Gensing, Patrick (2021). Wehrhafte Demokratie Gesetz gescheitert. Online verfügbar unter: https://www.tagesschau.de/investigativ/wehrhafte-demokratie-gesetz-101.html (abgerufen am 03.12.2021).

Groß, Simon (2021). Warum die Unionsfraktion das "Wehrhafte-Demokratie-Gesetz" blockiert. Online verfügbar unter https://www.sueddeutsche.de/politik/demokratie-foerdergesetz-blockade-seehofer-1.5256848 (abgerufen am 03.12.2021).

Gusy, Christoph (1980). Die "freiheitlich demokratische Grundordnung" in der Rechtsprechung des Bundesverfassungsgerichts. Archiv des öffentlichen Rechts 105(2), 279–319.

Hempel, Klaus (2021). Von Alt-Nazis geprägt – Bundesanwaltschaft nach dem Krieg. Online verfügbar unter https://www.tagesschau.de/inland/gesellschaft/bundesanwaltschaft-ns-vergangenheit-101.html (abgerufen am 06.12.2021).

Knobbe, Martin/Dilmaghani, Farhad (2021). Wir brauchen ein Ministerium für gesellschaftlichen Zusammenhalt. Online verfügbar unter https://www.spiegel.de/politik/deutschland/hanau-migrationsexperte-farhad-dilmaghani-fordert-ministerium-fuer-gesellschaftlichen-zusammenhalt-a-b86738a9-c951-44df-931c-e299fddad26c (abgerufen am 29.11.2021).

Landtag Nordrhein-Westfalen (2018). Sachverständigen-Anhörung vor dem Hauptausschuss des Landtag NRW, Ausschussprotokoll APr 17/164.

Liebscher, Doris (2021). Rasse im Recht – Recht gegen Rassismus. Berlin: Suhrkamp Verlag.

Ministerium für Familie, Senioren, Frauen und Jugend (2021). Eckpunkte für ein Gesetz zur Stärkung und Förderung der wehrhaften Demokratie. Online verfügbar unter https://www.bmfsfj.de/resource/blob/179334/97576dd4a085a-b28e0cb564132e87e4c/20210512-eckpunkte-wehrhafte-demokratie-gesetz-data.pdf (abgerufen am 24.11.2021).

Möllers, Christoph (2020). Kompetenzrechtliche Vorgaben für ein Demokratiefördergesetz des Bunde. Das Progressive Zentrum. Online verfügbar unter https://www.progressives-zentrum.org/wp-content/uploads/2020/10/DPZ_Rechtsgutachten_Moellers_Demokratie_dauerhaft_foerdern.pdf (abgerufen am 02.12.2021).

Müller, Anna-Kathrin (2020). SPD will mehr Demokratie – per Gesetz. Online verfügbar unter https://www.spiegel.de/politik/deutschland/kampf-gegen-extremismus-spd-erhoeht-wegen-gesetz-druck-auf-union-a-fe3cbfdd-4db5-49a4-98b9-401edd6e84a9 (abgerufen am 22.11.2021).

Schneider, Anna (2020). Deutschland will Rechtsextremismus und Rassismus per Gesetz besiegen. Online verfügbar unter https://www.nzz.ch/international/rechtextremismus-und-rassismus-per-gesetz-besiegen-ld.1588731 (abgerufen am 03.12.2021).

Schulz, Sarah (2015). Die freiheitlich Demokratische Grundordnung – strafrechtliche Anwendbarkeit statt demokratischer Minimalkonsens. Kritische Justiz 48(3), 288–303.

Schulz, Sarah (2021). Die Demokratie vor dem Staat schützen. Online verfügbar unter https://www.fr.de/meinung/gastbeitraege/die-demokratie-vor-dem-staat-schuetzen-90792467.html (abgerufen am 01.12.2021).

Sozialdemokratische Partei Deutschlands (SPD), Bündnis 90 Die Grünen (B'90) und Freie Demokratische Partei (FDP) (2021). Mehr Fortschritt wage – Koalitionsvertrag 2021-2025. Online verfügbar unter https://www.spd.de/fileadmin/Dokumente/Koalitionsvertrag/Koalitionsvertrag_2021-2025.pdf (abgerufen am 06.12.2021).

SPD Bundestagsfraktion (2017). Prävention nachhaltig stärken – Demokratiefördergesetz einführen. Positionspapier der AG „Öffentliche Sicherheit und Prävention". Online verfügbar unter https://www.spdfraktion.de/system/files/documents/positionspapier_extremismus-praevention.pdf (abgerufen am 03.12.2021)

Steffen, Tilman (2021). Unionsfraktion bremst Demokratiefördergesetz. Online verfügbar unter https://www.zeit.de/politik/deutschland/2021-03/rechtsextremimus-antisemitismus-demokratie-cdu-widerstand (abgerufen am 29.11.2021).

Stenner, Pia (2021). Bundestag beschließt Staatstrojaner für Geheimdienste und vor Straftaten. Online verfügbar unter https://netzpolitik.org/2021/verfassungsschutz-und-bundespolizei-bundestag-beschliesst-staatstrojaner-fuer-geheimdienste-und-vor-straftaten/ (abgerufen am 22.11.2021).

Widmaier, Benedikt (2020). Die "freiheitlich demokratische Grundordnung" – ein Leitbegriff für die politische Bildung? POLIS 4/2020, 14–17.

Widmaier, Benedikt (2021). Extremismuspräventive Demokratieförderung. Frankfurt a.M., Wochenschau Verlag.

Wissenschaftszentrum Berlin (WZB) (2020). Gesetzlicher Rahmen für die Inhalte des Kabinettsausschusses zur Bekämpfung von Rechtsextremismus und Rassismus. Online verfügbar unter https://democracy.blog.wzb.eu/wp-content/uploads/2/2020/11/DFoerdG_Brief_BK-Angela-Merkel_18.11.2020.pdf (abgerufen am 30.11.2021).

ABSCHLUSSDISKUSSION

„WIR MÜSSEN DIE EGO-PERSPEKTIVEN LOSWERDEN. ZUSAMMENHALT IN VIELFALT ZU DENKEN, BEDEUTET LETZTEN ENDES, SICH NICHT NUR AUF DIE EIGENEN BEDÜRFNISSE ZU KONZENTRIEREN."

TAYLAN YILDIZ

Kontingenz von Zusammenhalt und Rassismus: Herausforderungen für Forschung und Gesellschaft

Abschlussdiskussion[1] mit Yasemin Shooman, Taylan Yildiz & Matthias Quent

Der Schwerpunkt der Abschlussdiskussion liegt auf der Bedeutung von Rassismusforschung und Zusammenhalt und diskutiert u. a. die Frage, ob Rassismus eine Gefahr für den Zusammenhalt der Gesellschaft ist, weil er die Menschenwürde des Einzelnen infrage stellt, oder ob Rassismus nicht die Gesellschaft zusammenhält, zum Beispiel, indem er von massiver nationaler, globaler und sozialer Ungleichheit ablenkt und diese rechtfertigt. An der Abschlussdiskussion nahmen Yasemin Shooman (Deutsches Zentrum für Integrations- und Migrationsforschung) und Taylan Yildiz (Forschungsinstitut Gesellschaftlicher Zusammenhalt, Standort Frankfurt) teil, moderiert wurde die Veranstaltung von Matthias Quent (HS Magdeburg-Stendal).

Empfohlene Zitierung:

Shooman, Yasemin/Yildiz, Taylan/Quent, Matthias (2022). Kontingenz von Zusammenhalt und Rassismus: Herausforderungen für Forschung und Gesellschaft. In: Institut für Demokratie und Zivilgesellschaft (Hg.). Wissen schafft Demokratie. Tagungsband zur Online-Fachtagung „Gesellschaftlicher Zusammenhalt & Rassismus", Band 11. Jena, 202–211.

Schlagwörter:

Gesellschaftlicher Zusammenhalt, Rassismus, Rassismusforschung, Zusammenhaltsforschung

---

[1] Die Abschlussdiskussion wurde transkribiert, ein herzliches Dankeschön dafür gilt Paul Warringsholz. Im Anschluss haben die Herausgeber:innen das Transkript redaktionell bearbeitet (insbes. gekürzt und sprachlich/stilistisch geglättet).

Matthias Quent:
Ist Rassismus eine Gefahr für den Zusammenhalt der Gesellschaft, weil er die Menschenwürde des Einzelnen infrage stellt oder ist es nicht eigentlich so, dass Rassismus die Gesellschaft zusammenhält, zum Beispiel, indem er von massiver nationaler, globaler und sozialer Ungleichheit ablenkt und diese rechtfertigt? Man könnte auch fragen: Wie rassistisch ist eigentlich der Status quo des gesellschaftlichen Zusammenhalts?

Yasemin Shooman:
Für mich stellt sich in diesem Zusammenhang die Frage: Wie lässt sich Zusammenhalt operationalisieren? Das gilt auch für die Rassismusforschung: Lässt sich Rassismus messen? Aber beim Rassismus liegt die Operationalisierung dieser Messbarkeit näher. Beim gesellschaftlichen Zusammenhalt hingegen frage ich mich: Wie messe ich das in einer Gesellschaft? Um die Frage zu beantworten, ob gesellschaftlicher Zusammenhalt schon per se etwas ist, bei dem man gegen andere zusammenhält: Ich glaube, es kann beides sein. Wir können eine Ideologisierung des Begriffs mit ausgrenzendem Effekt nachweisen und in vielen politischen Kontexten vorfinden. Besonders ausgeprägt ist das bei der Neuen Rechten und im Rechtspopulismus, aber es gibt auch andere politische Verwendungen. Doch ich finde die Frage schwer zu beantworten, weil mir noch die Fantasie fehlt, wie man Zusammenhalt misst; davon hängt auch ab, wie sich das zu Rassismus verhält.

> **Wie lässt sich Zusammenhalt operationalisieren? [...] Lässt sich Rassismus messen? Beim Rassismus liegt die Operationalisierung der Messbarkeit näher. Beim gesellschaftlichen Zusammenhalt hingegen frage ich mich: Wie messe ich das in einer Gesellschaft?**

Taylan Yildiz:
Rassismus ist definitiv eine Gefahr und keines jener Ismen, die wir für den Zusammenhalt in modernen Gesellschaften akzeptieren könnten. Gleichwohl kenne ich die Diskussion im Forschungsinstitut Gesellschaftlicher Zusammenhalt, wo es ja auch oft um die Ambivalenzen des Zusammenhalts geht. Ich denke, dass man unterschiedliche Formen des Zusammenhalts voneinander unterscheiden muss. Auch der Rassismus ist ein Phänomen, in dem zusammengehalten wird. Er geht aber mit einer Art „Zusammenhaltsfetisch" einher, wie das auch in Sekten oder kriminellen Banden der Fall ist. Das ist eine extreme Form, die vor allem durch radikale Ein- und Ausgrenzung funktioniert. Wenn man aber die Ebene der Gesellschaft betrachtet und von den Bindungsmodalitäten in Kleingruppen absieht, dann ist Zusammenhalt eher Vielfaltsmanagement. Die Gesellschaft ist ausdifferenziert, wir leben unter sozialen und kulturellen Bedingungen, in der wir Zusammenhalt nicht anders denken können als in Relation zu Heterogenität und Vielfalt – auch wenn das noch allzu oft negiert wird.

Matthias Quent:
Taylan, wie siehst Du die Frage nach der Messung dieser Phänomene? Kann man das Machtverhältnis von Rassismus empirisch fassen, beispielsweise im Rahmen von Einstellungsbefragungen? Das Gleiche gilt für den gesellschaftlichen Zusammenhalt. Eine erste Betrachtung, die wir

im Forschungsinstitut Gesellschaftlicher Zusammenhalt angestellt haben, beschäftigte sich mit der Verwendung des Begriffs des Zusammenhalts in den Medien. Unsere Ergebnisse zeigen, dass es eher als ein macht- oder herrschaftsstabilisierendes Konzept angewandt wird. Wie kann man solche Reflexionen in beide Bereiche einfließen lassen? Wo gibt es Spannungen, aber auch Bereicherungsmöglichkeiten?

Taylan Yildiz:

Rassismus über Einstellungsforschung allein zu erheben oder zu messen, das geht nicht. Das tut dem Gegenstand keinen Gefallen, weil Rassismus weit mehr umfasst, als es das Antwortverhalten von Probanden zu sehen erlaubt. Gleichwohl glaube ich aber, dass es unheimlich wichtig ist, Rassismus zu messen, weil wir eine Vorstellung davon brauchen, wie sich rassistische Einstellungsmuster in der Gesellschaft verteilen. Jede Zustandsbeschreibung von Rassismus bliebe unvollständig, wenn wir keine Kenntnis davon hätten, wie sich die Gesellschaftsmitglieder dazu kognitiv verhalten. Da ist die Einstellungsforschung vielleicht nicht das ultimative Tool, aber sie hat sich gut bewährt und schafft es, Diskussionen über Rassismus anzustoßen und eine Signalwirkung zu entfalten. Geht man dem Gegenstand Rassismus allerdings phänomenologisch nach, wird man eingestehen müssen, dass wir darüber hinaus sowohl die Betroffenenperspektiven einbeziehen müssen als auch jene Aspekte, die auf eine systemische Qualität des Rassismus verweisen. Stellt man sich die Frage, wie man sich Rassismus von seiner Seins-Art vorstellen kann, dann können wir uns Rassismus entweder wie tektonische Platten vorstellen, die in ihrer Materialität vollumfänglich greifbar sind, oder wir stellen uns Rassismus als etwas vor, das sich eher, wie Cornelius Castoriadis das mal gesagt hat, wie Magma bewegt – also etwas Verfilztes ist, ein Gewebe, das schwer zu durchdringen ist. Wenn wir uns an die Debatten zu biologischem Rassismus der 70er/80er-Jahre erinnern, zum kulturellen Rassismus und zum Rassismus ohne Rassen, dann sehen wir schon recht deutlich, dass Rassismus etwas ist, das sich in seiner Existenz-Form wandeln kann. In der Einstellungsforschung aber wird vorausgesetzt, dass wir Rassismus als etwas Stabiles behandeln und mit operationalisierender Ausrichtung definieren können – eben wie tektonische Platten, die man vermisst. In dem Moment aber, in dem man sich in die Praxis bewegt und die Erfahrungen mit Rassismus in die Bilanzierung aufnimmt, wird man den Gegenstand eher als etwas Magma-Artiges erfahren. Es gibt gewisse Äußerungen und Artikulationen, die würde man in der Einstellungsforschung als rassistische Artikulation kennzeichnen, doch in der Mikroperspektive des Alltages ergibt sich das nicht immer. Rassismus kann in bestimmten Diskurskontexten unsichtbar bleiben und sich auf den vorkognitiven Bereich beschränken, ohne seine Wirksamkeit zu verlieren. Ebenso gut können bestimmte Artikulationen, die wir als rassistisch qualifizieren würden, in Wirklichkeit andere Motivbezüge haben. Das Feld ist also sehr komplex, birgt viele Verwechslungsgefahren und wenn man den Ambivalenzen Rechnung trägt, merkt man, dass Vieles nahtlos ineinander übergeht.

> **Wenn wir uns an die Debatten zu biologischem Rassismus der 70er/80er-Jahre erinnern, zum kulturellen Rassismus und zum Rassismus ohne Rassen, dann sehen wir schon recht deutlich, dass Rassismus etwas ist, das sich in seiner Existenz-Form wandeln kann.**

Matthias Quent:
In Hinblick auch auf die verschiedenen Machtdimensionen und die Frage der Messbarkeit ist es also notwendig, von Rassismen zu sprechen – statt von Rassismus. Yasemin, wie ist Dein Zugang?

Yasemin Shooman:
Zunächst würde ich zustimmen, dass es eine Selbstverständlichkeit für alle ist, die sich in der Rassismusforschung verankern, die Einstellungsforschung, also die Ebene von Individuen und Vorurteilen, nur als ein Mosaikstück zu betrachten. Denn zu messen, wie sehr solche Einstellungen handlungsleitend werden, wie sehr Rassismus als ein Ordnungs- und Strukturprinzip der Gesellschaft begriffen werden muss und wie sehr spezifische Gruppen in einer spezifischen Weise auf verschiedenen Ebenen von Regulation und Ausschlussmechanismen betroffen sind, das braucht weitere methodische Ansätze. Es ist kein Zufall, dass die Rassismusforschung in Deutschland eine sehr qualitativ geprägte Forschungslandschaft ist. Es fehlen uns aber repräsentative Daten. Es ist klar, dass wir die Arbeitsmarktforschung, das Bildungssystem, also die großen Politik- und Handlungsfelder, hinsichtlich der Reproduktion rassistischer Ausschlüsse abfragen können und müssen. Für uns ist beim Rassismusmonitor eine Annäherung aus verschiedenen Perspektiven sehr wichtig, darunter ganz zentral die Betroffenenperspektive. Es geht einerseits darum, auf einer subjektiven Ebene Erfahrungen abzubilden und somit die ganze Alltagsdimension von Rassismus darzustellen. Die Dimension, für die Philomena Essed den Begriff Alltagsrassismus geprägt hat, ist lange Zeit nicht im Fokus gewesen. Gleichzeitig darf man bei diesen subjektiven Wahrnehmungen nicht stehen bleiben, sondern muss sie mit anderen Ansätzen und Forschungsdesigns kombinieren, beispielsweise Experimenten, die Diskriminierung nachweisen. Für den Arbeitsmarkt gibt es einige Studien, die durch Interviews mit sogenannten Gatekeepern zeigen, wie der Ausschluss von Personen rationalisiert wird, auch wenn das keine intentionalen Handlungen sind. Wenn wir die Effekte von nicht intentionalem, routiniertem Handeln sehen, das sich auch in institutionellen Logiken widerspiegelt, dann ist klar, dass wir andere Ansätze brauchen, um das zu erforschen. Um einen weiten und multiperspektivischen Blick auf die Untersuchungsgegenstände werfen zu können, braucht es zudem stark partizipative und kollaborative Ansätze. Die Beschäftigung mit diesem Thema war viele Jahre ein Bottom-Up-Prozess und vor allem von denjenigen forciert und vorangebracht, die selbst mit Rassismus konfrontiert sind. Das heißt, es ist unabdingbar, dieses Erfahrungswissen, das sich in den Communitys findet, als eine Ressource zu sehen, wenn man diese Forschung nicht auf tönerne Füße stellen möchte.

> **Für uns ist in Hinblick auf die Rassismusforschung, auch beim Rassismusmonitor, eine Annäherung aus verschiedenen Perspektiven sehr wichtig, darunter ganz zentral die Betroffenenperspektive.**

Matthias Quent:
Das erste Mal, dass die Bundesregierung offiziell über Rassismus gesprochen hat, war, in diesem Ausmaß zumindest, mit dem Bundeskabinett gegen Rassismus und Rechtsextremismus. Wann habt Ihr in Euren persönlichen wie auch akademischen Erfahrungen und Laufbahnen festgestellt, dass Ihr über Rassismus sprechen und diesen Begriff benutzen könnt?

Taylan Yildiz:

Es ist ein sehr junges Phänomen. Man könnte mal schauen, in wie vielen Fachzeitschriften der Begriff Rassismus fällt und wann es wirklich ein akademisches Thema jenseits postkolonialer Forschungen und biografischer Notizen wurde. Persönlich war es für mich schon immer ein Thema. Aber der Status von Subjektivität in der Wissenschaft ist ja umstritten. Es gibt Forschungsperspektiven, die die Auffassung vertreten, dass Subjektivität in der Forschung überhaupt nichts zu suchen hat, Forschung möglichst objektiv sein sollte. Und es gibt die andere Perspektive, die der Subjektivität eine wichtige Rolle zuspricht. Da besteht eine Spannung, doch wenn man sich jenseits dieser methodologischen Grabenkämpfe mehr am Gegenstand orientiert, kann es vielleicht gelingen, eine Verbindung zu finden – und das ist eine große Möglichkeit im Forschungsinstitut Gesellschaftlicher Zusammenhalt, über diese Gräben hinweg, am Gegenstand eine Verbindung und eine Diskussion zu finden. Die wird wahrscheinlich nicht so laufen, dass am Ende alle der gleichen Meinung sind, doch über den akademisch-kultivierten Streit lässt sich über den Gegenstand doch einiges in Erfahrung bringen. Ich habe den Eindruck, dass erst seit dem Aufdecken vom NSU und der Ermordung Walter Lübckes das Thema Rassismus in einer breiteren Öffentlichkeit angekommen und das politische Bedürfnis nach wissenschaftlicher Einordnung damit gestiegen ist. Dass man solche Tagungen abhalten und die Stimmenvielfalt vergrößern kann, war nicht immer so. Wenn man in den 1990er-Jahren mit einem sichtbaren Migrationshintergrund das Thema Rassismus adressiert hat, hieß es immer, dass sich das nicht auf die Gesellschaft als Ganzes beziehen ließe, da die Eindrücke doch viel zu subjektiv und wenig verallgemeinerungsfähig wären. In dieser Zeit, in der ich aufgewachsen bin, stehen in meiner Erinnerung die ersten großen Vorfälle mit rassistischem Bezug: Mölln, Solingen, Hoyerswerda, Lichtenhagen und dergleichen. Da hatte man echt Probleme, sich mit einem gewissen Gastarbeiter-Hintergrund als Deutscher zu identifizieren. Das war eine schwierige Zeit. In der allgemeinen Wahrnehmung damals aber waren diese Vorfälle Relikte der Vergangenheit, die noch einmal in die Jetztzeit reinschlagen. Das änderte sich erst mit dem NSU, der Tötung der Polizistin und der Tötung von Walter Lübcke. Und auf einmal ist es kein Relikt der Vergangenheit mehr, sondern rückt in der Imagination in die Zukunft. In den letzten zwei Jahren ist das Gespür für Rassismus stärker geworden, man spricht anders darüber, weil das Reden über Rassismus selbst noch mal ein anderes Verständnis erzeugt und sich vor einem anderen Wahrnehmungshintergrund vollzieht. Auch die Sprecherpositionen sind ganz anders. Zudem ist heute die Sozialwissenschaft anders aufgestellt als in den 90er-Jahren. Das hat in meiner Wahrnehmung auch etwas damit zu tun, dass man die Dringlichkeit anders einstuft.

> **Ich habe den Eindruck, dass erst seit dem Aufdecken vom NSU und der Ermordung Walter Lübckes das Thema Rassismus in einer breiteren Öffentlichkeit angekommen und das politische Bedürfnis nach wissenschaftlicher Einordnung damit gestiegen ist.**

Matthias Quent:

Yasemin, eine andere Dringlichkeit, ein gewachsenes Bewusstsein, politische Veränderung oder wissenschaftlicher Fortschritt – wo würdest du die Ursprünge der konsensualen oder zumindest der im Mainstream angekommenen Rassismus-Terminologie ansiedeln?

Yasemin Shooman:

Wir sollten uns daran erinnern, seit wann die Politik von Rassismus spricht. Bis auf der Ebene der Bundesregierung wirklich von Rassismus die Rede war, hatten wir bereits eine Debatte, und zwar 2010, als die damalige Familienministerin Kristina Schröder eine große Rassismus-Debatte anstieß. In dieser Debatte ging es um Deutschenfeindlichkeit als eine Form des Rassismus, um einen „anti-weißen", „antideutschen" Rassismus. Das finde ich schon deswegen bemerkenswert, weil es zeitlich in das gleiche Jahr wie Sarrazins Buch „Deutschland schafft sich ab" fällt. Damals herrschte keinesfalls Konsens darüber, dass Sarrazins Äußerungen rassistisch sind, obwohl eine Verknüpfung von kulturrassistischen Argumentationen mit biologistischen Argumentationen in diesem Buch vorhanden war. Aus Frankreich kennt man eine ähnliche Diskussion zum sogenannten „racisme anti-blanc". Das zeigt, dass solche Backlashes immer wieder kommen. Es geht nicht darum, ethnische Vorurteile und Mobbing, die unter dem Stichwort Deutschenfeindlichkeit gefasst werden, als soziale Phänomene zu verharmlosen. Doch was bedeutet es eigentlich, wenn auf der Ebene der Bundespolitik so eine breite Rassismus-Debatte geführt wird, die die Frage nach Machtaspekten innerhalb einer Gesellschaft und der strukturellen Dimension von Rassismus völlig ausklammert? Wir sind weitergekommen an manchen Stellen, aber das ist keine lineare Entwicklung. Ich finde es beeindruckend, wie der rassistische Mord an George Floyd viele Menschen in Deutschland mobilisiert hat. Die Aufdeckung des NSU hat damals nicht so viele Menschen auf die Straße gebracht wie „BlackLivesMatter", vielleicht, weil es leichter ist, sich mit einem im Ausland verorteten Rassismus auseinanderzusetzen. Insofern bin ich noch ein bisschen skeptisch, inwieweit der NSU tatsächlich einen gesamtgesellschaftlichen Turning-Point darstellt. Aber mit #BlackLivesMatter, mit Halle, Hanau und dem Kabinettausschuss haben wir eine massive Zäsur erlebt. Wir wären jetzt nicht hier, auch nicht in diesen institutionellen Zusammenhängen, wenn es nicht diesen politischen Auftrieb gegeben hätte, eine Forschungsagenda zu Rassismus mit Support von ganz oben zu pushen.

Auf der anderen Seite werden wir eine stärkere Ausdifferenzierung erleben. Meine Vermutung ist, dass der klassische, aus den USA übernommene Rassismus-Begriff es einfacher hat, auf Akzeptanz zu stoßen, weil die Leute das verstehen. Das heißt nicht, dass die Menschen weniger rassistisch denken und handeln, aber man sieht zum Beispiel in der Mitte-Studie, dass es bei der Ablehnung verschiedener Gruppen immer noch einen Gap gibt zwischen Sinti*zze und Rom*nja, Muslim:innen und Schwarzen. Ich denke, das hat damit zu tun, dass die Leute gelernt haben, dass der color-line-basierte Rassismus gegen Schwarze sozial nicht erwünscht ist. Das sagt gar nichts darüber aus, wie verbreitet dieser Rassismus tatsächlich ist. Doch unterliegt er inzwischen einer gewissen Tabuisierung. In Bezug auf andere Codes und Begründungszusammenhänge, die eher von einem kulturellen Determinismus ausgehen, der sich auch mit Religion mischt, stehen wir noch relativ weit am Anfang. Auch unter Forschenden ist da noch Bedarf für eine breitere Auseinandersetzung. Schon vor mehr als zehn Jahren, als die deutsche Islamkonferenz die Themen Abwertung, Ausgrenzung und Stigmatisierung von Muslim:innen und muslimisch gelesenen Menschen auf die Agenda gesetzt hat, gab es Begriffsdiskussionen. Die Rassismusforschung und deren Erkenntnisse sind da nicht mit eingeflossen, stattdessen wurde ein sehr enges Verständnis von Rassismus bemüht. Folglich wurde von Muslimfeindlichkeit gesprochen und Rassismus blieb eher für das reserviert, was Neonazis machen oder was die Nazis in der Vergangenheit gemacht haben. Dieses Verständnis ist inzwischen an vielen Stellen aufgebrochen, aber bei einigen Formen des Rassismus, Stichwort Sarrazin, ist es nach wie vor oft so, dass diese spezifischen Formen von Rassismus, die sich sehr stark auf Kultur und eine Rassifizierung kultureller und religiöser Zugehörigkeit beziehen, nicht in Beziehung mit Rassismus als Überphänomen betrachtet werden. Da liegt noch einiges an Arbeit vor uns.

Matthias Quent:
Im Gespräch mit Aladin El-Mafaalani wurde formuliert, dass die Demokratisierung des Rassismus-Diskurses dafür zu sorgen scheint, dass die Begriffsverwendung in Hinblick auf das Niveau etwas einfacher, salopp gesagt, etwas dümmer wird. In eine ähnliche Richtung geht eine Frage aus dem Publikum: Wie kann angesichts der Ausbreitung der Forschung zu Rassismus gewährleistet werden, dass der Rassismus-Begriff nicht vollkommen unscharf wird? Wie kann eine Aneignung des Begriffes verhindert werden? Gibt es Mindeststandards für die Rassismusforschung, die über die üblichen Qualitätsstandards von wissenschaftlichen Arbeiten hinausgehen sollten, gerade wenn sich Menschen damit beschäftigen, die sich vielleicht vorher noch nie mit Rassismus-Theorien, Kritik oder Forschung auseinandergesetzt haben?

Yasemin Shooman:
Eine Verwässerung lässt sich nicht per se verhindern. Es wird jetzt darum gehen, sich stärker über Arbeitsdefinitionen auszutauschen. Vielleicht schärft das die eigene Theoriearbeit. Das Problem ist, meiner Erfahrung nach, dass Theoriearbeit vielfach nicht richtig stattfindet. Es wird eigentlich zu wenig zum Gegenstand gemacht, das noch mal zu reflektieren, dabei ist das eigentlich eine Chance. Es fehlt im Arbeitsalltag wahrscheinlich auch der Rahmen

> **Ein Standard guter wissenschaftlicher Praxis für die Rassismusforschung wäre: zu prüfen, wie sich partizipative und kollaborative Ansätze gut umsetzen lassen. Für mich bedeutet das, in einer Institution zu schauen, wie das Personal aufgestellt ist, wer die Forschenden sind.**

dafür, aber bei großen Projektvorhaben wird man zur Einsicht kommen, dass es zwar nicht die eine alles abdeckende Arbeitsdefinition gibt, aber dass man mehr über Arbeitsdefinitionen sprechen muss. Zu der Frage, was ein Standard guter wissenschaftlicher Praxis für die Rassismusforschung wäre: Wichtig finde ich, wie sich partizipative und kollaborative Ansätze gut umsetzen lassen. Für mich bedeutet das, in einer Institution zu schauen, wie das Personal aufgestellt ist, wer die Forschenden sind. Sind es sehr homogene Teams oder gibt es eine Heterogenität an Perspektiven, Disziplinarität und Erfahrungshorizonten mit Rassismus? Wie sieht es mit den Gremien aus, die wir als Begleitung für diese Forschung aufstellen? Solche Prozesse sind sehr aufwendig – da geht es um wechselseitigen Austausch, es geht darum, Forschungsdesigns von Anfang an gemeinsam zu entwickeln, communitybasiertes Wissen mit einfließen zu lassen und sich zu überlegen, wie das funktionieren kann, ohne massive Hierarchien zwischen Forschenden und zivilgesellschaftlichen Akteuren zu reproduzieren. Auf der anderen Seite müssen bestimmte methodische Standards eingehalten werden, auch weil diese Forschung als sehr politisiert wahrgenommen wird. Es gibt den Vorwurf, dass sie ideologischer, parteiischer und aktivistischer sei als andere Forschung. Hier wird es stark darauf ankommen, methodisch wasserfest zu arbeiten und hohe Qualitätsstandards zu setzen und einzuhalten. Weiterhin muss man transparent sein, wenn man Ergebnisse in den politischen und öffentlichen Raum kommuniziert. Das sind Punkte, von denen ich denke, dass sie bei diesem Forschungsgegenstand noch viel stärker als bei anderen eine Rolle spielen. Da täte es allen Institutionen gut, den machtkritischen Aspekt, der im Gegenstand angelegt ist, selbstreflexiv in Bezug auf die Forschungsdesigns und die Zusammenstellung der Forschenden einzusetzen.

> **Es täte allen Institutionen gut, den machtkritischen Aspekt, der im Gegenstand angelegt ist, selbstreflexiv in Bezug auf die Forschungsdesigns und die Zusammenstellung der Forschenden einzusetzen.**

Matthias Quent:
Das sind nicht nur akademisch anspruchsvolle, sondern vor allem ressourcenaufwendige Anforderungen, die du hervorgehoben hast in Abgrenzung bzw. in Kontrastierung zu anderen Aufgaben. Es muss auch in Hinblick auf die Forschungsfinanzierung und -förderung deutlich kommuniziert werden, dass diese Forschung sowohl in Hinblick auf den Zeitaufwand als auch auf den Ressourcenaufwand längere Arbeiten und gründlichere Verankerungen, Beziehungsarbeit, Einbeziehung und Partizipation voraussetzt.

Taylan Yildiz:
Auf der einen Seite ist die Vereinnahmung des Rassismus-Begriffs meiner Ansicht nach leicht dechiffrierbar. Ob diejenigen, die rassistische Begriffe vereinnahmen, dann aufhören, das zu tun, ist eine andere Sache. Auf der anderen Seite ist besonders wichtig: die Art der partizipativen Forschung, der Vernetzung mit lokalem Wissen und Akteuren aus dem Feld – all das, was üblicherweise unter Transfer verbucht wird. Das halte ich für wichtig und das ist natürlich sehr ressourcenaufwendig, aber da tut sich einiges.

Matthias Quent:
Wie kann nun ein Zusammenhalt beschrieben und hergestellt werden, der 0% rassistisch ist? Und wie kann vermieden werden, dass andere Ersatzabwertungen versuchen, die Rechtfertigungsfunktion von Rassismus zu ersetzen?

Taylan Yildiz:
Ich kann es ganz kurz machen: Wir müssen die Ego-Perspektiven loswerden. Ich glaube, das ist unheimlich wichtig. Zusammenhalt in Vielfalt zu denken, bedeutet letzten Endes, sich nicht nur auf die eigenen Bedürfnisse zu konzentrieren. Das hat vielleicht einen esoterischen Klang, aber wenn man in Vielfalt zusammenhalten will, muss man sich in andere Personen

und Strukturen mit einer gewissen selbstkritischen Distanz hineinversetzen können und am Ball bleiben.

Yasemin Shooman:
Ich kann mich anschließen: Den Blick immer wieder auf Strukturen zu richten, ist sehr wichtig. Das ist schwer, weil es abstrakter ist, als individuelle Ebenen zu betrachten. Ansonsten ist das gerade erst der Beginn einer Konversation und insofern: to be continued. Ich freue mich auf den Austausch zwischen dem „Rassismusmonitor" bei uns am DeZIM und den Rassismus-Projekten des Forschungsinstituts Gesellschaftlicher Zusammenhalt und denke, das sollten wir auf jeden Fall fortsetzen.

> **Den Blick immer wieder auf Strukturen zu richten, ist sehr wichtig. Das ist schwer, weil es abstrakter ist, als individuelle Ebenen zu betrachten.**

Yasemin Shooman, Dr., ist Historikerin und wissenschaftliche Geschäftsführerin des DeZIM-Instituts. Zu ihren Arbeitsschwerpunkten gehören Rassismus, Islamfeindlichkeit, Antisemitismus, Jüdisch-Muslimische Beziehungen in Geschichte und Gegenwart sowie Erinnerungskulturen in der Migrationsgesellschaft. Sie ist Mitglied in verschiedenen Fachbeiräten und Expert:innengremien, u. a. im Rat für Migration, im Historischen Beirat beim Senator für Kultur und Europa, im Kuratorium der Freudenberg Stiftung sowie im Unabhängigen Expertenkreis Muslimfeindlichkeit des BMI.

Taylan Yildiz, Dr., ist Forschungskoordinator am Forschungsinstitut Gesellschaftlicher Zusammenhalt (FGZ), Standort Frankfurt am Main. Als Politikwissenschaftler mit Ausflügen in die Soziologie und in die Lehre vom Öffentlichen Recht hat er ein besonderes Interesse an kulturwissenschaftlichen Forschungsperspektiven entwickelt.

Matthias Quent, Prof. Dr., ist Soziologe und seit Februar 2022 affilierter Wissenschaftler am Institut für Demokratie und Zivilgesellschaft (IDZ). Er ist Gründungsdirektor des IDZ in Jena und hat seit Mai 2021 eine Professur für Soziologie für die Soziale Arbeit an der Hochschule Magdeburg-Stendal inne. Seine Arbeitsschwerpunkte sind Rechtsradikalismus, Radikalisierung und Hasskriminalität.

AKTUELLES AUS DER FORSCHUNG

Aktuelles aus der Forschung

Schwerpunkt „Gesellschaftlicher Zusammenhalt & Rassismus"

Im Kapitel „Aktuelles aus der Forschung" werden Kurzzusammenfassungen ausgewählter wissenschaftlicher Publikationen internationaler Autor:innen zum Schwerpunktthema des Bandes präsentiert. In alphabetischer Reihenfolge vorgestellt werden im Folgenden wissenschaftliche Studien, Artikel und Bücher zum Thema „Gesellschaftlicher Zusammenhalt & Rassismus" aus dem Bereich Rechtsextremismus sowie aus dem Bereich Vielfalt, Engagement und Diskriminierung. Die Inhalte der jeweiligen Publikationen werden entweder zusammengefasst wiedergegeben oder es werden Passagen direkt aus den angegebenen Originalquellen zitiert; diese Stellen sind dann mit Anführungszeichen versehen.

 Bereich Rechtsextremismusforschung

Austermann, Nele et al. (2022). „Recht gegen rechts" Report 2022

Über die Publikation

Der „Recht gegen rechts" Report 2022 ist ein Sammelband, herausgegeben von kritischen Journalist:innen und Jurist:innen, der die wichtigsten Prozesse und Urteile aus dem vergangenen Jahr juristisch aufarbeitet und gesellschaftlich einordnet.

Methode

Anhand exemplarischer Fallschilderungen, z. B. zum juristischen und gesellschaftlichen Umgang mit der AfD, mit rechtsextremen Gewalttaten oder Diskussionen um den Schutz der EU-Außengrenzen, werden die aktuellen Entwicklungen in der Rechtsprechung in Deutschland und weltweit dokumentiert. Die prominenten Autor:innen (u. a. Georg Restle, Katarina Barley, Volker Beck, Mehmet Gürcan Daimagüler, Sabine Leutheusser-Schnarrenberger) lassen sich dabei von folgender Einsicht leiten: „Rechtsextreme verstehen das Recht als Arena ihrer politischen Kämpfe und versuchen, es für ihre Zwecke auszunutzen. Wenn alle diese Versuche dokumentiert und bewertet werden, ist ein wichtiger Schritt getan, um sich besser wehren zu können." (S. 2)

Zentrale Befunde/Aussagen

Die kritische Beobachtung der Rechtsprechung durch die Zivilgesellschaft ist notwendig, auch 2022, wo viele Ankündigungen und Mahnungen zur Bekämpfung von Rechtsextremismus und Rassismus folgenlos blieben. „Wie schon im ersten Report ‚Recht gegen rechts' 2020 verfolgen die Autor*innen dieses Jahrgangs deshalb akribisch und kritisch, wie sich die Institutionen des Rechts schlagen. Wie sie auf Neonazis reagieren – auch und gerade, wenn diese nicht im Fokus der Öffentlichkeit stehen. Wie sie, abseits schöner Worte, in der Praxis handeln. Auf wessen Seite sie sich stellen. Wie sie den Betroffenen von Rassismus, Antisemitismus und anderen Formen von Menschenfeindlichkeit beistehen. Und wie sie auch mit jenen Bedrohungen der Demokratie umgehen, die aus den Institutionen selbst kommen – etwa in Form von rechtsextremen Chatgruppen bei der Polizei." (S. 12)

Weiter heißt es: „Auf den starken Staat zu verzichten, muss man sich leisten können. Betroffene rechter Gewalt und diejenigen, die im Visier des Rechtsterrorismus stehen, sind auf den Schutz angewiesen, den der demokratische Rechtsstaat im Grundgesetz verspricht. Und bisher ist es nicht nachhaltig gelungen, die extrem rechten Kräfte alleine über die politische Auseinandersetzung zurückzudrängen. Die Diskussion, was hier zu tun ist und was hilft – und was nicht –, muss dringend weiter geführt werden. Auch mit diesem Report." (S. 13)

Die Publikation finden Sie hier:

https://www.fischerverlage.de/buch/recht-gegen-rechts-9783103971347

Quelle:

Austermann, Nele/Fischer-Lescano, Andreas/Kleffner, Heike/Lang, Kati/Pichl, Maximilian/Steinke, Ronen/Vetter, Tore (2022) (Hg.). „Recht gegen rechts" Report 2022. Frankfurt a.M., S. Fischer.

Baddiel, David (2021). Und die Juden?

Über die Publikation

Der britische Comedian und Drehbuchautor David Baddiel diskutiert in diesem Buch Befunde über die mangelnde Sensibilität für oder gar Akzeptanz von Antisemitismus durch Menschen, die von sich selbst sagen und denken, dass sie gegen jede Art der Diskriminierung seien. „Und die Juden?", im englischen Original „Jews don't count", ist eine Bestandsaufnahme anhand zahlreicher Beispiele insbesondere aus dem britischen Twitter-Kontext und bietet Erklärungen für diesen Missstand.

Methode

Anhand zahlreicher eigener Beobachtungen macht Baddiel auf das Phänomen mangelnder Antisemitismus-Sensibilität aufmerksam. Dass er selbst Comedian und nicht Wissenschaftler ist, trägt dazu bei, dass seine Beobachtungen und Einsichten niedrigschwellig zugänglich sind.

Zentrale Befunde/Aussagen

Während man sich auf Twitter in bestimmten Kreisen darüber einig ist, dass alle Formen von Diskriminierung abzulehnen sind und diskriminierende Aussagen oft scharf und laut verurteilt, „zählt" die Diskriminierung von Juden:Jüdinnen in eben jenen Kreisen oft nicht. Baddiel führt dies zum einen auf mangelndes Wissen über die Funktionsweisen von Antisemitismus zurück und dass sich dieser keineswegs auf die „Ablehnung einer Religion" reduzieren lasse. Zum anderen deckt Baddiel anhand von linken und vermeintlich progressiven Diskussionen auf, dass Juden:Jüdinnen gerade deswegen in diesen Kreisen nicht „zählen", weil sie als mächtig und privilegiert und eben nicht als diskriminiert gelten. Das Stereotyp, demzufolge Jüdinnen:Juden mächtig und privilegiert seien, ist aber selbst Kernbestand des Antisemitismus. So legt Baddiels Buch Zeugnis ab von Diskriminierungserfahrungen eines Juden auf Twitter. Baddiel regt zur Reflexion des eigenen Empfindens und Verhaltens an und formuliert eine Aufforderung an das sogenannte progressive Lager, Antisemitismus ernst zu nehmen – so wie alle Formen der Diskriminierung.

Die Publikation finden Sie hier:

https://www.hanser-literaturverlage.de/buch/und-die-juden/978-3-446-27148-7/

Quelle

Baddiel, David (2021): Und die Juden? München, Carl Hanser Verlag.

Bale, Jeffrey M./Bar-On, Tamir (2022). Fighting the last war. Confusion, partisanship, and alarmism in the literature on the radical right

Über die Publikation

In den vergangenen Jahren ist das Interesse am Thema Rechtsextremismus exponentiell gewachsen. Oft geht damit eine Einschätzung einher, dass es demokratische Gesellschaften mit einer stets weiteren Verschärfung der Gefährdungslage zu tun haben. Gegen diese als Alarmismus bezeichnete Tendenz in Forschung und Zivilgesellschaft argumentieren Jeffrey Bale und Tamir Bar-On, dass das Aufleben der radikalen Rechten stets überschätzt werde.

Methode

Der Ansatz der knapp 450-seitigen Monografie über den Stand der Forschung zur radikalen Rechte ist als Metaanalyse konzipiert.

Zentrale Befunde/Aussagen

Bale und Bar-On machen von Beginn an deutlich, worum es ihnen in dem Buch geht: Die öffentliche Debatte über die radikale Rechte sei getrieben von einer „moralischen Panik", die einer marginalen Kraft zu einer nationalen Gefahr erhebe, den Kurs emotionalisiere und durch die eigene Befangenheit nicht an den Kern des Problems komme. Grund dafür sei eine Verschiebung akademischer Machtverhältnisse, die tribale Forschungs-Communitys schaffen, welche sich einem kritischen Dialog und notwendigen Debatten verweigern würden. Beim Lesen wirkt das Buch stellenweise wie ein Rundumschlag gegen sich als progressiv und antifaschistisch verstehende Forschung. Die Autoren sprechen wiederholt valide Punkte an – insbesondere die fehlende methodologische Empathie für den eigenen Forschungsgegenstand –, die methodische Ansätze zur Erforschung der radikalen Rechten ausschließen. Allerdings sind bis auf das Plädoyer zu konzeptueller Sorgfalt und einem möglichst unvoreingenommenen Blick wenig Anhaltspunkte gegeben, wie die Autoren sich eine andere Forschungspraxis vorstellen. Viele Passagen gehen in tiefe Fallstudien über, ohne den roten Faden beizubehalten, und versuchen eine definitorische Eindeutigkeit zu schaffen, die den heterogenen Phänomenbereich heute kaum noch abbilden kann. Nichtsdestotrotz wirft das Buch Debatten nach den normativen Grundlagen der Erforschung der radikalen Rechten auf.

Die Publikation finden Sie hier:

https://rowman.com/ISBN/9781793639370/Fighting-the-Last-War-Confusion-Partisanship-and-Alarmism-in-the-Literature-on-the-Radical-Right

Quelle

Bale, Jeffrey M./Bar-On, Tamir (2022). Fighting the last war. Confusion, partisanship, and alarmism in the literature on the radical right. Lanham/Boulder, New York/London, Lexington Books.

Benz, Wolfgang (2021). Querdenken: Protestbewegung zwischen Demokratieverachtung, Hass und Aufruhr

Über die Publikation

Der im November 2021 erschienene Sammelband vereint 16 Beiträge von Wissenschaftler:innen, Journalist:innen und Vertreter:innen der Zivilgesellschaft mit kritischen Analysen und Einschätzungen zur Anti-Corona-Protestbewegung.

Methode

Die Beiträge sind überwiegend qualitativ-empirisch bzw. beinhalten analytische Problembeschreibungen und deren Interpretation. Dabei werden unterschiedliche Facetten der Protestbewegung herausgearbeitet und durchleuchtet. Aus dem Inhaltsverzeichnis: „Querdenken: Usurpation und Radikalisierung – Verweigerer und Aufsässige", „Zürnen mit der Obrigkeit – erboste Bürger im Kontakt mit Volksvertretern", „Auf der Suche nach dem gemeinsamen Boden: Populistische Verschwörungserzählungen und die politische Jugendbildung", „Die Radikalen von nebenan", „Antisemitismus – Bindekitt für Verdrossene und Verweigerer", „Warum sind Verschwörungsmythen so attraktiv?", „‚Geeinte deutsche Völker und Stämme': Einblicke in die Reichsbürgerszene", „Aufruhr in Stuttgart", „Nicht angekommen? Ist Demokratieverdrossenheit ein besonderes Problem der Ostdeutschen? Ein Gespräch" ...

Zentrale Befunde/Aussagen

„‚Querdenken' ist zum Markenzeichen einer Auflehnung geworden, die als ‚Bewegung' nach den Regeln des Marketing von Werbestrategen organisiert ist, die ihre Impulse von Populisten und Verschwörungsideologen, von Identitären und ‚Reichsbürgern', von Rechtsextremen, von kreidefressenden AfD-Politikern im Schafspelz, von Sektierern und Narren erhält. Provokation und Usurpation sind die Methoden, Ziel ist die Destruktion von Normen und Regeln, die friedlichem Miteinander und vernünftigem Interessensausgleich in Staat und Gesellschaft dienen. Ursachen sind die Verweigerung von Solidarität und Toleranz und die kollektive Entfaltung unbeschränkter Egozentrik." (S. 8)

Die Publikation finden Sie hier:

https://metropol-verlag.de/produkt/querdenken-protestbewegung-zwischen-demokratieverachtung-hass-und-aufruhr/

Quelle

Benz, Wolfgang (2021) (Hg.). Querdenken: Protestbewegung zwischen Demokratieverachtung, Hass und Aufruhr. Berlin, Metropol.

Institut für Demoskopie Allensbach (2022). Politischer Radikalismus und die Neigung zu Verschwörungstheorien. Ergebnisse einer Repräsentativumfrage

Über die Publikation

2022 führte das Allensbach-Institut im Auftrag des SWR eine Bevölkerungsbefragung zum Demokratievertrauen und zu autoritären sowie verschwörungsideologischen Einstellungen durch.

Methode

Für die Erhebung wurden im Zeitraum Jan-Feb. 2022 1.033 Personen befragt. Die Auswahl der Befragten erfolgte im Quotenverfahren und ist repräsentativ für die Gesamtbevölkerung.

Zentrale Befunde/Aussagen

Im Ergebnis zeigten sich relative hohe demokratieskeptische Einstellungspotenziale und deutliche Unterschiede in den politischen Haltungen ost- und westdeutscher Befragungsteilnehmer:innen. So gab knapp ein Drittel der Deutschen (31 %) an, sie würden nur „scheinbar in einer Demokratie" leben, in der die Bürger:innen „tatsächlich nichts zu sagen" hätten. Frappierend sind die regionalen Unterschiede. Während 28 % der Westdeutschen zustimmten, waren es unter ostdeutschen Befragten 45 %. Deutliche Unterschiede zeigten sich auch bei der Krisenwahrnehmung und dem Vertrauen in das politische System zur Krisenlösung. Bundesweit stimmten 28 % der Befragten zu, das „[…] unsere Gesellschaft unaufhaltsam auf eine große Krise zusteuert", die nur „[…] wenn wir unser politisches System grundlegend ändern", zu lösen wäre. Während in Westdeutschland rund ein Viertel der Befragten hier zustimmte, fand sich unter ostdeutschen Befragten eine deutlich höhere Zustimmung (40 %). Auch autoritäre Positionen sind im Osten (58–45 % je nach Item) stärker als im Westen ausgeprägt (44–28 %). Ein weiterer Schwerpunkt der Befragung lag auf der Affinität zu Verschwörungserzählungen im Kontext der Coronapandemie. Im Mittel stimmten 12,6 % der Befragten derartigen Verschwörungsnarrativen zu. Ostdeutsche Befragte stimmten einzelnen Aussagen – insbesondere solchen, die eine hohe Skepsis gegenüber Regierung und staatlichen Institutionen ausdrückten – erkennbar häufiger zu. Häufigere Verbreitung fanden die Verschwörungserzählungen tendenziell u. a. unter jüngeren Altersgruppen (15,2 %) gegenüber dem Durchschnitt (12,6 %).

Die vollständige Publikation finden Sie hier:

https://www.presseportal.de/download/document/866899-allensbachstudie1.pdf

Quelle

Institut für Demoskopie Allensbach (2022): Politischer Radikalismus und die Neigung zu Verschwörungstheorien. Ergebnisse einer Repräsentativumfrage im Auftrag der FF Framework TV & Media GmbH.

Kärgel, Jana (2021). Terrorismus im 21. Jahrhundert

Über die Publikation

Der bei der Bundeszentrale für politische Bildung (BpB) erschienene, knapp 500 Seiten starke Band enthält Beiträge von 35 unterschiedlichen Autor:innen, die mit Bild- und Kartenmaterial angereichert sind. Der Band kann für 7,- Euro (zzgl. Versandkosten) bei der BpB bestellt werden.

Methode

Neben historischen Überblicksdarstellungen, politikwissenschaftlichen und soziologischen Dossiers sind Fallstudien, Täterbiografien und Interviews versammelt, die das weltweite Phänomen des Terrorismus auf anschauliche und informative Weise vermitteln – auch gegenüber einem Lesepublikum, das bisher über nur wenig Wissen über den Gegenstand verfügt. An die einleitenden Kapitel, in denen Terrorismus grundsätzlich erklärt, seine Geschichte vor der Zäsur der Terroranschläge vom 11. September 2001 und seitdem dokumentiert und zusammengefasst werden, schließen sich die knapper gehaltenen, abwechslungsreichen Beiträge an: Zunächst unter der Überschrift „Alles neu, alles anders? Dimensionen des ‚Neuen' im Terrorismus des 21. Jahrhunderts", später unter der Überschrift „Antworten auf und Umgang mit Terrorismus im 21. Jahrhundert". Die an diesem „Zeitbild" (BpB) Beteiligten sind deutsche und internationale wissenschaftliche Expert:innen sowie Journalist:innen und Fotograf:innen, die u. a. Betroffenen von Terrorismus eine Stimme geben und Schauplätze terroristischer Anschläge – von New York über Afghanistan bis Halle (Saale) – porträtieren. Auch zwei IDZ-Kollegen sind unter den Autor:innen: Matthias Quent erläutert am Beispiel des Christchurch-Attentäters den „Terror im Namen der ‚Neuen Rechten'" (S. 164f.) sowie den Fall des OEZ-Attentäters von München (S. 406ff.); Maik Fielitz erklärt „Die digitalen Sphären des rechten Terrors: Neue Vermittlungsstrategien von Gewalt" (S. 166).

Zentrale Befunde/Aussagen

„Islamistischer Terrorismus und Rechtsterrorismus sind die beiden zentralen Ideologien, die Terrorismus im 21. Jahrhundert prägen. Der Linksterrorismus, der insbesondere Westeuropa, aber auch die USA in den 1970er- und 1980er-Jahren erschütterte, wirkt vor allem durch die Erinnerung daran nach, beeinflusst aber als Referenzpunkt auch heute noch den Blick vieler auf das Phänomen ‚Terrorismus'." (S. 9)

Die Publikation finden Sie hier:

https://www.bpb.de/shop/buecher/zeitbilder/344841/terrorismus-im-21-jahrhundert/

Quelle

Kärgel, Jana (2021) (Hg). Terrorismus im 21. Jahrhundert: Perspektiven. Kontroversen. Blinde Flecken. Bonn, Bundeszentrale für politische Bildung.

Lamberty, Pia et al. (2022). Das Protestpotential während der COVID-19-Pandemie

Über die Publikation

Der Einfluss der organisierten Rechten auf das Protestgeschehen in Deutschland während der COVID-19-Pandemie war lokal verschieden, was eine Einordnung und Umgangsstrategien durch Politik, Medien und die Zivilgesellschaft erschwert. Das Center für Monitoring, Analyse und Strategie hat deshalb eine repräsentative Erhebung durchgeführt, die sich mit den Teilnehmenden der weiterhin anhaltenden Proteste und deren Einstellungen befasst.

Methode

Die Ergebnisse der Studie beruhen auf einer Befragung, bei der eine repräsentative Stichprobe der deutschen Bevölkerung zu ihren Verhaltensweisen und Einstellungen befragt wurden. Die Rekrutierung der Teilnehmenden wurde so gewählt, dass die Stichprobe die Verteilung in der Gesamtbevölkerung nach zentralen Parametern wie Alter, Geschlecht und Bundesland widerspiegelt. Der Schwerpunkt der Befragung lag auf Verschwörungserzählungen sowie den Einstellungen zu den staatlichen Schutzmaßnahmen zur Eindämmung der COVID-19-Pandemie. Die Daten wurden im Zeitraum vom 17.01–22.01.2022 online erhoben.

Zentrale Befunde/Aussagen

Die Befragung zeigt: Insgesamt haben 4,3 % der Menschen in Dtl. an Protesten gegen die staatlichen Coronaschutzmaßnahmen teilgenommen. Das Potenzial zur Mobilisierung liegt jedoch höher: Insgesamt gaben 11,1 % der Befragten an, dass sie auf jeden Fall oder eher bereit sind, an den Protesten teilzunehmen. Weitere 7,1 % gaben an, teilweise mit dem Gedanken einer Protestteilnahme zu spielen. Die Befragung zeigt zudem, dass bei der Bereitschaft, an Protesten teilzunehmen, der Impfstatus, die Wahlabsicht und ein ausgeprägter Verschwörungsglaube eine Rolle spielen. Die Protestierenden stammen zwar aus verschiedenen sozialen und politischen Milieus und wirken von außen heterogen, jedoch nehmen sie sich selbst als Einheit wahr, die sich gegen diverse „Feinde" wehrt. Auch wenn im Moment die Teilnehmendenzahlen der Proteste rückläufig sind, haben die letzten zwei Jahre gezeigt, dass sich das Protestmilieu immer wieder neu erfindet und unterschiedliche Protestformen ausprobiert. Eine neue COVID-19-Welle im Herbst könnte den Protesten noch einmal Aufwind geben.

Die vollständige Publikation finden Sie hier:

https://cemas.io/blog/protestpotential/

Quelle

Lamberty, Pia/Holnburger, Josef/Goedeke Tort, Maheba (2022). Das Protestpotential während der COVID-19-Pandemie. Center für Monitoring, Analyse und Strategie (CeMAS).

Mullis, Daniel/Miggelbrink, Judith (2020). Lokal extrem Rechts. Analysen alltäglicher Vergesellschaftungen

Über die Publikation

Die Herausgeberinnen Daniel Mullis und Judith Miggelbrink präsentieren in ihrem Sammelband 13 thematisch facettenreiche Kapitel. Darin werden alltägliche und lokale Konstellationen der extremen Rechten vorrangig aus einer qualitativen und räumlich differenzierten Perspektive in den Blick genommen. So schließen sie an internationale sowie im deutschsprachigen Raum geführte Debatten an und leisten einen Beitrag zur Akzentuierung raumbezogener und humangeografischer Rechtsextremismusforschung.

Methode

21 Autor:innen widmen sich den räumlichen Differenzierungen rechter Einstellungen und möglichen Erklärungsansätzen, den rechtsextremen Raumaneignungen in alltäglichen Vergesellschaftungen sowie den methodischen Herausforderungen qualitativer Forschung im Themenfeld.

Zentrale Befunde

Um aktuelle Machtkonstellationen, Normalisierungen der extremen Rechten sowie erfolgreiche Widerstände zu verstehen, ist ein genauer Blick auf historisch gewachsene lokale Ordnungen zentral. Dabei ist lokales Engagement, welches Raumnahmen zulässt oder zurückweist, Radikalisierung stoppt oder auch fördert, von enormer Bedeutung. So fußen die heutigen Erfolge der AfD in längst zurückliegenden lokalisierten Normalisierungsprozessen vergleichbarer Positionen ihrer Vorgänger:innen und Wegbereiter:innen. Die Beiträge veranschaulichen, dass die regionalen Entwicklungen der extremen Rechten gerade aufgrund der Einbindung ihrer Politisierung in lokale Ordnungen so uneinheitlich sind. Ansätze, die auf großmaßstäblicher Ebene eindeutige Prozesse und Zusammenhänge benennen, können deshalb nur ein unvollständiges Bild zeichnen. Das betrifft sowohl vermeintlich klare Stadt-Land-Unterschiede wie auch die oft betonten Ost-West-Gegensätze. Der Band zeigt bezüglich der Gestaltungsmacht der extrem Rechten auf, dass im Lokalen nicht nur die Zivilgesellschaft, sondern auch das polizeiliche Handeln von besonderer Bedeutung sind. Der Band legt den Mehrwert qualitativer Untersuchungen und lokaler Analysen als notwendige Ergänzung zur quantitativen Einstellungsforschung offen.

Die vollständige Publikation finden sie hier:

https://www.transcript-verlag.de/media/pdf/0e/0a/e7/oa9783839456842S4su0jkrs0UoE.pdf

Quelle

Mullis, Daniel/Miggelbrink, Judith (2020) (Hg.). Lokal extrem Rechts. Analysen alltäglicher Vergesellschaftungen. Bielefeld, transcript.

Reichardt, Sven (2021). Die Misstrauensgemeinschaft der „Querdenker"

Über die Publikation

Der im Juli 2021 erschienene Sammelband legt in zehn Beiträgen Konstanzer und Dresdner Wissenschaftler:innen differenzierte empirische Befunde zur Corona-Protestbewegung vor.

Methode

Der Sammelband ist in vier Abschnitte gegliedert: „Die Protestierenden", „Im Netz", „Situierte Praktiken vor Ort" und „Resonanzen". Die einzelnen Beiträge basieren auf unterschiedlicher Methodik und reichen von der Beobachtung der Großdemonstration in Konstanz im Oktober 2020 über teilstandardisierte Interviews mit Protestteilnehmer:innen, die Analyse von Bild- und Videomaterial der Interaktion auf den Protestveranstaltungen bzw. den dabei gezeigten Transparenten, Bannern, Symbolen usw. sowie der Analyse der ‚Querdenken'-Chatgruppen bei Telegram bis hin zur Auswertung einer repräsentativen Bevölkerungsbefragung zur Wahrnehmung der Proteste sowie Medienanalysen.

Zentrale Ergebnisse

„Die professionelle, in Teilen auch profitorientierte Bündelung und Lenkung der Proteste ermöglichte den Aufbau eines Netzwerks von Individuen, regionalen Gruppen und überregionalen Bewegungsorganisationen, das im Laufe des Jahres 2020 zahlreiche Demonstrationen und andere Protestaktionen organisierte. Der zeitweilige Erfolg der Bewegung wird sichtbar an den zahlreichen unter dem ‚Querdenken'-Label veranstalteten Demonstrationen, die häufig hunderte, teilweise auch Zehntausende Teilnehmer:innen mobilisieren konnten. (S. 13) „Sowohl für die Organisation und Planung als auch während der Demonstrationen spielten digitale Kommunikationstechnologien und insbesondere die Nutzung von Smartphones eine große Rolle. Eine soziale Bewegung, die auf die Nutzung dieser Technologien verzichten würde, ist heutzutage kaum noch vorstellbar." (S.15) „Die Teilnehmer:innen der ‚Querdenken'-Proteste eint weder ein politisches Programm noch eine gemeinsame politische Ideologie. Ihre Gemeinschaft ist in doppelter Hinsicht negativ definiert: einerseits durch die Ablehnung großer Teile der Infektionsschutzpolitik, andererseits durch das grundsätzliche Misstrauen gegenüber den politisch Handelnden, ihren wissenschaftlichen Ratgeber:innen und den etablierten Medien. An Misstrauen kann man sich ähnlich verlässlich orientieren wie an Vertrauen, insofern es ebenfalls eine – sogar recht drastische – Vereinfachung sozialer Komplexität ermöglicht." (S. 18)

Die Publikation finden Sie hier:

https://www.campus.de/buecher-campus-verlag/wissenschaft/soziologie/die_misstrauensgemeinschaft_der_querdenker-16801.html

Quelle

Reichardt, Sven (2021) (Hg.). Die Misstrauensgemeinschaft der „Querdenker". Frankfurt a. M., Campus.

Scharloth, Joachim (2021). Hässliche Wörter. Hatespeech als Prinzip der neuen Rechten

Über die Publikation

Die Monografie des Linguisten Joachim Scharloth wirft einen Blick auf „[d]as Wiedererstarken rechter Parteien und Denkweisen […] in Deutschland [, das] zu einer wachsenden gesellschaftlichen Polarisierung [führt]. Ihr Medium ist die Sprache, die Neurechte von der AfD bis zu den Kommentatoren in den dunklen Ecken des Internets um ein unerschöpfliches Repertoire an Schimpfwörtern bereichert haben. Das Buch bietet eine akribische Sammlung von Beleidigungen und gibt so einen verstörenden Blick in die sprachlichen Abgründe neurechter Weltbilder." (aus dem Klappentext)

Methode

Der Schimpfwortschatz der neuen Rechten wurde korpuslinguistisch ermittelt. Dafür „wurden 29 Nachrichtenseiten und Blogs mitsamt ihrer Kommentare zunächst […] automatisiert aus dem Netz heruntergeladen. Die Auswahl fiel auf solche Plattformen, die von der Szene selbst als rechts bewertet […] wurden." Die „insgesamt 350 Mio. Wörter" (S. 11) dieses Korpus wurden anschließend mit dem Wortschatz eines umfangreichen Referenzkorpus verglichen und statistisch, morphologisch und qualitativ analysiert, um eine Liste neurechter Schimpfwörter zu erstellen. Auf Basis dieser Liste werden in einzelnen Kapiteln typische Wortbildungsarten der neuen Rechten sowie ihr Gebrauch in verschiedenen Gesellschafts- und Politikdomänen (z. B. Geografie, Medien, Wissenschaft, Religion, Wirtschaft, Familie) besprochen.

Zentrale Befunde/Aussagen

Die analytische Interpretation des Schimpfwortschatzes der neuen Rechten gibt einen umfassenden „Einblick in die oft widersprüchliche Ideologie der Neurechten. […] Die Neuschöpfung von abwertenden Wörtern in allen Politikbereichen ist ein Frontalangriff auf die herrschende Semantik und mit ihr auf die Werte, die öffentliches Handeln steuern. Denn bestimmte begriffliche Fassungen der Welt machen auch ein bestimmtes Handeln plausibel." (S. 9) „In den vielfältigen Formen herabwürdigenden Sprechens wird […] ein ganzes Weltbild sichtbar, das geprägt ist von wenigen binären Grundunterscheidungen. Mit ihnen teilen Neurechte die Welt in gut und schlecht, wertvoll oder nutzlos ein" (S. 243)

Die Publikation finden Sie hier:

https://link.springer.com/book/10.1007/978-3-662-63502-5

Quelle

Scharloth, Joachim (2021). Hässliche Wörter. Hatespeech als Prinzip der neuen Rechten. Heidelberg, Metzler.

Bereich Vielfalt, Engagement und Diskriminierung

Ahmed, Sara (2021). Complaint!

Über die Publikation

Sara Ahmed fokussiert Universitäten als institutionelle Orte, in denen Macht und Teilhabe verhandelt und Machtmissbrauch angeklagt werden. Im Zentrum steht das Erleben derer, die eine formale Beschwerde einreichen, ihre Wahrnehmung des Prozesses und seine Auswirkungen sowohl auf die Beschwerer:innen selbst als auch die Universität als soziales Umfeld.

Methode

Datengrundlage sind 40 Interviews mit „students, academics, researchers, and administrators […]" (S. 10) sowie 18 schriftliche Berichte und weitere informelle Gespräche.

Zentrale Befunde/Aussagen

Am Anfang einer jeden formellen Beschwerde steht ein Prozess der Bewusstwerdung des Problems bzw. der Diskriminierung, über das sich beschwert wird. Ahmed beschreibt die Schwierigkeit der Bewusstwerdung als „a difficulty you have in relation to the world […] The experience of reaching complaint […] changes your relationship to yourself as well as the world around you" (S. 108). Dazu gehört eine neue Wahrnehmung und Entfremdung von der Institution, in der die Diskriminierung erlebt wurde. Das Erleben von Diskriminierung „becomes more difficult to process because to recognize what is going on can mean giving up a belief in an organization. It can be a lot to give up, […] that belief the organization you work for shares your beliefs." (S. 66) Ahmed beobachtet das Aussprechen von Warnungen als zentralen Mechanismus, der einerseits Beschwerden erschwert und andererseits zur Reproduktion diskriminierender Systeme führt. Somit kann es keine neutral Position geben, denn „[n]ot taking sides is taking sides: it is trying to stop the complaint about harassment rather than trying to stop the harassment" (S. 133). Das Resultat: bleibende institutionelle Diskriminierung und Homogenität: „Those who most need to complain are those who cannot afford to complain. Those who most need to complain and cannot afford to complain often leave. […] The escalation of violence against those who complain about violence is how violence remains." (S. 136)

Die Publikation finden Sie hier:

https://www.degruyter.com/document/doi/10.1515/9781478022336/html?lang=de

Quelle

Ahmed, Sara (2021). Complaint! Durham/London, Duke University Press.

Aikins, Muna AnNisa et al. (2021). Afrozensus 2020 – Perspektiven, Anti-Schwarzer Rassismus und Engagement Schwarzer, afrikanischer und afrodiasporischer Menschen in Deutschland

Über die Publikation

Der Afrozensus 2020 bildet die bisher größte durchgeführte Studie zur Erfassung Schwarzer, afrikanischer und afrodiasporischer Lebensrealitäten innerhalb Deutschlands und ist somit ein Erhebungsinstrument, „welches die Verwobenheit afrodiasporischer mit postkolonialer deutscher Geschichte und Gegenwart auf einer empirischen Basis sichtbar zu machen vermag" (S. 12).

Methode

Die Erhebung der Daten ist nach dem Mixed-Methods-Ansatz erfolgt. Zur Gewinnung quantitativer Daten wurde eine Online-Befragung über einen Zeitraum von vier Monaten 2020 durchgeführt. Für die qualitative Erhebung fanden Fokusgruppen und Interviews statt.

Zentrale Befunde/Aussagen

In der Befragung zu Diskriminierungserfahrungen in 14 Lebensbereichen konnte festgestellt werden, dass insbesondere „Befragte mit Beeinträchtigung in allen Lebensbereichen signifikant häufiger angeben, in den letzten zwei Jahren diskriminiert worden zu sein" (S. 94). Cis-Frauen gaben meist die Lebensbereiche Bildung, Gesundheit, Öffentlichkeit und Freizeit, Kunst und Kultur und Privatleben als Orte, an denen sie Diskriminierung erfahren an, während Cis-Männer insbesondere die Lebensbereiche Wohnungsmarkt, Polizei, Sicherheitspersonal sowie Geschäfte und Dienstleistungen nannten. Die Forschungsergebnisse zeigen, dass Menschen insbesondere im Gesundheitswesen Diskriminierung erleben. „Insgesamt gehen 98 % der Afrozensus-Befragten (von n = 4.339) davon aus, dass es im Bereich ‚Gesundheit und Pflege' zu Diskriminierung kommt" (S. 151). In diesem Kontext identifizierten die Teilnehmenden der Studie „‚Schwarze Professionelle Expertisen' und die ‚Thematisierung von ASR' als zentral für die Antirassismusarbeit sowie für Empowermentarbeit" (S. 156). Innerhalb der Studie werden in allen Kontexten Schwarze Präsenz und Schwarzes Engagement als Empowermentquellen hervorgehoben (S. 247).

Die vollständige Publikation finden Sie hier:

https://afrozensus.de/reports/2020/Afrozensus-2020-Einzelseiten.pdf

Quelle

Aikins, Muna AnNisa/Bremberger, Teresa/Aikins, Joshua Kwesi/Gyamerah, Daniel/Yıldırım-Caliman, Deniz (2021). Afrozensus 2020: Perspektiven, Anti-Schwarze Rassismuserfahrungen und Engagement Schwarzer, afrikanischer und afrodiasporischer Menschen in Deutschland, Berlin.

Bendel, Petra et al. (2021). Auswirkungen und Szenarien für Migration und Integration während und nach der Covid-19 Pandemie

Über die Publikation

„Die […] Studie untersuchte die Auswirkung der durch die Pandemie veränderten Umstände auf Migration und auf die Integration in Deutschland." (aus der Beschreibung)

Methode

Aufgrund mangelhafter Datenlage „nutzte die […] Studie die Technik des Scenario-Buildings, um mit Expert:innen mittels der „Shell-Methode" mehrere plausible Szenarien zur mittelfristigen Zukunft der Migration und vor allem der Integration in Deutschland zu entwickeln" (S. 8).

Zentrale Befunde/Aussagen

Negative Auswirkungen der Covid-19-Pandemie in Dtl. sind nahezu in allen Bereichen wie Mobilität, Gesundheit, Wohnen, Arbeit, Bildung und Diskriminierung und Rassismus enthalten. Im Bereich Gesundheit kam es zu migrationsspezifischen Barrieren insb. bei vulnerablen Gruppen wie „Menschen mit Behinderung […]" (S. 31). Außerdem war der Zugang zu psychologischen und psychiatrischen gesundheitlichen Diensten eingeschränkt. Die Sammelunterkünfte boten keinen Infektionsschutz und der Zugang zu Hygienemaßnahmen konnte nicht gewährleisten werden. „Hinzu kommt die psychische und mentale Verfassung der Menschen in den Unterkünften" (S. 34). „Auch der Zugang zu Schulbildung […] und zu Sprach- und Integrationskursen […] erwies sich infolge von Home-Schooling als schwierig" (S. 6). Diskriminierende und rassistische Diskurse gegenüber Geflüchteten und Migrant:innen wurden vor allem seit Beginn der Pandemie in sozialen Netzwerken verstärkt geführt. Auf Grundlage dieser Tendenzen wurde ein Zukunftsbild mit drei Szenarien entworfen: 1) Die Exklusionsgesellschaft, welche weniger solidarisch, sicherheitsfixiert und rassistisch ist und somit Migration verhindert und Assimilation an die Stelle von Integration und Inklusion setzt; 2) Die utilitaristische Gesellschaft mit einer Migrationspolitik, die „selektiv nach qualifizierten, gesunden und jungen Migrant:innen Ausschau" (S. 4) hält; 3) Die teilhabeorientierte Gesellschaft, welche aus der COVID-19-Pandemie gelernt hat und „den Beitrag aller zu allen Teilbereichen des gesellschaftlichen und wirtschaftlichen Lebens wertschätzt […] und somit auch die politische Inklusion vorantreibt" (S. 5). Auf Grundlage der drei Szenarien wiederum wurden Handlungsempfehlungen generiert.

Die vollständige Publikation finden Sie hier:

https://www.covid-integration.fau.de/files/2021/04/studie_covid19-integration_fau.pdf

Quelle

Bendel, Petra/Bekyol, Yasemin/Leisenheimer, Marlene (2021). Auswirkungen und Szenarien für Migration und Integration während und nach der Covid-19 Pandemie. Erlangen, Institut für Pol. Wissenschaft.

Coffey, Judith/Laumann, Vivien (2021). Gojnormativität – Warum wir anders über Antisemitismus sprechen müssen

Über die Publikation

Judith Coffey und Vivien Laumann legen einen Vorschlag vor, wie die bisherige Leerstelle des Antisemitismus in intersektionalen Debatten gefüllt werden kann. Damit versteht sich das Buch als Intervention in die aktuellen Antisemitismus- und Intersektionalitätsdiskurse. Sie beziehen sich insb. auf Deutschland und Österreich sowie auf den Diskurs der Mehrheitsgesellschaft und auf innerlinke Debatten. Ihr Ziel ist es, neben der Sichtbarmachung von Juden:Jüdinnen in Intersektionalitätskonzepten, Ansatzpunkte für solidarische Bündnisse zu liefern.

Methode

Judith Coffey und Vivien Laumann beziehen sich in ihrem Buch sowohl auf wissenschaftliche als auch aktivistische Debatten sowie auf persönliche und (familien-)biografische Erfahrungen.

Zentrale Befunde/Aussagen

Coffey und Laumann führen den Begriff der „Gojnormativität" ein, um Mechanismen zu bezeichnen, durch die „das Nicht-Jüdische zur Norm erklärt wird, und dadurch das Jüdische und jüdische Menschen entweder unsichtbar gemacht, (bewusst oder unbewusst) ausgeschlossen oder in eine ganz bestimmte, vorgegebene Rolle gedrängt werden" (S. 19). Dabei bezieht sich die Bezeichnung „Goj" auf Nicht-Jüd:innen. Coffey und Laumann analysieren die Bedeutung der Gojnormativität u. a. für die reduzierte Wahrnehmung von Juden:Jüdinnen auf das Dreieck Antisemitismus, Shoa und Israel; für die Art und Weise, wie die deutsche Erinnerungs- und Gedenkkultur, aber auch das Sprechen über Antisemitismus stattfindet und die unterkomplexe Analyse von ambivalenten (Un-)Sichtbarkeiten in Diskriminierungsverhältnissen. Im Hinblick auf das Intersektionalitätskonzept schlagen sie vor „zur Beschreibung eines Kontinuums entlang von Positionierungen entlang der Achse des Herrschaftsverhältnisses Antisemitismus die Pole Jude_Jüdin – Goj ein[zu]führen" (S. 90). Ziel dieser Erweiterung ist es, ein Bewusstsein dafür zu schaffen, dass es sich bei Antisemitismus „um eine reale Unterdrückungs- und Gewalterfahrung handelt, die reale Personen in der heutigen Gegenwart betrifft" (S. 180). Zudem möchten die Autor:innen solidarische Anschlussfähigkeit zu anderen Antidiskriminierungsdiskursen und -kämpfen schaffen und sichtbar machen.

Die Publikation finden Sie hier:

https://www.verbrecherverlag.de/book/detail/1072

Quelle

Coffey, Judith/ Laumann, Vivien (2021): Gojnormativität – Warum wir anders über Antisemitismus sprechen müssen. Berlin: Verbrecher Verlag.

Graevskaia, Alexandra et al. (2022). Institutioneller Rassismus in Behörden

Über die Publikation

Im deutschsprachigen Raum gibt es laut den Autorinnen bisher wenig Forschung zu institutionellem Rassismus, obwohl staatlichen und sozialstaatlichen Institutionen durch ihre regelmäßige (Re-)Produktion von Ein- und Ausschlüssen eine besondere diskriminierende Rolle zukommt. In Kurzstudien zu den Bereichen Polizei, Gesundheit und Arbeit wurden der Zusammenhang von diesen Mechanismen und der Nutzung bzw. Generierung von rassistischem „Wissen" erforscht.

Methode

Die aus länger angelegten Forschungsprojekten stammenden drei Kurzstudien wurden zur Vorbereitung eines Nationalen Diskriminierungs- und Rassismusmonitors für das Deutsche Zentrum für Integrations- und Migrationsforschung angefertigt. Sie basieren auf qualitativen Interviews.

Zentrale Befunde/Aussagen

Die Autorinnen kommen zu dem Fazit, dass die Mitarbeitenden in den Behörden auf bestehende rassistische Wissensbestände zurückgreifen. Diese sind teilweise intersektional mit sexistischen oder klassistischen Wissenskonstruktionen verwoben. Durch die Reproduktion von Rassismus wird versucht, Handlungsunsicherheiten und Überforderungen in den Behörden zu reduzieren. Diese Unsicherheiten und Überforderungen resultieren laut Autorinnen zum Teil aus den Organisationsstrukturen, die Finanzierungsengpässe für bestimmte Leistungen, wie Übersetzungshilfen und kurzfristige medizinische Betreuungen, erzeugen (S. 8f.). Bei strukturellen Herausforderungen greifen die Mitarbeiter:innen auf (individuelle) Ad-Hoc-„Lösungen" zurück, die manchmal eine Verantwortungsverschiebung hin zu den von Rassismus Betroffenen bewirken. Neben der Nutzung von bereits generiertem rassistischen „Wissen" werden gemäß der Studien in Behörden neue rassistische Wissenskonstruktionen produziert, sodass Ausschlüsse legitimiert und sowohl eigene als auch andere zukünftige Herangehensweisen beeinflusst werden. Eine weitere Verstetigung dieses Wissens besteht im „Lernen" auf Basis der Verallgemeinerung von Einzelfällen. Die Autorinnen nennen die Anerkennung von institutionellem Rassismus und damit einhergehenden Machtverhältnissen in den Behörden als essenziellen Faktor, um Lösungsmöglichkeiten für die diskriminierenden Praktiken zu entwickeln.

Die vollständige Publikation finden Sie hier:

https://nbn-resolving.org/urn:nbn:de:hbz:464-20220216-082232-0.

Quelle

Graevskaia, Alexandra/Menke, Katrin/Rumpel, Andrea (2022). Institutioneller Rassismus in Behörden – Rassistische Wissensbestände in Polizei, Gesundheitsversorgung und Arbeitsverwaltung. IAQ-Report 2.

Keskinkılıç, Ozan Zakariya (2021). Muslimaniac

Über die Publikation

Keskinkılıç folgt in seinem Buch den Spuren des gesellschaftlichen Feindbildes „Islam" von der Vergangenheit bis in die Gegenwart. Dabei geht es ihm um die Frage, was es heute heißt, in Deutschland muslimisch zu sein oder als Muslim:a gelesen zu werden. Er zeigt Verstrickungen u. a. mit den Themen Feminismus, Homosexualität und -phobie auf und weist auf Wege hin, wie eine emanzipatorische muslimische Perspektive Impulse für Diskurse über Diversität und Gleichberechtigung liefern kann.

Methode

Das Buch besteht aus einer Mischung aus historischer Abhandlung & persönlichen Erfahrungen.

Zentrale Befunde/Aussagen

Keskinkılıç erfindet den Begriff „Muslimaniac", um eine „jahrhundertealte Diagnose, die Muslim:innen zum Problem erfindet – sexuell, gesundheitlich, kulturell, religiös, politisch" (S. 20) zu bezeichnen: „Die Figur des Muslimaniac steht für eine strukturelle Paradoxie: Musliminnen und Muslime sollen Loyalität unter Beweis stellen, sich integrieren und anpassen, sich zu Rechtsstaat und Demokratie bekennen, den Schritt aus der Tradition in die Moderne machen und sich ‚nach westlichem Vorbild' weiterentwickeln. Die Liste an Forderungen ist lang, doch das Versprechen auf Gleichheit und Gerechtigkeit löst sich nicht ein. Es besitzt nur eine Alibifunktion. […] Die Karriere dieses [antimuslimischen] Feindbildes reicht weit zurück. Sie steht im Zusammenhang mit anderen Feindbildern und Diskursen über ‚die' Ausländer, ‚die' Migranten, ‚die' Geflüchteten über ‚die' Gastarbeiter, ‚die' Asiaten und ‚die' Afrikaner, über ‚die' Menschen mit Migrationshintergrund. […] Muslimariac – in diesem Wort mischt sich die Fremdkonstruktion mit dem Geist des Ausbruchs aus den Stereotypen. Es steht für europäische Fantasien und Sehnsüchte nach Homogenität und Kontrolle, die sich am Feindbild Islam ausbilden. Aber genauso für die Gefühlswelt von Musliminnen und Muslimen selbst. Dafür, was es heißt, in ein Integrationskorsett gezwängt zu werden und sich ununterbrochen beweisen zu müssen. Es steht auch für die Diskrepanz zwischen Fremd- und Selbstbild. Dafür, sich in den Debatten, die über den eigenen Kopf hinweg geführt werden, nicht mehr erkennen zu können. […] Es ist schwer, unter der Last der Fremdbilder ein selbstbestimmtes Ich auszubuchstabieren." (S. 21f.)

Die Publikation finden Sie hier:

https://koerber-stiftung.de/edition/buchprogramm/muslimaniac/

Quelle

Keskinkılıç, Ozan Zakariya (2021). Muslimaniac – Die Karriere eines Feindbildes. Hamburg, Edition Körber.

Sabel, Anna et al. (2021). Die Erfindung des muslimischen Anderen

Über die Publikation

Die meisten Beiträge des Sammelbandes wurden von Mitarbeiter:innen des Forschungsprojektes „(Un)Sichtbarkeiten in der Migrationsgesellschaft" verfasst und widmen sich Fragen, Stereotypen, Mechanismen und Funktionen bzw. Funktionsweisen des antimuslimischen Rassismus in Dtl. Im letzten Teil melden sich namhafte Professor:innen zur Frage, worüber eigentlich gesprochen werden muss.

Methode

Die einzelnen Beiträge fassen die wichtigste Literatur zu den Themen antimuslimischer Rassismus und (post-)migrantische Gesellschaft zusammen und kommentieren sie.

Zentrale Befunde/Aussagen

„In unserer Gesellschaft herrscht offensichtlich der Drang, über den ‚Islam' und die ‚Muslim:innen' zu sprechen. Es sind in erster Linie rassistische (Islam-)Bilder, Vorstellungen und Denkweisen, die sich fest in das kulturelle Gedächtnis der Dominanzgesellschaft eingebrannt haben: archaische Kultur, rückständige Religion, übergriffige, gewaltaffine Männer und unterworfene Frauen. Der vorliegende Essayband erklärt nicht, wie ‚Muslim:innen wirklich sind', sondern wirft den Blick zurück auf jene, die diese Bilder produzieren und weitertragen." (aus dem Klappentext) Bezüglich der Frage, worüber wir also auch oder eigentlich reden müssten, wünscht sich Claudia Brunner Gespräche über Wege, „wie wir eine schonungslose Hegemonieselbstkritik einerseits und eine an Gerechtigkeit, Würde und der Erhaltung von Lebensgrundlagen für alle Menschen orientierte Vielstimmigkeit andererseits organisieren und leben können" (S. 111). Dabei plädiert María do Mar Castro Varela für einen „wohltemperierten Streit", also die Suche nach Wegen, „wie es gelingt, Menschen in die Lage zu versetzen, ihre Argumente darzulegen, ohne die ‚Anderen' verachten zu müssen" (S. 114). Statt dabei Interessen und die Bekämpfung unterschiedlicher Formen von Diskriminierung gegeneinander auszuspielen, müssen wir, so Sabine Hark, „eine global orientierte politische Moral erlernen, die sich offen zeigt für die Welt und bereit ist, sich von dem, was sich in ihr ereignet, berührt und bewegt zu werden" (S. 122).

Die Publikation finden Sie hier:

https://www.verband-binationaler.de/verband/publikationen/buecher-broschueren/details/die-erfindung-des-muslimischen-anderen-20-fragen-und-antworten-die-nichts-ueber-muslimischsein-verraten

Quelle

Sabel, Anna/Karadeniz, Özcan/Verband binationaler Familien und Partnerschaften (2021) (Hg.). Die Erfindung des muslimischen Anderen – 20 Fragen und Antworten, die nichts über Muslimischsein verraten. Münster, Unrast Verlag.

Schnetzer, Simon/Hurrelmann, Klaus (2022). Jugend in Deutschland – Trendstudie Sommer 2022. Jugend im Dauerkrisen-Modus – Klima, Corona, Krieg

Über die Publikation

„Zum vierten Mal legen wir hier im halbjährlichen Turnus eine Studie zur Situation der Jugend in Deutschland vor. Die Studien bauen aufeinander auf […] und sind direkt miteinander vergleichbar. Einige der Fragen aus den zurückliegenden Erhebungen wurden wiederholt […]. Dies ermöglicht es nachzuvollziehen, wie die 14 bis 29 Jahre alten Angehörigen der jungen Generation auf politische, wirtschaftliche und gesellschaftliche Ereignisse im Zeitverlauf reagieren." (S. 4)

Methode

„Die Stichprobe wurde so zusammengestellt, dass sie der soziodemografischen Altersstruktur der deutschsprachigen Gesamtbevölkerung […] im Alter von 14 bis 29 Jahren entspricht." (S. 46)

Zentrale Befunde/Aussagen

„Die Sorge vor einem Krieg in Europa schockiert die jungen Menschen. Ein ungewöhnlich hoher Anteil von ihnen ist hierdurch geprägt. Der Krieg stellt alle ihre Zukunftsaussichten infrage und zerstört ihr bisheriges Sicherheitsgefühl. Die allermeisten von ihnen haben mit einer kriegerischen Zuspitzung in Europa nicht gerechnet und fühlen sich ohnmächtig. Die Kriegsangst setzt ihnen vermutlich auch deshalb stark zu, weil sie die Auswirkungen der Corona-Pandemie immer noch spüren und als psychische Belastung empfinden. […] Viele befürchten, dass ein Leben mit Angst vor dem Krieg zu einem Dauerzustand werden könnte." (S. 11) „Das für die junge Generation bisher so zentrale Thema des Klimawandels steht, im Wert (55 %) fast konstant, nun an zweiter Stelle. Auch an der Bedeutsamkeit der anderen Themen und Rangfolge ihrer Dringlichkeit hat sich gegenüber den früheren Befragungen nicht viel geändert: Die Sorgen vor einer Inflation (46 %), einer sozialen Spaltung der Gesellschaft (40 %) und einer Wirtschaftskrise (39 %) stehen weiter ganz oben auf der Liste. Deutliche Veränderungen gegenüber der letzten Befragung im Winter 2021/22 sehen wir in der Zunahme der Sorge vor einer Wirtschaftskrise (+6 %) […] und die Abnahme der Sorge vor einem Konflikt der Generationen (-7 %)." (S. 7)

Die Publikation finden Sie hier:

https://jungedeutsche.de/

Quelle

Schnetzer Simon/Hurrelmann Klaus: Jugend in Deutschland – Trendstudie Sommer 2022. Jugend im Dauerkrisen-Modus – Klima, Corona, Krieg. Kempten, Datajockey Verlag.

Schweppe, Jennifer/Barbara, Perry (2021). A continuum of hate: delimiting the field of hate studies

Über die Publikation

Da sich eine Vielzahl von Disziplinen dem Feld der Hate Studies widmen, zielt dieser Artikel darauf ab, die Grenzen des Feldes zu diskutieren. Die Autorinnen schlagen eine Taxonomy of Hate vor, die folgende Phänomene, die in Zusammenhang mit Hate Crimes (Hasskriminalität) stehen, umfasst: Hate Incidents (Hassvorfälle), Hate Speech (Hassrede), Terrorismus und Völkermord.

Methode

Bibliografie

Zentrale Befunde/Aussagen

Zunächst ist Hass aus Sicht der Autorinnen „not simply or always an emotion; rather, for us, it also rigidly structured patterns of oppression." Hate crimes, Mikroaggressionen, Hate Speech, Terrorismus und Völkermord sind demnach allesamt identitätsbasierte Konflikte, die die marginalisierte Position der Opfer verstärken und direkt dem Opfer sowie indirekt der kollektiven marginalisierten Gruppe schaden, der das Opfer angehört. Während Mikroaggressionen rechtlich nicht eindeutig definiert sind (je nachdem, in welchem Kontext sie stattfinden, sind sie strafbar oder nicht), sind alle anderen genannten Phänomene rechtlich definiert. Gleichwohl sind die Definitionen jedoch nicht konsistent, da beispielsweise unterschiedliche Definitionen in den einzelnen Staaten der USA oder in den verschiedenen Mitgliedsstaaten der Europäischen Union bestehen.

Die vollständige Publikation finden Sie hier:

doi.org/10.1007/s10611-021-09978-7

Quelle

Schweppe, Jennifer/Perry, Barbara (2021). A continuum of hate: delimiting the field of hate studies. Crime, Law and Social Change 77, 503–528.

Simonson, Julia et al. (2022). Freiwilliges Engagement in Deutschland – Der Deutsche Freiwilligensurvey 2019

Über die Publikation

Der Deutsche Freiwilligensurvey ist eine repräsentative Befragung zum freiwilligen Engagement in Deutschland. Die Studie wird „seit 1999 alle fünf Jahre als telefonische, bevölkerungsrepräsentative Studie durchgeführt" (S. 19).

Methode

Die Befragung der Grundgesamtheit des Freiwilligensurveys wird in Form von Telefoninterviews „über Festnetz und […] über Mobilfunk" (S. 31) durchgeführt. Die Interviews „finden auf Deutsch sowie […] in fünf weiteren Sprachen statt (Englisch, Arabisch, Russisch, Türkisch, Polnisch)" (S.31).

Zentrale Befunde/Aussagen

Der Anteil freiwillig Engagierter ist von 1999 bis 2019 insgesamt gestiegen. Während die Engagementquote 1990 noch bei 30,9 Prozent lag, gaben im Jahr 2019 insgesamt 39,7 Prozent der Befragten an, sich freiwillig zu engagieren. Den Anstieg freiwilligen Engagements innerhalb der letzten 20 Jahre halten die Herausgeber:innen „vor dem Hintergrund gesellschaftlicher Veränderungen wie beispielsweise der fortschreitenden Digitalisierung in diversen Lebensbereichen oder der gestiegenen Anzahl der Vereine" (S. 1) für plausibel. Der zweite zentrale Befund des Surveys sind Differenzen in der Engagementbeteiligung je nach Bildungsgruppe. „Die höchsten Engagementquoten finden sich bei Personen, die noch zur Schule gehen (51,4 Prozent), sowie bei Menschen mit hoher Bildung (51,1 Prozent); die niedrigsten bei Personen mit niedriger Bildung (26,3 Prozent)" (S. 2). Im Zeitvergleich haben Differenzen zwischen den Gruppen zugenommen. Weiterhin konnte festgestellt werden, dass Frauen sich „anteilig häufiger als Männer in Bereichen, die als familienbezogen oder sozial charakterisiert werden können" (S. 3) engagieren. Männer hingegen „sind anteilig häufiger in den Bereichen Sport und Bewegung, Unfall- oder Rettungsdienst oder freiwillige Feuerwehr und auch im Bereich der Politik und der politischen Interessenvertretung freiwillig tätig" (S. 3). Geschlechtsunabhängig ist dabei insgesamt „das Vertrauen in gesellschaftliche Institutionen und die Zufriedenheit mit der Demokratie […] bei Engagierten stärker ausgeprägt als bei Nicht-Engagierten" (S. 7).

Die vollständige Publikation finden Sie hier:

https://link.springer.com/content/pdf/10.1007/978-3-658-35317-9.pdf

Quelle

Simonson, Julia/Kelle, Nadiya/Kausmann, Corinna/Tesch-Römer, Clemens (2022). Freiwilliges Engagement in Deutschland: Der Deutsche Freiwilligensurvey 2019. Empirische Studien zum bürgerschaftlichen Engagement. Wiesbaden, Springer VS.

Weinstein, Jensen et al. (2021). Victimized in many ways: Online and offline bullying/harassment and perceived racial discrimination in diverse racial-ethnic minority adolescents

Über die Publikation

Die Studie untersucht den Zusammenhang zwischen Online- und Offline-Mobbing/Belästigung und rassistischer Diskriminierung. Die Annahme, dass Jugendliche, die einer ethnischen Minderheit angehören, mehreren Arten von Viktimisierung ausgesetzt sind, wird anhand der Daten bestätigt.

Methode

Es wurden 735 Jugendliche im mittleren Westen der USA, die einer ethnischen Minderheit angehören, im Alter von 10–19 Jahre von 2010–2014 in 3 Wellen mittels einer Online-Umfrage u. a. zu ihren Erfahrungen mit Offline- und Online-Mobbing/Belästigung und rassistischer Online- und Offline-Diskriminierung sowie ihrem psychischen Wohlbefinden befragt. Die erhaltenen Panel-Daten wurden für eine multivariate statistische Modellberechnung unter Berücksichtigung diverser Kontrollvariablen genutzt.

Zentrale Befunde/Aussagen

Jugendliche, die mehr von einer Art der Viktimisierung berichteten, gaben häufiger an, von anderen Viktimisierungsarten betroffen zu sein und mehr Zeit online zu verbringen. Es konnten einige, wenn auch nicht durchweg konsistente zeitliche Einflüsse nachgewiesen werden. Jugendliche, die in Welle 1 mehr Offline-Mobbing/Belästigung erlebten, berichteten mit größerer Wahrscheinlichkeit in Welle 2 von Viktimisierung in einem anderen Kontext (Online-Mobbing/Belästigung) und in anderen Inhalten (rassistische Offline-Diskriminierung). In der 2. Welle konnte diese Assoziation nicht mehr nachgewiesen werden. Dafür zeigte sich bei Jugendlichen, die in Welle 2 von mehr Online-Mobbing/Belästigung betroffen waren, ein erhöhtes Risiko für Offline-Mobbing-Belästigung in der 3. Welle. Jugendliche, die allgemein mehr Zeit online verbringen, erleben nicht mit größerer Wahrscheinlichkeit Viktimisierungen. Anhand der Ergebnisse verweisen die Autor:innen darauf, wie wichtig es sei, die Mehrfachviktimisierung von Jugendlichen, die einer ethnischen Minderheit angehören, sowohl in der Forschung als auch in Interventions- und Präventionskontexten zu berücksichtigen.

Die vollständige Publikation finden Sie hier:

www.apa.org/pubs/journals/releases/cdp-cdp0000436.pdf

Quelle

Weinstein, Mariani/Jensen, Michaeline R./Tynes, Brendesha M. (2021). Victimized in Many Ways: Online and Offline Bullying/Harassment and Perceived Racial Discrimination in Diverse Racial-Ethnic Minority Adolescents. Cultural Diversity and Ethnic Minority Psychology 27(3), 397–407.

Wiedlitzka, Prati/Smith, Walters (2021). Hate in Word and Deed: The Temporal Association Between Online and Offline Islamophobia

Über die Publikation

„In this article, we enrich the growing body of research on the link between online and offline hate by investigating whether there is a temporal association between anti-Islamic online hate and Islamophobic offline hate crimes and incidents, and if so in which direction." (S. 3)

Methode

Die Autor:innen analysierten anti-islamischen Hate Speech auf Twitter in den UK im Zeitraum von 24. Februar 2016 bis zum 14. März 2017, wobei die täglichen Tweets über die Text- und Analyse-Plattform Methods52 (entwickelt vom Centre for Analysis of Social Media and Demos der University of Sussex) gesammelt und gefiltert wurden. Geografische Informationen wurden über Geotagging der Position und basierend auf dem Tweet-Inhalt gesammelt und ebenso mit Hilfe von Methods52 analysiert. Darüber hinaus wurden Wochen-Daten zu islamfeindlichen Hate Crimes (Hassverbrechen), welche durch den Metropolitan Police Service zwischen dem 28. Februar 2016 und dem 05. März 2017 dokumentiert wurden, für die Untersuchung herangezogen. Der erste Datensatz enthielt 159.309 anti-islamische Tweets, der zweite Datensatz 1.239 anti-islamische Hate Incidents (Hassvorfälle) und 1.246 anti-islamische Hate Crimes (Hassverbrechen). Zur Analyse der Daten in einer Zeitreihenanalyse wurde das Statistik-Programm STATA angewendet.

Zentrale Befunde/Aussagen

Im Zeitverlauf zeigen die Daten eine bemerkenswerte Übereinstimmung zwischen Online- und Offline-Hass. Die statistischen Analysen (vektorautoregressive Modellierung, Granger-Kausalitätstest, Impulsantwortfunktionsanalysen) zeigen, dass im Vereinigten Königreich sowohl anti-islamische Hate Crimes (Hassverbrechen) als auch Hate Incidents (Hassvorfälle) zeitlich prädiktiv für anti-islamische online Hate Speech (Online-Hassreden) sind – jedoch nicht umgekehrt.

Die Publikation finden Sie hier:

link.springer.com/article/10.1007/s10940-021-09530-9

Quelle

Wiedlitzka, Susann/Prati, Gabriele/Brown, Rupert/Smith, John/Walters, A. Mark (2021). Hate in Word and Deed: The Temporal Association Between Online and Offline Islamophobia. In: Journal of Quantitative Criminology.

Aktuelle Publikationen der Amadeu Antonio Stiftung

Leben in Gefahr

Eine Langzeitauswertung mit grafisch aufbereiteten Übersichten zur Entwicklung in fünf Bundesländern und bundesweit über fünf Jahre: In dieser Broschüre kommen Menschen zu Wort, die nach Dtl. flohen. Geflüchtete leben nicht nur in asylpolitischer Hinsicht unter gewaltvollen, oft menschenverachtenden Bedingungen. Sie sind auch jeden Tag direkter körperlicher & psychischer Gewalt im Alltag ausgesetzt. Gewalt, die unmittelbar, überraschend und manchmal tödlich sein kann.

Die Broschüre zeigt den Überlebenswillen der Betroffenen, ihren Blick auf das Leben nach der Ankunft in Deutschland. Und sie verweist auf die Werkzeuge, mit denen wir der erschütternden Dimension der Gewalt entgegentreten können: mit politischer Übersetzung, investigativem Journalismus und beharrlichem zivilgesellschaftlichem Engagement. Den aktuellen Datenbericht der Bundesweiten Arbeitsgemeinschaft der Psychosozialen Zentren für Flüchtlinge und Folteropfer e.V. (BAfF) zur Psychosozialen Versorgung von Geflüchteten in Deutschland finden Sie unter: https://www.baff-zentren.org/aktuelles/datenbericht-psychosoziale-versorgung/.

Freiheitsrechte und Verschwörungserzählungen in Krisenzeiten – 20 Fragen & Antworten

Das Coronavirus und der Umgang damit verändern unser aller Arbeits- und Privatleben. Gleiches gilt für Krisen solchen Ausmaßes generell. Der Umgang mit dieser Herausforderung ist sehr unterschiedlich. Die politisch Verantwortlichen müssen in dieser Situation schwierige Abwägungen zwischen den Anforderungen des allgemeinen Gesundheitsschutzes und dem Schutz der individuellen Freiheitsrechte treffen. Die aus diesem Abwägungsprozess resultierenden politischen Entscheidungen scheinen bei einem Teil der Gesellschaft die Gefühle von Ohnmacht und Kontrollverlust, aber auch ein generelles Misstrauen gegenüber den Mechanismen der liberalen Demokratie hervorzurufen oder zu verstärken. Den manchmal recht schmalen Grat zwischen Kritik und Verschwörungserzählung möchten wir in diesem Heft näher ausleuchten.

Mit, an oder ohne Corona? Wie Jugendliche in der Pandemie Rassismus und Antisemitismus erfahren

Im April 2022, zwei Jahre nach dem ersten Lockdown zur Eindämmung der Coronapandemie, ist die Handreichung genau zum Thema erschienen. Wir wollten erfahren, wie es Jugendlichen in der Pandemie ergeht, die ohnehin Rassismus und Antisemitismus ausgesetzt sind. Gleich zu Beginn der Pandemie wurden asiatisch gelesene Menschen angefeindet, weil sie für die Verbreitung des Virus verantwortlich gemacht wurden, auch italienische Restaurants wurden angegriffen, als die Nachrichten über die starke Verbreitung von Covid 19 hier ankamen. Bald schon kursierten erste Verschwörungserzählungen darüber, dass das Virus von Juden erfunden worden sei, um den Menschen zu schaden.

In den acht Interviews mit Fachkräften aus der (Offenen) Jugendarbeit werden wichtige Einsichten und Erkenntnisse ausgesprochen, die die Tiefe der diskriminierenden Strukturen aufzeigen und gute Einblicke in die Lebenswelten Berliner Jugendlicher geben. Die Interviews stehen für die Vielfalt Berliner Jugendarbeit und zeigen die große Bedeutung dieses oft vernachlässigten Arbeitsfeldes auf.

Dem Leben entrissen

Im Gedenken an Berliner Todesopfer rechter Gewalt

Rechte Gewalt hat eine traurige Alltagsdimension – auch in Berlin. Fast täglich werden Menschen aus rechten, rassistischen oder antisemitischen Motiven verfolgt, geschlagen und verletzt. In ihrer abscheulichsten Steigerung führt rechte Gewalt zur Auslöschung von Leben, zu Mord. Dieser Gedenkband soll einen Beitrag zur lokalen Erinnerungskultur leisten und schildert die Geschichten von Berliner Todesopfern rechter Gewalt. Die individuellen Biografien und Erfahrungen der Opfer werden in den Vordergrund gestellt und Kämpfe zivilgesellschaftlicher Initiativen und Angehöriger um Aufklärung und Anerkennung der Verbrechen sichtbar gemacht. Begleitet wird jedes Kapitel von Erläuterungen zu Hintergründen, Zusammenhängen und weiterführenden Quellen.

Diese und weitere Publikationen finden Sie auf:
www.amadeu-antonio-stiftung.de

SPENDENAUFRUF

UNTERSTÜTZEN SIE PROJEKTE UND FORSCHUNG FÜR EINEN ZUSAMMENHALT OHNE RASSISMUS!

Die Amadeu Antonio Stiftung setzt sich für eine demokratische Zivilgesellschaft ein, die sich konsequent gegen Rechtsextremismus, Rassismus, Antisemitismus und andere Formen gruppenbezogener Menschenfeindlichkeit wendet. Hierfür fördert sie fördert sie bundesweit Initiativen, die sich in Jugendarbeit und Schule, Kunst und Kultur, im Opferschutz oder in kommunalen Netzwerken engagieren.

In Trägerschaft der

Zu den über 1.900 bisher geförderten Projekten gehören zum Beispiel:

- die Studie zu **Diskriminierungserfahrungen im universitären Kontext** an der Martin-Luther-Universität Halle-Wittenberg, Sachsen-Anhalt und die daraus mit betroffenen Studierenden entwickelten Workshops zu Lösungsansätzen
- die **Zeitzeug:innen-Tandems** des Adopt a revolution/About:change e. V. Leipzig, in denen syrische Aktivist:innen und ehemalige DDR-Bürgerrechtler:innen sich gemeinsam gegen die Aneignung der Themen Revolution und Demokratie durch die neue Rechte wehren und ihr Wissen in Workshops und einer mobilen Ausstellung weitergeben
- die Fachgespräche und gemeinsame Broschüre der drei Expert:innenorganisationen Lola für Demokratie, Tutmonde und Landesfrauenrat zu **Intersektionalität** – rassistischen Anfeindungen, Infragestellen frauenpolitischer Aktivitäten, Antisemitismus – in Mecklenburg-Vorpommern

Wo die Amadeu Antonio Stiftung neue Themen oder Handlungslücken sieht, wird sie selbst aktiv und erprobt neue Ansätze zur Unterstützung von Fachkräften und regionalen Netzwerken. Besonderes Augenmerk legt sie dabei auf den Transfer zwischen Wissenschaft, Politik und Praxis.

Die Stiftung ist nach Amadeu Antonio benannt, der 1990 von rechtsextremen Jugendlichen im brandenburgischen Eberswalde zu Tode geprügelt wurde, weil er Schwarz war. Er war eines der ersten von heute mehr als 200 Todesopfern rechtsextremer Gewalt seit dem Fall der Mauer.

Die Amadeu Antonio Stiftung ist Mitglied im Bundesverband Deutscher Stiftungen, anerkannter Träger der politischen Bildung und hat die Selbstverpflichtung der Initiative Transparente Zivilgesellschaft unterzeichnet.

Wir sind Mitglied von:

Der Stiftung folgen:

www.amadeu-antonio-stiftung.de
twitter.com/AmadeuAntonio
facebook/AmadeuAntonioStiftung
instagram/amadeuantoniofoundation
tiktok.com/@amadeuantoniostiftung
youtube.com/c/AmadeuAntonioStiftung
linkedin.com/company/amadeu-antonio-stiftung

Spendenkonto:

GLS Gemeinschaftsbank eG
IBAN: DE32 4306 0967 6005 0000 00
SWIFT-BIC: GENODEM1GLS

Bitte geben Sie bei der Überweisung eine Adresse an, damit wir Ihnen eine Spendenbescheinigung zuschicken können.

Impressum

Herausgeber:

Institut für Demokratie und Zivilgesellschaft (IDZ)

Redaktion:

Dr. Janine Dieckmann, Susanne Haldrich

Unter Mitarbeit von:

Dr. Axel Salheiser, Dr. Anja Thiele, Amani Ashour, Maria Schiffels, Viktoria Kamuf, Anne Tahirovic, Marc Blueml, Anja Koemets, Paul Warringsholz, Cornelius Helmert, Leila Al-Kuwaiti, Lisa Wagenschwanz

Verleger und Träger:
Amadeu Antonio Stiftung, Novalisstraße 12, 10115 Berlin

Wissenschaftlicher Beirat:
Prof. Dr. Manuela Bojadžijev (Humboldt-Universität zu Berlin), Prof. Dr. Gideon Botsch (Moses-Mendelssohn-Zentrum für europäisch-jüdische Studien an der Universität Potsdam), Dr. Hendrik Cremer (Deutsches Institut für Menschenrechte, Berlin), Prof. Dr. phil. Oliver Decker (Universität Leipzig), Univ.-Prof. Dr. Silke van Dyk (Friedrich-Schiller-Universität Jena), Prof. Dr. Wolfgang Frindte (Vorsitz, Friedrich-Schiller-Universität Jena), Prof. Dr. Nicole Harth (Ernst-Abbe-Hochschule Jena), Dr. phil. Dana Ionescu (Georg-August-Universität Göttingen), PD Dr. Steffen Kailitz (Hannah-Arendt-Institut für Totalitarismusforschung e. V. an der TU Dresden), Helmut Kellershohn (Duisburger Institut für Sprach- und Sozialforschung), Prof. Dr. Beate Küpper (Hochschule Niederrhein), apl. Prof. Dr. Thomas Ley (Goethe-Universität Frankfurt a. M.), Prof. Dr. Lars Rensmann (University of Groningen), Dr. Britta Schellenberg (Centrum für angewandte Politikforschung an der LMU München), Dr. Simon Teune (Institut für Protest- und Bewegungsforschung, Berlin), Dr. Milena Uhlmann (Bundesministerium des Innern, für Bau und Heimat)